本著作前期研究得到国家自然科学基金青年项目（41001100）的资助

县域产业转型升级道路
——典型地区的实证研究

郑文升 著

中国社会科学出版社

图书在版编目（CIP）数据

县域产业转型升级道路：典型地区的实证研究 / 郑文升著. —北京：中国社会科学出版社，2016.6
ISBN 978-7-5161-8378-6

Ⅰ.①县… Ⅱ.①郑… Ⅲ.①县—产业发展—研究—中国 Ⅳ.①F127

中国版本图书馆 CIP 数据核字（2016）第 133345 号

出 版 人	赵剑英
责任编辑	卢小生
责任校对	周晓东
责任印制	王 超

出 版	中国社会科学出版社
社 址	北京鼓楼西大街甲 158 号
邮 编	100720
网 址	http://www.csspw.cn
发 行 部	010-84083685
门 市 部	010-84029450
经 销	新华书店及其他书店
印 刷	北京明恒达印务有限公司
装 订	廊坊市广阳区广增装订厂
版 次	2016 年 6 月第 1 版
印 次	2016 年 6 月第 1 次印刷
开 本	710×1000 1/16
印 张	19.5
插 页	2
字 数	294 千字
定 价	70.00 元

凡购买中国社会科学出版社图书，如有质量问题请与本社营销中心联系调换
电话：010-84083683
版权所有 侵权必究

前　言

县域经济是国民经济发展的基本单元，是宏观经济与微观经济结合的组成部分。改革开放以来，县域经济作为重要的助推力量，为我国国民经济的发展做出了重要贡献，但是，当前县域经济普遍存在总体实力较弱、产业结构层次低、发展水平不高、结构不平衡等问题。在我国经济发展进入新常态、信息化和全球化的影响日益显著等大背景下，县域经济的发展已经逐步向农业产业化、工业化、城镇化转变，要实现县域经济持续快速健康发展，加快产业结构的转型升级显得至关重要。

2010 年以来，笔者陆续承接了多项有关县域经济的产业转型升级、结构优化等相关实证研究工作，同时完成了国家自然科学基金青年项目"我国区域性中心城市产业扩散驱动郊区城镇化的机理与调控（41001100）"。通过这些工作，深感有必要通过对典型地区的实证研究系统阐述县域经济产业转型升级的道路选择问题，本书即是依托笔者的项目成果整理撰述而成。

本书采用理论研究与实证研究相结合的方法开展写作，全书分为四个篇幅。第一篇介绍县域产业转型升级的基础理论，以及阐述新时期县域经济转型升级的背景。第二篇围绕典型的内陆县域，研究作为内陆农业大县和工业强县的湖北公安县、宜都市的产业转型升级和结构优化。第三篇围绕典型的发达县域，研究山东莱州市镇村支撑型县域和济宁兖州市交通枢纽型县域的产业定位与突破。第四篇围绕典型的处于大都市辐射区的县域，研究湖北红安县的新型产业培育和济宁市梁宝寺镇、长沟镇作为大城市边缘区县域乡镇的产业转型。

在本书的前期研究过程中，在笔者的带领和指导下，前后有十几位研究生参与，他们是丁丽、陈静、陈敬敬、于雪丽、郑晓辉、张若菡、李苗、赵晶晶、闫记影、金丽娟、姜玉培、卓蓉蓉、李孝环、艾红如、徐建华、张程，这些同学都付出了辛勤劳动，作为指导老师，笔者对他们的付出表示真诚感谢，也祝愿他们在未来的工作和学习中取得更大进步。

  本书的前期项目研究，得到了中国城市规划设计研究院教授级规划师曹传新博士的鼎力支持。在项目研究中，笔者与中国规划设计研究院、济宁市规划设计研究院、湖北省城市规划设计研究院等单位建立了良好的合作关系，感谢上述单位领导、专家、骨干的指导和帮助。中国社会科学出版社经济与管理出版中心卢小生主任促成了本书的顺利出版，深表感谢。

郑文升

2016 年 1 月

目 录

第一篇　县域产业转型升级的理论与实践背景

第一章　县域产业转型升级的基础理论 …………………………… 3
第一节　工业化阶段理论 …………………………………… 3
第二节　增长极理论 ………………………………………… 7
第三节　梯度与反梯度理论 ………………………………… 10
第四节　雁行形态理论 ……………………………………… 13
第五节　新产业区理论 ……………………………………… 16

第二章　中国县域产业转型升级的实践路径 ……………………… 21
第一节　农业经营体制改革 ………………………………… 21
第二节　县乡村三级工业建设 ……………………………… 24
第三节　优势资源开发与利用 ……………………………… 27
第四节　中心城镇集聚发展 ………………………………… 30

第三章　新时期县域产业转型升级的实践背景 …………………… 33
第一节　县域产业转型升级的宏观环境 …………………… 33
第二节　县域产业转型升级的主要目标 …………………… 37
第三节　县域产业转型升级的主要任务 …………………… 41

第二篇 典型内陆县域的产业转型升级

第四章 公安县：内陆农业大县的产业升级 ………………… 63
- 第一节 公安县产业发展的基础及现状 ………………… 63
- 第二节 县域产业发展的主要问题 ………………… 67
- 第三节 区域态势和机遇 ………………… 70
- 第四节 产业转型升级 ………………… 76
- 第五节 产业空间布局 ………………… 94

第五章 宜都市：内陆工业强县的结构优化 ………………… 99
- 第一节 宜都市产业发展现状和机遇 ………………… 99
- 第二节 宜都市产业发展面临的主要问题及转型方向 ……… 108
- 第三节 宜都市产业发展目标和重点 ………………… 114
- 第四节 宜都市产业空间布局 ………………… 118
- 第五节 宜都市产业发展策略 ………………… 121
- 第六节 突破产业转移依赖的"地方化"发展路径 ………… 127

第三篇 典型发达县域的产业转型升级

第六章 莱州市：镇村支撑型县域的产业升级 ……………… 143
- 第一节 莱州市产业发展的主要问题 ………………… 143
- 第二节 农业产业发展趋势 ………………… 145
- 第三节 优势产业开发 ………………… 151
- 第四节 宏观区位与产业利用前景 ………………… 165
- 第五节 产业选择与空间布局 ………………… 171

第七章 兖州市：交通枢纽型县域的物流突破 ……………… 179
- 第一节 宏观环境与发展条件 ………………… 179

第二节　兖州市铁路物流发展现状 …………………… 186

第三节　兖州市物流产业发展现状 …………………… 189

第四节　兖州市物流产业发展战略 …………………… 198

第五节　兖州市物流园区规划设计 …………………… 207

第四篇　典型城市辐射区县域的产业转型升级

第八章　红安县：大都市辐射区县域的新型产业培育 …………… 215

第一节　产业发展现状 ………………………………… 215

第二节　产业发展环境 ………………………………… 218

第三节　战略定位与发展方向 ………………………… 224

第四节　产业体系与主导产业 ………………………… 226

第五节　产业链条与空间布局 ………………………… 234

第六节　科技创新基地 ………………………………… 252

第七节　支撑保障措施 ………………………………… 255

第九章　济宁市：大城市边缘区县域乡镇产业转型 ……………… 262

第一节　梁宝寺镇总体规划产业发展专题研究 ……… 262

第二节　长沟镇总体规划文化旅游专题研究 ………… 281

参考文献 ……………………………………………………… 302

第一篇 县域产业转型升级的理论与实践背景

第一章　县域产业转型升级的基础理论

第一节　工业化阶段理论

世界权威的经济学辞典《新帕尔格雷夫经济学大辞典》对工业化的定义是："工业化首先是国民经济中制造业活动和第二产业所占比例的提高，其次是制造业活动和第二产业在就业人口的比例也有增加的趋势，还包括人均收入的增加，生产方法、新产品式样在不断变化，城市化提高、资本形成、消费等项开支所占比例发生变化。"而工业化阶段是一个国家和地区经济发展历程中的重要阶段，只有在准确分析和把握一个国家和地区所处的工业化阶段的基础上，才有可能制定出行之有效的经济政策，从而保证国家和地区经济的稳定发展。国内外学者根据不同的标准对于工业化阶段进行了不同角度的划分，本节将重点介绍钱纳里的工业化阶段理论，并简要概括霍夫曼、罗斯托等人和我国一些学者的相关理论。

德国经济学家霍夫曼最早对工业化阶段进行了划分，他提出的工业化阶段理论，被称为"工业化经验法则"。霍夫曼按产品的用途将工业分为消费资料工业、资本资料工业和其他产业，同时他还提出了一个基准即霍夫曼比率作为划分工业化阶段的依据。霍夫曼比率是指消费品工业净产值与资本品工业净产值之比，其公式表示为：

霍夫曼比率 = 消费品工业净产值/资本品工业净产值

霍夫曼将工业化过程分为四个阶段，第一阶段：霍夫曼比率为 (5±1)，消费资料工业的生产在工业部门中居于主导地位，资本资料工业的规模较小；第二阶段：霍夫曼比率为（2.5±0.5），资本资料工业迅速的发展，其增长速度已经超过消费资料工业，但其规模比消费资料工业小得多，消费资料工业在规模上仍居主导地位；第三阶段：霍夫曼比率为（1±0.5），资本资料工业继续快速增长，并已达到和消费资料工业相平衡的状态；第四阶段：霍夫曼比率为1以下，资本资料工业占主要地位。

英国经济学家科林·克拉克在配第研究基础上指出，随着经济的发展，人均国民收入水平的提高，第一产业国民收入和劳动力的相对比重逐渐下降，而第二产业国民收入和劳动力的相对比重上升，经济进一步发展，第三产业国民收入和劳动力的相对比重也开始上升，这被称为"配第—克拉克定理"。依据配第—克拉克定理，可以将工业化过程分为初期、中期和后期三个阶段，第一产业劳动力占全社会劳动力的比重大体为80%、50%和20%以下。美国经济学家库兹涅茨在克拉克等人研究成果的基础上，从劳动力结构和部门产值结构等方面，根据三次产业占国民收入比重变化，也将工业化进程分为工业化初期、工业化中期和工业化后期三个阶段。在工业化初期，第一产业比重较高，第二产业比重较低；随着工业的发展，第一产业比重持续下降，第二和第三产业比重都相应有所提高，且第二产业比重上升幅度大于第三产业，当第一产业比重降低到20%以下时，第二产业比重高于第三产业，工业化进入中期阶段；当第一产业比重再降低到10%左右时，第二产业比重上升到最高水平，工业化进入到后期阶段。在整个工业化进程中工业在国民经济的比重将经历一个由上升到下降的倒"U"形变化。

钱纳里与赛尔奎因、鲁宾逊在克拉克和库兹涅茨研究的基础上，提出了工业化阶段的"发展形式"理论。该理论主要研究低收入国家的经济问题，用一般均衡结构变化模型来描述经济发展过程中国民经济结构各部分之间的关系，给出了经济发展和结构变动的"标准形式"，并强调不同国家就有不同的经济发展变化特点。钱纳里等认为，工业化取决于总需求的水平和要素供给的结构演化，并将产业结构变动升级和人均GDP作为划分区域经济发展阶段的主要依据。钱纳里等人将经济发展划分为三个阶段和六个时期，三个阶段是初级产品生产阶段、工业化阶段和发达经济阶段,六个时期是传统社会阶段、工业化初期阶段、工业化中期阶段、工业化后期阶段、后工业化社会阶段和现代化社会阶段。其中,第一阶段为第一时期。这一阶段同时是钱纳里研究的重点阶段,第二阶段包括第二至第四时期,第三阶段是第五和第六时期,具体划分如表1-1所示。

表1-1　　　　钱纳里的工业化划分阶段标准时期

时期	人均国内生产总值变动范围(美元)				发展阶段
	1964年	1970年	1982年	1996年	
1	100—200	140—280	364—728	620—1240	初级产品生产阶段
2	200—400	280—560	728—1456	1240—2480	工业化阶段
3	400—800	560—1120	1456—2912	2480—4960	
4	800—1500	1120—2100	2912—5460	4960—9300	
5	1500—2400	2100—3360	5460—8736	9300—14880	发达经济阶段
6	2400—3600	3360—5040	8736—13104	14880—22320	

第一时期是传统社会阶段。产业结构以农业为主,没有或极少有现代工业,生产力水平、基础设施和技术水平都很低。第二时期是工业化初期阶段。产业结构由以农业为主的传统结构逐步向以现代化工业为主的工业化结构转变,工业主要是以劳动密集型产业和食品、烟草、采掘、建材等初级产品的生产为主。第三阶段是工业化中期阶段。制造业内部由轻型工业的迅速增长转向重型工业的迅速增长,产业大部分属于资本密集型产业,非农业劳动力开始占主体,第三产业开始迅速发展,也就是所谓的重化工业阶段。第四阶段是工业化后期阶段。在第一产业、第二产业协调发展的同时,第三产业开始由平稳增长转入持续高速增长,这一时期发展最快的领域是第三产业,特别是新兴服务业,如金融、信息、广告、公用事业、咨询服务等。第五阶段是后工业化社会,制造业内部结构由资本密集型产业为导向以技术密集型产业为主导转换,同时生活方式现代化,高档耐用消费品被推广普及。技术密集型产业的迅速发展是这一时期的主要特征。第六阶段是现代化社会。第三产业开始分化,知识密集型产业开始从服务

业中分离出来，并占主导地位，人们消费的欲望呈现出多样性和多边性，追求个性。

在1960年经济学家罗斯托在《经济成长的阶段》一书中，以投资率和主导部门两项指标将工业化过程划分为传统、准备、起飞、成熟和消费五个阶段。此后他又在1971年出版的《政治与成长阶段》一书中追加了第六个阶段即追求生活质量阶段。而联合国工业发展组织根据工业净产值在国民收入中的比重指标，将工业化阶段划分为农业经济阶段、工业初兴阶段和工业加速阶段。世界银行根据人均收入、GDP结构和城市化水平等方面对工业化发展阶段进行了划分。

我国学者在长期研究中也对工业化阶段进行了划分。比如，张培刚教授根据资本品生产对消费品生产的关系，将工业化过程划分为三个阶段，第一阶段是消费品工业占优势；第二阶段是资本品工业占优势；第三阶段是消费品工业和资本品工业平衡，而资本品工业渐占优势地位的趋势。而陈栋生等在1993年出版的《区域经济学》一书中认为，区域经济增长可分为待开发（不发育）、成长、成熟和衰退四个阶段。还有学者将工业化进程划分为重化工业化、高加工度化和技术集约化三个阶段。

随着全球化的影响日益显著、信息化的发展日益深入，我国进入了工业化的中后期阶段，城市经济发展水平高，但发展潜力逐渐减少，同时城乡差距逐渐扩大。这就要求国家努力发展县域经济。县域经济是以县级行政区划为地理空间，以县级政权为调控主体，以市场为导向，优化配置资源，具有地域特色和功能完备的区域经济。县域经济能够沟通城乡、领导农村经济全局，支撑区域经济发展，是城乡经济的桥梁，是工业经济和农业经济的交会点，是拓展第三产业发展空间的增长点。

我国共有2861个县级行政区，不同地区的县域经济发展基础不一样，发展条件也各异。在发展县域经济之前，我们首先要明确该县所处的工业发展阶段。由于经济的不平衡发展，有些县域经济发达处于工业发展的较高阶段，而有些县域则还处于原始或成长阶段。对于县域的发展我们不能一概而论，而是应该具体问题具体分析，提出适合当地县域经济的不同发展模式。同时也要抓住当地县域产业的脉搏，积极推进产业结构调整，实现县域工业阶段的升级，促进县域经济发展，缩小城乡差距。比如，公安是中国内陆的农业大县，通过农业产业化带动模式，实现产业升级。而宜都市则是中国内陆工业强县，通过工业的结构优化，实现县域经济发展，进入工业化发展阶段。

第二节 增长极理论

一 增长极的概念

20世纪50年代，法国经济学家弗朗索瓦·佩鲁（Fracnios Perroax）在G. 卡塞尔（Gustav Casel）的平衡增长而流量间比例不变的经济模式和约瑟夫·熊彼特（Joseph A. Sohampeter）构造的扩大循环理论基础上首次提出了增长极的概念。佩鲁认为，增长极存在于经济空间上，经济空间"是存在于经济元素之间的经济关系"。他指出，"如果一个集团在其所处环境中引起不对称的增长或不对称的发展现象，而且这些增长与发展现象至少在一个时期中是相反的而不是同步的，那么，我们就可以将这个集团称为一个增长的极或发展的极"。同时他还认为"增长并非同时出现在所有地方，它以不同的强度首先出现在一些增长点或增长极上，然后通过不同的渠道向外扩散，并对整个经济产生不同的最终影响"。

佩鲁提出的增长极本身的含义模糊不清，他所说的经济空间概念只是一个抽象经济空间。而法国经济学家布德维尔（J. R. BOudville）认为，经济空间"是经济变量在地理空间之中或之上的运用"，并给出增长极的简要定义："增长极是指在城市区配置不断扩大的工业综合体，并在其影响范围内引导经济活动进一步发展。"布德维尔将佩鲁的增长极内涵从产业关系拓展到地理空间关系，这样增长极包含两个明确的内涵：一是作为经济空间上的某种推动型产业；二是作为地理空间上的产生集聚的城镇，即增长中心。

自20世纪60年代起，人们对于增长极的研究主要围绕着集聚空间和推动型产业两个方面展开。简单地说，增长极就是具有创新性的推动型产业或主导产业及其相关联的产业在一定区域空间上集聚并对周围地区经济产生影响的中心。

二 增长极的特征

从空间来看，增长极通过与周围地区的空间关系而成为支配经济活动空间分布和组合的重心；从物质形态来看，增长极就是区域中的中心城市；从产业发展来看，增长极通过与周围地区经济技术联系而成为区域产业发展的组织核心。

增长极形成的重点在于推动型产业的形成。推动型产业是指区域内的领头产业，处于支配地位的产业。这种产业的特点是：产业的企业规模比较大；产业的关联性强；产业具有较强的创新能力，尤其是技术创新能力，具有较高的技术进步率；生产分布具有高度的空间集中倾向，产品市场广阔，能有全国性甚至国际性的销售市场；产品需求收入弹性系数高（产品需求收入弹性系数指产品需求的相对变动与消费者相应收入相对变动的比值），市场扩展和生产发展速度快。

三 增长极的作用机制

增长极的作用机制主要表现在支配效应、关联效应、乘数效应、极化和扩散效应。

佩鲁认为，经济要素是在非均衡条件下发生作用的，各经济单元之间存在着非对称性影响，一个单元对另一个单元所施加的不可逆或部分不可逆的影响称为支配效应。处于支配地位的经济要素或产业一般具有较强的创新能力和生产效率，支配要素、产业的发展革新会推动周围地区被支配要素、产业的增长，或者说周围地区的经济活动会随着支配要素、产业的变化而变化。这种支配效应可以通过实物、信息、货币等形式表现出来。佩鲁还提出加大对支配要素、产业的投资和关注，有利于增加产出、需求和市场，从而推动区域经济增长。

关联是指在投入产出所表现出来的产业之间的连锁。产业之间的关联效应或连锁效应分为后向关联、前向关联和旁侧关联三种。推进型产业可以对其他产业产生前向或后向联系效应，其他产业或是成为推进型产业的"上游"供应者，或是成为其产品的"下游"使用者。赫希曼的"边际不平衡增长理论"认为，凡有关联效应的产业，不管是前向联系产业还是后向联系产业，都能通过该产业的扩张和优先增长，逐步扩大对其他相关产业的投资，带动后向联系部门、前向联系部门和整个产业部门的发展，在总体上实现经济增长，从而放大增长极效应。

乘数效应是指某一变量的增减所引起的经济总量变化的连锁反应程度。增长极通过产业关联和区域关联对周围地区起到了领头、带动的作用，并通过循环和因果积累作用不断地强化放大其影响。

极化效应或回波效应是指增长极在市场的作用下会获得规模经济效应和聚集经济效益，从而具有相对利益产生向心力和吸引力，促使周围地区的能源、资源、劳动力和技术等经济要素向增长极聚集。这使得增长极获得较好的发展，但却在一定程度上不利于周围地区的发展，拉大了地区间的经济差距。极化效应的方式有很多，从增长极的数量和分布来分，极化方式有单极吸引方式和多极吸引方式；从极化现象地域空间形态来看，极化方式又分为向心式极化、等级式极化和波状圈层式极化。

扩散效应或涓滴效应是指在政府调节下通过极化中心的经济"外溢"作用和促进带动作用，信息、技术、资金和先进的管理方式等经济要素由增长极向周围地区扩展的现象。这有利于周围地区的发展，从而缩小增长极与周围地区的差距。从扩散中心的数量来看，扩散方式可分为单核辐射方式和多极辐射方式；从扩散影响范围来看，扩散方式包括全国性的扩散和地方性的扩散；而从扩散现象地域空间形态来看，扩散方式有核心扩散、等级扩散、波状扩散和跳跃式扩散。

一些学者研究发现，在不同地区的扩散效应和极化效应强弱对比是不同的，在经济发达地区，增长极的扩散效应较强，而在经济落后地区，增长极的极化效应较强。同时，在增长极形成之初，它的极化效应大于扩散效应，从而促进增长极的快速发展；当增长极达到一定规模，它会出现外部经济下降，甚至规模不经济，这时扩散效应增强，极化效应减弱，从而推动了周围地区经济发展。

一些大城市发展到一定阶段，扩散溢出效应逐渐加强，对于大城市郊区各县域及经济比较发达的大城市周围一些县域而言，可以通过城郊发展型县域发展模式吸收大城市的功能辐射，依附于城市经济获得资金、技术、市场和人才等，从而实现县域经济的快速发展。如位于大都市辐射区的红安和位于大城市边缘的济宁的产业转型升级都得益于城市增长极。

另外，县域通过政府调控、市场导向，根据本县的自然资源和社会经济条件选定关联性强的主导产业作为推动型产业，从而促进县域经济发展，使得县域也成为规模略次于城市的增长极，形成不同规模的增长极系统，带动区域经济的良性发展，也有利于吸收乡村剩余劳动力，加强乡村经济发展，缩小城乡差距。

第三节　梯度与反梯度理论

一　梯度理论产生发展背景

梯度理论的产生经历了漫长的过程，其理论起源于欧洲。1826年，农业经济学家杜能（Thunen）在《孤立国同农业和国民经济之关系》一书中，首次系统地阐述了农业区位理论，该理论阐述了农业经济集约化水平由中心城市向四周农牧区逐步下降、经历多个梯度最终达到荒野的分布，这说明了农业经济中存在着梯度现象。韦伯（Weber）利用等费用线研究不同工厂类型在区位上生产成本的梯度变化，找到工业的最优区位，这使梯度理论得到了丰富。而马歇尔（Marshall）在上述理论的影响下提出的外部规模经济理论则为梯度理论奠定了雏形。

1950年，佩鲁提出了增长极理论。20世纪六七十年代，赫希曼（Hirschman）等则在增长极理论基础上又提出了经济不平衡发展理论，该理论认为，经济增长过程是不平衡的，强调关联效应和资源优化配置效应。1957年，著名经济学家缪尔达尔（Myrdal）提出循环累积因果论，它认为社会是动态的，而在这个动态的过程中，社会经济各因素之间存在着循环的累积因果关系。在循环累积因果论看来，三种效应在区域发展中起作用，即极化效应、扩散效应和回程效应。而弗农（Vornon）等提出的产品周期理论认为，产品发展分为新产品、成熟产品和标准化产品三个阶段，并将这些阶段与企业区位联系在一起。在上述理论基础上，区域经济学家将这个产品周期理论引入到区域经济学中提出了区域经济技术梯度转移理论。

20世纪80年代，西方的梯度理论被引进我国。夏禹龙、冯之浚论述了梯度理论和区域经济。而1982年，何钟秀在《论国内技术的梯度转递》的一文中首先系统提出了国内技术转移的梯度推移规律理论，简称梯度理论。此后，诸如刘国光、郭凡生、朱建芝等人将梯度理论与中国国情相结合，不断发展梯度理论。

二 梯度理论概要

根据上述相关理论如发展不平衡理论、外部规模经济理论等和实践证明，世界各个地区由于自然要素禀赋和社会经济因素的不同，经济技术发展水平也存在着较大的差异，甚至有些地区由于具有优越的条件可能会形成增长极或是产业集聚区。

关于梯度高低的划分，马歇尔认为，众多的企业集聚在一起可以获得劳动力共享、专业化投入和知识信息外溢，有利于企业技术进步、降低成本，从而获得外部规模经济收益，此聚集区即为高梯度区。由于遵循距离衰减法则，企业距离集聚中心越远，所得收益越小，那些地区就会成为低梯度区，从而梯度高低程度随距离增加而逐渐降低。梯度转移理论认为，地区经济的发展水平主要取决于地区经济部门结构，特别是其主导产业在工业生命周期中所处的阶段。如果其主导产业部门由处于创新阶段的专业部门所构成，则说明该区域具有发展潜力，因此将该区域列入高梯度区域。创新活动是决定区域发展梯度层次的决定性因素，而创新活动大都发生在高梯度地区。

由于地区间存在着梯度，所以就会产生空间的推移。刘再兴、郭凡生等在《发展战略概述》一文中提到无论是在世界范围，还是在一国范围内，经济技术的发展是不平衡的，客观上已形成一种经济技术梯度。有梯度就有空间推移。生产力的空间推移，要从梯度的实际情况出发，首先让有条件的高梯度地区，引进掌握先进技术，然后逐步依次向处于二级梯度、三级梯度的地区推移。随着经济的发展，推移的速度加快，可以逐步缩小地区间的差距，实现经济分布的相对平衡。

三 梯度理论的发展和应用

梯度理论在实践过程中证明存在合理性，如我国区域发展政策主要是积极引进先进的经济技术和管理方法，先发展经济基础较好的东部地区，再向中部、西部转移，逐渐缩小地区间差异。但随着生产力发展和信息技术进步，梯度理论的缺陷和不足逐渐暴露。一些学者认为，梯度理论是一种静态定位理论，它力图将地区的经济发展固定在特殊的阶段之上，使"先进技术"地区永远"先进"，"传统技术"地区永远"传统"。还有一些学者认为，主要是难以科学划分梯度，实践中容易扩大地区间的发展差距。该理论忽视了高梯度地区有落后地区，落后地区也有相对发达地区的事实，人为限定按梯度推进，这样做就有可能把不同梯度地区发展的位置凝固化了，把差距进一步扩大了，使发达的地方更发达，落后的地方更落后。

因此，许多学者批判继承了梯度理论，形成动态梯度理论、反梯度理论和广义梯度理论等，不断丰富和发展了梯度理论，为区域经济发展提供指导性意见。郭凡生在《评国内技术的梯度推移规律》一文中认为，反梯度理论指的是"以超越现有生产力水平为主要特点的转移。这类技术主要分布在接近资源和原材料产地的工业中。这些工业从原材料到成品是一个相当大的减重过程，受资源、气候等各种非生产力水平因素影响较大，所以，在布局时主要考虑资源的条件。由于我国多数未开发的资源都在不发达和次发达地区，因此这些工业采用的技术转移时在国内主要体现为超越特点"。简单地说，反梯度理论就是经济技术由低梯度区向高梯度区转移的理论，后进地区也可以发挥本地区的优势和主观能动性，改变三次产业渐次发展的顺序，发展较高水平的产业。

对于发达的县域而言，这些地区具有经济基础好、区位优势明显、技术水平较好等特点，从而成为高梯度区域，这些地区多位于沿海地区或交通枢纽处。这些高梯度县域的接受能力强，创新性较高，易于吸收引进先进科学技术和管理经验，并实现本县的发展，这种产业转移一般通过城市系统转移。

而对于一些后进的县域并不意味着无法发展，根据反梯度理论，后进的县域特别是位于内陆但有良好的资源能源或是特色产业的县域也可以优先发展起来。比如，资源禀赋驱动型县域经济就是反梯度理论的实践，以矿产资源开发为主导产业的晋城模式是典型代表，河北的灵寿县、广西的南丹县等也都具有一定代表性，山西、内蒙古等省区作为我国主要的煤炭能源产地，其多数县都可归入资源型县域发展模式的行列。

第四节　雁行形态理论

一　雁行形态理论产生发展背景

日本经济学家赤松要对于日本明治初年以后产业发展特别是棉纺工业发展的实际情况进行深入研究，首先提出了雁行形态理论。他的学生小岛清认为，该理论是在1935年赤松要的《我国羊毛工业品的贸易趋势》一文中提出的。但也有学者认为，这个理论是赤松要在1956年发表的《我国经济发展的综合原理》一文中提出的。

之后小岛清、山泽逸平和石达彦等学者对赤松要提出的理论不断完善发展，使得雁行形态理论逐渐走向成熟。而第二次世界大战后，东亚经济持续迅猛增长让雁行形态理论得到许多学者的重视。

二　雁行形态理论概要

小岛清在充分研究赤松要的雁行形态理论后提出，日本某一产业的发展"通常依次经过进口、生产和出口等各阶段，据此我们可将这一产业的进口、生产和出口的雁行发展定式化"。这是赤松要对于雁行形态理论的最初认识。

据小岛清研究，赤松要曾将雁行形态分为原型和两个引申型。如图1-1所示，(1)原型表现的是在后进国工业发展的过程中，工业品呈现出进口→国内生产（进口替代）→出口三个环节的继起的图形。(2)引申型态A表现的是国内消费品进口、生产和出口→资本品进口、生产和出口，或从低附加价值制品进口、生产和出口到高附加价值制品进口、生产和出口依次继起的图形。(3)引申型态B表现的是某一种产品的进口→生产→出口的动态演化，依次在国与国之间逐个传导的图像（为更加直观，这里将进口、生产、出口三条曲线，简化为生产一条曲线），小岛清依次称上述原型、引申型态A和引申型态B，分别称为"生产的效率化""生产的多样化、高度化"和"生产型国际传导"。

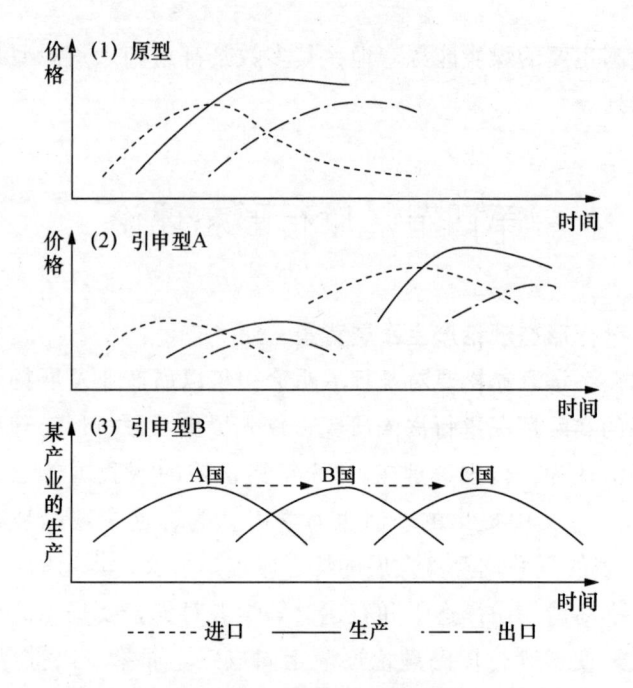

图 1-1　雁行形态三种类型

资料来源：松石达彦，2002 年。

同时，小岛清将投资（FDI）即直接投资引入了雁行形态理论，进一步丰富了雁行形态理论，形成了直接投资主导型发展论。直接投资主导型发展论将对外直接投资分为顺贸易志向型和逆贸易志向型。顺贸易志向型是指将对于投资国而言相对劣势而对于被投资国来说相对优势的产业由投资国转移到被投资国的直接投资，这将有利于投资国的产业转型升级，也有利于被投资国经济增长，形成投资和贸易互动的良性循环，有利于双方的经济发展。而逆贸易志向型是指将对于投资国而言相对优势而对于被投资国来说相对劣势的产业由投资国转移到被投资国的直接投资，这将会减弱国际分工，导致两国贸易和效益的降低，不利于双方经济发展。当被投资国在承接产业中的比较优势丧失，投资国会将直接投资转向更具比较优势的国家。在此过程中，区域内各国产业结构可能会出现逐渐趋同的趋势。

而日本学者山泽逸平则进一步充实了赤松要的雁行形态理论，提出了进口阶段→进口替代阶段→出口成长阶段→成熟阶段→逆进、阶段五个阶段雁行形态理论。补充说明了后进国家在引进先进的产品后，逐渐发展技术进行本国生产，在本国市场饱和后开始出口，并使得产品生产更加成熟，但在国外商品的竞争下出口增长减速，最终将该产业转向其他后进国家，实现本国的经济发展。

日本学者松石达彦也在2002年提出雁行形态的四阶段理论，即消费品进口阶段→消费品的进口替代阶段→消费品的出口、资本品的进口替代阶段→消费品出口减少、资本品开始出口阶段。松石达彦的四阶段理论是将产品分为消费品和资本品，其认为后进国家一般首先引进承接技术水平较低的消费品，在发展到一定程度后开始发展资本品，从而实现本国经济的起飞。

三 雁行形态理论发展应用

20世纪30—50年代，日本经济学家赤松要首先提出的雁行形态理论，后被山泽逸平、小岛清等日本学者不断发展完善，最终为日本在20世纪70年代以来向亚洲新兴工业国和地区（ANIES）及东盟国家和地区（ASEAN）进行产业转移的对外经济政策提供了理论依据，实践证明该政策在一定时期推动日本经济的发展，促进了日本产业转型升级。

20世纪下半叶，东亚地区国家经济的依次迅猛发展使得雁行形态理论得到了广泛的关注。一些经济学家运用雁行形态理论阐述日本、亚洲"四小龙"、东盟和中国东南沿海地区顺次实现经济起飞的国际分工和贸易模式。其中日本为"领头雁"并逐步将本国成熟且处于相对劣势的产业如纺织、钢铁、化工、造船、机械、家电等产业通过贸易、技术转让和投资依次传递给"四小龙"和东盟国家及中国东南沿海地区，使这些地区承接产业也迅速发展起来，并实现由进口到出口。实践证明雁行形态理论的确对战后东亚地区的经济起飞提供了一定的理论指导。

经历了20世纪迅猛发展后，"领头雁"日本经济出现"瓶颈"而一度低迷，东亚地区也出现了严重的金融危机，学者们也逐渐认识到雁行形态理论的局限性，雁行形态理论面临挑战。雁行形态理论的局限性主要表现在四个方面：一是雁行形态只是一种过渡模式。它要求雁阵中的各国在同一时间内要处在不同的经济发展水平上；二是对后发国来说，雁行形态是一种追赶模式，而不是创新模式；三是雁行形态的运行具有严格的前提和约束条件；四是雁行形态易导致被投资国本国资本的缺位。一些学者相继对雁行形态理论进行了发展，如李晓提出的"VWO 动态发展模式"，薛敬孝、陈岩提出的"东亚整体咬合联动增长模式"，以及小岛清"合意分工发展模式"等。还有一些学者打破雁行形态理论，提出了"金字塔模式""雁行发展模式""特技飞行模式"等，使得雁行形态理论与时俱进、不断发展。

根据雁行形态理论，一些靠近日本、东南亚和中国香港、中国澳门、中国台湾的县域可以优先承接"雁头"的产业转移，引进外资、先进技术和优秀的管理经验，发展劳动密集型产业，如消费品生产。当发展到一定程度，东南沿海的县域的劳动力成本上升，廉价的劳动力优势丧失，就不得不进行产业转型升级，努力引进外资不断创新，发展资本品生产，并将劳动密集型产业向内陆县域地区转移。

以珠江三角洲、闽南金三角地区以及浙江南绍地区为代表的外资开拓型县域在一定程度上就是以雁行形态进行发展的。这些县域的发展主要得益于引进外资，发展"三来一补"产业，形成以外向型为主的经济类型。如改革开放之初，正当港台地区的制造业面临着劳动力和土地价格飞涨、成本上升的压力，东莞以优惠的政策、丰富且廉价的劳动力和土地资源，以及邻近港澳、连接广深的区位优势，迅速发展成港台制造业的"工厂"，进入全球价值链，实现东莞当地县域发展的同时，也带动了珠江三角洲地区的经济起飞。

第五节　新产业区理论

一　新产业区理论产生发展背景

新产业区理论不是凭空出现的，而是在许多理论基础上批判继承发展而来的。比如，韦伯提出的工业区位理论，从经济区位角度，通过量化经济因子说明城市人口和产业集聚机制，这对于产业集聚研究有一定的理论意义；佩鲁和鲍德维勒（Boudeville）等研究的增长极理论初步地说明了产业集聚的表现、原因和影响；而苏联经济学家科洛索夫斯基提出了地域生产综合体理论，主要说明的是在计划经济体制基础下的一种典型的产业集聚现象，该理论强调企业之间稳固和正式的投入产出联系，这对产业区规划具有很强的指导意义；而马歇尔提出的产业区理论主要说明了具有创新性的小型企业集聚问题，该理论指出了产业集聚会带来外部经济。这些理论都为新产业区理论的产生提供了理论支持。

同时，新产业区理论的产生发展有其现实原因，20世纪70年代，西方发达国家传统产业开始出现衰退现象，但人们惊讶地发现意大利的中部和东北部传统产业区的中小型企业却发展良好，这引起了学者的关注。这些区域与19世纪马歇尔所描述的"产业区"有着相似之处，因此被称为"新产业区"。一些学者还发现，德国的巴登—符腾堡（Baden - Wurttermberg）、美国加利福尼亚的硅谷等地同样出现相似的情况，但真正意义上的新产业区出现在新技术革命以后。在科技革命和经济全球化背景下，伯兰迪（Bellandi）、李小建、皮埃尔和赛伯（Piore and Sabel）等学者不断研究新产业区，由此新产业区理论日益完善。

二 新产业区理论概要

新产业区的概念源于马歇尔对于产业区的提法，许多学者认为，新产业区这个概念是由巴卡蒂尼（Becattini）首先提出的，他认为，新产业区的定义是"具有共同社会背景的人们和企业在一定自然地域上形成的社会地域生产综合体"。而斯科特（Scott）将新产业区定义为基于合理劳动分工的生产商在地域上结成的网络（生产商和客商、供应商以及竞争对手等的合作与链接），这些网络与本地的劳动力市场密切相连。此后，伯兰迪、格罗弗里（Garafoli）、派克（Pyke）和我国的李小建等也对新产业区进行了详细定义。

尽管各个学者对于新产业区定义的描述不尽相同，但新产业区具有一些基本的特征。在空间上，新产业区内相互联系的企业和机构在空间上具有聚集或接近的特征；在组成上，新产业区的企业以中小企业为主，同时新产业区内相关机构更加丰富完善；在内部联系上，新产业区内企业间存在着形式内容多样的联系、高度专业化的分工和广泛的合作，并由此形成了一种长期稳定的网络，新产业区内的企业都是独立的个体，相互平等地存在于企业网络中；新产业区还具有根植性，根植性就是指区内各企业相互信任、共负盈亏、密切联系，并且深深植根于地方社会结构和特定社会文化环境之中；同时，新产业区还具有很强的学习性和创新性。

对于新产业区的分类，影响比较大的是布鲁斯科（Brusco）的分类和马库森（Markusen）的分类。在1990年，布鲁斯科根据有无政府干预、中小企业的内源力及当地协作环境的好坏程度，将新产业区分为没有政府干预Ⅰ类产业区和有相当的政府干预Ⅱ类产业区。其中Ⅰ类产业区（没有政府干预）包括拥有较低技术创新潜力的新产业区，以及有良好技术创新潜力的新产业区。而Ⅱ类产业区（有相当的政府干预）包括有一些技术创新潜力的新产业区，以及拥有很强的技术创新潜力的新产业。在1996年，马库森则将新产业区分为四种典型的产业区类型，即马歇尔式工业区，意大利式产业区是其变体形式；轮轴式产业区，其地域结构围绕一种或几种工业的一个或多个主要企业；卫星平台式产业区，主要由跨国公司的分支工厂组成，这些分支工厂可能是高技术的，或主要由低工资、低税、公众资助的机构组成；国家力量依赖型产业区。

新产业区理论认为新产业区形成与演化的动力机制主要在于三个方面：一是柔性专业化生产方式的作用；二是区域创新环境与区域创新网络的存在；三是区内行为主体的影响。

早在1984年皮埃尔和赛伯已经在《第二次产业分工》一书中指出，新产业区发展的主要原因是产业区企业生产的"弹性专精"。而随着全球化程度的逐步加深和信息技术的迅猛发展，批量的标准化产品生产的刚性生产方式已经越来越不适应于国际市场，社会出现了一种对应于计算机集成制造系统生产技术的柔性专业化生产方式。所谓柔性就是指企业对内外部环境变化的应变能力，柔性专业化生产方式指的是中小企业为满足消费者个性化需求灵活的生产品种多样、中小批量的一种生产方式。这种生产方式有利于提高企业间的分工与协作，使得企业间的联系更加密切，促进了产品生产专业化水平，提高了生产效率。另外，柔性专业化生产方式也有利于企业应对不断变化的国际国内市场，能动的调整产品数量和种类。这都促使大量的相互联系的中小企业在一定地域上集聚，从而产生新产业区。

欧洲创新研究小组（GREMI）对于新产业区形成机制提出了区域创新环境与区域创新网络的观点。创新的社会政治、经济和文化环境有利于吸引人才、投资的引入和原有技术的革新，从而促进企业的产生、集聚和发展。区域内稳定的网络有利于企业的长期发展，特别是具有创新性的网络，有利于区域内资源的共享、信息交流外溢、增强生产柔性，推动新产业区的产生和发展。

而加拿大的海特（Hayter）和我国的王缉慈等都认可区内行为主体对于新产业区有着巨大的影响，他们认为，具有相同、相似或相近的企业在一定区域内的集聚更有利于企业间的分工与合作，使得信息、知识和技术更易扩散，而相互信任和满意成为区内最有价值的资源。

根据研究表明，我国经济较为发达的县域地区，一般都存在较为完整的产业链或者是某类集中的产业区现象。这类县域产业区主要根植于当地农村或乡镇的工业基础，依靠当地企业家创新精神和工商业传统，着力于发展主导特色产业。一些具有后向、前向和侧向联系的中小企业在县级地区集聚，形成新产业园区，促进县域经济的发展。

在我国县域发展历程中有很多这样的例子，比如，浙江温州的劳动密集型专业化产业区，在浙江可以找到百余个这样的例子，例如浙江温州的劳动密集型专业化产业区，在浙江可以找到百余个这样的例子。可以说，浙江的"集群化"和改革开放后的农村工业化同步发展。

在科技实业家创业基础上出现的高科技企业集群。在北京中关村的产业群中，新企业的衍生和中小企业的发展、企业家的成长和产业文化的变迁等现象十分明显。20世纪80年代具有中国特色的"电子一条街"的主要经验，是在计划外依靠企业在市场上搏击而形成的。企业从零开始，通过经营贸易和技术服务，或给外国公司做销售代理，获得原始积累，从而进入研究与开发领域。

在本地"三来一补"基础上发展起来的中小企业集群。例如广东东莞的劳动密集型专业镇。改革开放之初，正当我国港台地区的制造业面临着劳动力和土地价格飞涨、成本上升的压力，东莞以优惠的政策、丰富且廉价的劳动力和土地资源，以及邻近港澳、连接广深的区位优势，迅速发展成港台地区制造业的"工厂"，进入全球价值链。

外资带来多个配套企业发展起来的集群。如北京亦庄的诺基亚星网工业园技术密集型集群，以北京首信诺基亚为龙头企业，吸引了包括和长城计算机公司合资的北京余长科国际电子公司、三洋能源有限公司、富士康等公司在内的巧家配套企业入驻。未来几年将吸引大量全球和国内主要零部件供应商、服务供应商和研发机构。

在改制后的公有企业基础上经过企业繁衍和集聚而形成的。例如，山东青岛的海尔、四州重庆的嘉陵摩托、辽宁营口的东北钢琴等集团附近，都有相关企业繁殖和衍生。这些企业的存在，又促进了它们的配套产业发展，并在相关行业企业的竞争中创新和升级。

第二章 中国县域产业转型升级的实践路径

第一节 农业经营体制改革

农业经营体制改革是中国县域体制转型的主要实践路径之一。改革开放以前,生产力水平较低,生产力发展不平衡,为了保障生产建设的顺利进行,国家对生产资料实行计划与指导性计划相结合的管理制度。在经济发展水平较低、生产结构和经济结构较为简单的时期,这种计划经济体制还较为适用,但由于管得过多过死,农民的生产积极性被抑制,导致农业发展长期停滞不前,很大程度上制约了县域经济发展的活力。改革开放以后,为了扫清农村经济发展的阻力,改变农村停滞不前、缺乏活力、逐渐萎缩的经济发展模式,中国经济体制改革从农村开始,农业经营体制改革的第一步是实现多种形式的农业生产责任制。

家庭联产承包责任制是农业经营体制改革的重要一步,具体内容是"农户以家庭为单位向集体组织承包土地等生产资料和生产任务的农业生产责任制形式。其基本特点是在保留集体经济必要的统一经营的同时,集体将土地和其他生产资料承包给农户,承包户根据承包合同规定的权限,独立做出经营决策,并在完成国家和集体任务的前提下分享经营成果"。家庭联产承包责任制最初是由安徽省凤阳县小岗村的村民发起。十一届三中全会后,家庭联产承包责任制开始在全国范围内推行,1983年年初,全国农村已有93%的生产队实行了这种承包责任制。家庭联产承包责任制不同于农业合作化以前的小农个体生产，它既发挥了集体统一经营的优越性，又调动了农民家庭生产的积极性，极大地激发了农民的劳动热情。这种经营方式既保留了家庭经营的优越性，又克服了它的局限性，使农业的经营方式既适应农业生产的特点和农业以手工劳动为主的状况，又有利于发挥已经形成的社会化生产手段的作用。由于这种形式适应了当时的农业发展形式，使得中国农业生产和农业经济得到迅猛发展。

家庭联产承包责任适应了当时社会的发展形势，使中国的农业有了很大的发展。但随着时代的发展，社会经济形势的变化，这种小家庭式的生产不能完全适应这些变化，并在某种程度上制约了农业经营的进一步发展，家庭联产承包责任制的一些弊端开始显现，具体表现在以下几个方面。

（1）不能进一步提高农民的积极性。在实施初期，农民拥有土地的经营权能极大地激发农民的生产积极性，但是随着后来农产品价格的长期稳定，化肥、农药、种子等生产资料的价格飞涨，工农业产品的价格差距拉大，农民的生产积极性受到很大打击。

（2）不便于农业机械化和现代化的实施。由于农业机械体积较大，价格高，以家庭为单位的农户较难承担高昂的种植成本，农业机械化的实施成为难题。而且由于以家庭为单位的农业生产比较分散，每户种植的品种不统一导致了农作物的成熟期也不一致，不利于大型机械的操作。即使有农业机械的地方，由于这种土地分散经营，也造成了农业机械的适用率低，闲置时间长，使用成本高。

（3）不利于农业的综合治理。实行了家庭联产承包责任后，农民更关心自家田地，而对于修建一些公共水渠和抗旱水坝等水利设施积极性不高，基础设施的缺乏则导致了更多的农业灾害和生态问题的产生，农业综合问题凸显出来。

（4）造成人力资源浪费，降低农业的竞争力。家庭联产承包责任制分散了土地的经营权，导致了农业生产效率低下。随着工业化的兴起，劳动力成本变高，农民选择从事农业生产的机会成本增加。劳动力成本的上升使得农业竞争力下降。

（5）农村土地利用率低下，甚至荒废。随着城市化的推进，农村大量人口涌向城市，加上计划生育政策的影响，农村人口日渐减少，农村土地出现无人耕种的现象。农村土地的利用效率低下，土地荒废，严重影响了农业的发展。

这些弊端使家庭联产承包责任制无法继续适应农村的现实状况，于是出现了对新的农业经营方式的探索。这个时候，土地流转顺应形势需要出现了。土地流转是指土地使用权的流转，是指在土地承包期限内，通过转让、承包、租赁、入股、合作等方式出让土地经营权。随着我国农村经济的发展，农民生活水平的提高，还有第三产业的发展和农村人口向城市集聚，农村土地不再仅仅承担着农民生存保障的功能。随着外出务农民的增加，农村劳动力的减少，农民更多地关心土地的投资功能，土地流转政策正好适应了这样的市场需求，满足了农民的需要。

土地流转政策的产生、演变和发展经历了三个阶段。

第一阶段出现在20世纪80年代中后期的沿海发达地区和大城市的郊区，随着农村生产力的解放，粮食产量的增加，基本温饱问题的解决，乡镇企业在城市周边的出现，为土地流转的产生提供了条件。乡镇企业的发展使部分农村劳动力转移到第二、第三产业中来，农业生产劳动力减少，但农村依然要向国家上缴定额的粮食来完成国家粮食定购任务，于是出现了农村集体集中农民的土地承包给种植大户，然后给农民一定补贴的农业经营方式。这一阶段的土地流转虽然一定程度上实现了规模经营，但是由于政府和集体对土地使用权的干预较强，土地流转的规模较小，影响范围也受到了限制。

第二阶段是试验阶段，从1987年开始在广东南海、北京顺义等地建立改革试验区，具体内容是进行农业的适度规模经营。这一时期的土地流转规模仍然不大。根据农业部的统计，在1992年全国有774千公顷的土地被转包或转让，仅占总承包土地数的0.9%，转让、转包的农户数是473.3万户，占当年承包总数的2.3%。抽样调查了3万户农户，结果显示，转出全部承包地的农户仅占1.99%，转包部分承包地的农户占4.09%，而转包他人耕地的农户占10.68%。可见，第二阶段土地流转的规模依然很小。

第三阶段是规模发展阶段，从21世纪初开始在全国农村大范围地开始实行。2003年取消农业税之后，农业生产的制度条件和成本收益结构发生了变化，农民负担减轻，加上各种惠农补贴政策的推行，使得部分农民向农村回流，很多与农业有关的企业也纷纷到农村大面积地承包土地。这一时期，农村土地流转开始大规模地发展起来。

土地流转的作用主要体现在以下三个方面。

（1）土地流转能够实现土地规模经营。家庭联产承包责任制是分散的家庭经营模式，农户作为农业生产的投资主体在农业生产时减少农业技术和基础设施的投入，使农业生产技术含量低、基础设施不完善，阻碍了农业现代化进程。而土地流转让规模经营得以实现，使农业设施的大量投入、农业技术的改进成为可能，从长期看，能使农业生产的成本降低。

（2）通过土地流转能够使农民专业合作社的作用得到充分发挥，提高农业生产效率，加快农业生产的规模化、集约化速度，促进农业规模生产，使传统农业向现代农业转型。

（3）通过土地流转农业生产要素流动更加畅通，优化了农业生产的组织结构，提高了农村土地资源的利用率，也让农民能够更为自由地向第二产业和第三产业转移，农村人口向城市流动的阻力更小，大城市或城镇能够吸引更多的农村人口，推进了新型工业化和城镇化的进一步发展。

第二节　县乡村三级工业建设

建设县乡村三级工业体系也是县域产业转型的重要途径之一。一直以来，县域工业企业长期作为县域经济的重要支柱为县级财政收入的主要来源。计划经济时期，县域工业企业大部分是国有工业企业和集体工业企业，这类企业大多存在机制过死、管理落后、技术含量低、产业结构和产品结构趋同、企业负担过重等问题。改革开放以后，乡镇企业开始兴起，乡镇企业主要包括乡镇办企业、村办企业、农民联营的合作企业、其他形式的合作企业和个体企业五级，是中国乡镇地区多形式、多层次、多门类、多渠道的合作企业和个体企业的统称。乡镇企业以农村集体经济组织和农民投资为主要组成部分，主要任务是支援农业发展，促进农业现代化和产业化，是农村经济发展的产业支撑，为工业生产总值、劳动就业、财政税收等方面做出了重要贡献。乡镇企业的发展经历了以下几个阶段。

第一个阶段是初步发展阶段，那时候的乡镇企业叫社队企业。从1978年改革开放之后到1984年，农村兴起的一系列改革使农村产业结构发生了重大变化，在重视农业生产的同时，开始发展多种经营和乡镇企业。农村劳动力的就业结构也发生了很大改变，乡镇企业的兴起使大量农村剩余劳动力发生转移，农村工业化进程也由此开始。

第二个阶段是高速发展阶段，从1984年社队企业改名叫乡镇企业开始到1988年，乡镇企业涵盖的范围更广了，包括乡办企业、村办企业、合作企业和个体企业。这一时期，乡镇企业的总产值从1978年的493亿元增长到了1988年的6495.7亿元，乡镇企业的发展出现了第一次高峰。

第三个阶段是调整阶段，从1989年开始到1990年。上一阶段乡镇企业大规模地快速发展给国民经济带来了繁荣，但同时也出现了很多问题，比如经济秩序混乱、环境污染严重、原材料浪费严重、生产效率低下等。生存环境恶化使很多企业发展缓慢甚至出现亏损，乡镇企业的劳动力也出现减少的现象。针对这些问题，国家提出了"调整、整顿、改造、提高"的方针，开始整顿经济秩序，治理经济环境，调整乡镇企业发展的速度与规模，重视乡镇企业发展的质量。

第四个阶段是再次高速发展阶段，从1991年开始到1997年，经过了整顿和治理，乡镇企业又进入了黄金发展时期，这一时期的乡镇企业规模变大，数量和质量都有了新的突破，管理能力增强，出口创汇也大幅提高。1992年总产值为15931亿元，比前一年增长了49.5%，税收也增长了37%，到1994年，总产值猛增到45378亿元，这一时期的乡镇企业已成为县域经济的重要组成部分和主要支柱。

第五个阶段是再次调整阶段，从1997年开始，乡镇企业发展速度放缓，前一阶段快速发展暴露出的一些问题开始显现，如在国际化过程中面临的经营环境变化、技术创新问题、产权改革问题、产业结构调整问题等，大量乡镇企业转变为股份制企业或私营企业，乡镇企业再次进入调整时期，这一时期的产权制度改革为乡镇企业建立现代企业制度奠定了基础。

第六个阶段是高峰阶段。经过前期的调整和中国加入世界贸易组织对乡镇企业带来的发展机遇，从2005年开始，乡镇企业规模不断扩大，出口量也显著增长。到2006年，乡镇企业的总产值达到了249708亿元。

20世纪80年代以来，中国乡镇企业获得迅速发展，对充分利用乡村地区的自然及社会经济资源，促进农村经济繁荣和人们物质文化生活水平的提高，改变单一的产业结构，吸收农村剩余劳动力，以及改善工业布局、逐步缩小城乡差别，建立新型的城乡关系均具有重要意义。

乡镇企业在发展过程中面临的问题主要有：一是创新意识不强，研发力量薄弱。二是企业数量虽多但布局分散，没有形成产业集群。乡镇企业开始发生一些转变，首先是与农业产业化改革的结合，如食品、纺织等轻工业与农业相结合，组成相对完善的农村产业链。三是一些重工业企业的规模化集约化发展，这些企业开始向城市工业区集聚从而获取企业发展所需的资源、条件和市场。四是乡镇企业开始注重研发环节，提高创新意识，注重改革生产技术和提高管理水平，乡镇企业也开始从劳动密集型向资本和技术密集型转变。

乡镇企业的迅速发展为县域开发区的形成和发展打下了基础。开发区的本质是一种专业化的产业集聚区，依托当地的资源优势、区位优势或市场优势而建立，为以制造业和服务业为主要产业的乡镇企业集聚创造了条件，开发区的形成使企业分工更加明确，企业间的协作更为紧密，突出了产业集群的竞争优势，优化了企业的功能布局和城市的空间格局，对促进县域工业化进程，推动县域经济增长起到了重要作用。因此，县域开发区建设也是县乡村三级工业建设的重要内容之一。

我国开发区的建设经历了三个阶段。

第一阶段是起步阶段：1984—1990年。这一时期国内工业的主要问题是缺乏资金，基础设施建设的落后，工业生产也以劳动密集型产业为主。对开发区的主要功能定位是发展工业、利用外资和出口创汇。开发区建立后依靠相关优惠政策和在资金、技术、信息等方面的优势吸引产业集聚。但这一时期开发区面临的问题是规模较小、形式单一、企业的技术含量低,仍以劳动密集型企业为主。

第二阶段是成长阶段:1991—1997年。这一时期开发区层次开始扩展,从国家级遍及省级、市级、县级,还有一些乡镇也建立了开发区,开发区的地域也从沿海地区发展到了沿江、沿边和内陆。这一阶段开发区产业结构由单一走向了多元,规模也有所扩大,技术水平也有了明显的提升。

第三阶段是成熟阶段:从1998年到现在。这一时期的开发区建设更加全面,特别是一些中西部的县域开始为了承接东部沿海地区的产业转移,建立新的开发区,这个阶段的开发区产业结构更为合理,综合配套服务更加完善,开发区的发展也更加成熟稳定。

总体来说,开发区建设给县域经济发展做出了很大贡献。但一些问题仍然突出,如空间盲目扩张、土地粗放利用、引进投资质量不高、基础设施落后、环境风险突出、空间开发秩序混乱等。今后开发区发展的趋势应该是进行产业整合、加强基础设施建设、集约利用空间资源、注重开发区的生态环境保护,优化空间布局、高效有序开发。

第三节 优势资源开发与利用

注重县域优势资源的开发与利用也是县域产业转型升级的重要途径,明确县域资源优势所在并把县域资源优势向经济优势转化成了很多县域经济发展的最佳选择。

一 旅游资源优势县域的发展

旅游资源包括自然资源和人文资源,是指那些可以向旅游者提供审美和愉悦,对旅游者具有吸引力的自然因素、社会因素及其他因素,是旅游业发展的必备条件。旅游业作为新兴产业在国民经济中扮演着越来越重要的角色,充分开发和利用旅游资源也成了一些有旅游资源优势的县域发展经济、调整产业的重要途径。

在一些贫困山区,曾经因为地形地势、土壤、气候、交通等原因无法像平原地区或沿海地区一样大规模地发展农业生产和工业加工，但在旅游业兴起的今天，这些劣势反而成了区域旅游产业发展的优势，交通不便使当地的人文及历史资源得以完整保存，地势不平坦也从曾经的发展障碍变成了如今重要的自然旅游资源。比如，湖南的凤凰县利用其地处西部旅游黄金地段的有利位置，充分发挥凤凰的旅游资源优势，把旅游业培养为县域支柱产业，形成了以旅游产业带动工业化建设、农业产业化建设和城镇化建设的县域经济发展模式。旅游业的发展依赖旅游业的三大主体，即旅游住店、旅行社、旅游交通等旅游企业实体的支撑。凤凰县把旅游业作为发展县域经济的支柱产业，其作用主要有：（1）带动全县的基本建设，尤其是旅游交通设施建设，旅游配套设施建设；（2）促进全县农村商品、旅游商品生产的发展；（3）为全县城乡提供大量的就业岗位。旅游业实际上是一种包括众多服务类型的组合型的实体，属于劳动密集型产业，在吸收社会劳动力解决就业机会方面比其他行业占有优势。

在开发和利用县域旅游资源的过程中也还存在许多问题。首先是群众参与的项目少。凤凰的旅游资源很丰富，但目前大多数只停留在"走马观花式"的游览，缺少对旅游资源的深层次开发和挖掘。其次是旅游配套设施滞后。近年来，由于凤凰的旅游业发展迅猛，地方则对基础设施建设投入不足，在一些旅游高峰期出现宾馆爆满，游客投宿困难的局面。再次是由于历史原因旅游从业人员素质较低。目前旅游从业人员中接受短期或以上培训的不到 2000 人，尤其缺乏高素质的职业经理人、促销人员、专业技术人员。最后是旅游商品开发力度小，商品知名度不高，销售量不大，没有形成规模效益。

今后发展的趋势首先是充分利用市场机制，鼓励民间资本加入县域旅游开发；其次是发挥政府作用进行产业结构调整，使之更加科学完善；最后要创新旅游人才培养模式，保障县域旅游从盲目扩张向高质量阶段发展。

二 矿业资源优势县域的发展

矿业资源作为区域开发的重要物质基础，对县域经济发展有着重要作用。开发和利用县域的矿业资源也成了很多有资源优势的地区发展经济的重要方式。县域矿产资源多是依据矿产资源需求周期理论来开发和利用的。矿产资源需求生命周期理论认为，资源始终是人类区域开发的物质基础，各类资源随区域开发程度的提高和社会需求的变化在各个阶段作用不同，且不同发展阶段的国家或区域的矿产资源需求和消费特点不同。但是其变化的趋势均表现为初始增长至成熟衰落的轨迹。当一个县域开发程度低的时候，矿产资源的开发处于起步阶段，当一个县域开发程度提高对资源的需求增加时，县域矿产资源开发也就会进入增长阶段，随着开发进入稳定阶段，县域资源开发业进入成熟时期，到达巅峰后开始走向衰落时期。

矿业县域是指以矿产资源勘测、开发为基础，以矿产资源采掘业及矿产品加工业为主要产业的县域。矿产资源开发利用深度和广度，对县域开发进程及经济协调持续发展具有重要影响。由于矿产资源是不可再生资源，其开发要经历一个从勘探到开采、高产稳产、衰退直到枯竭的过程，伴随矿业由兴到衰的演变轨迹，以矿产资源开发利用为主导产业的矿业区域经济增长也相应呈倒"U"形结构，由一个从兴起期到繁荣期，再到衰退期的发展历程。

以陕西省延安市黄陵县为例，黄陵县盛产煤炭资源，煤炭资源开采始于明清时期，开始只是小规模手工开采，产量小，1949年以后，由于经济建设的需要，能源需求旺盛，供给紧缺，煤炭业从业人员、产量、产值扩大，出现了大规模开采。黄陵县的煤炭资源开发与利用主要分为三个阶段：第一阶段是1949—1982年，该阶段煤炭产量较新中国成立前有所增长，但增长缓慢；第二阶段是1985—1997年，该时期煤炭开采量增长迅速，产量达到历史最高；第三阶段是从1998年到现在，从1998年开始，煤炭的产量急剧下降，并出现持续下滑的趋势。从整个煤炭资源的开发历程看，黄陵县煤炭资源开采有一个从小规模开采到高产稳产再到衰退的过程，其演变的轨迹形成倒"U"形结构。

矿业县域的发展不可避免地面临资源枯竭的问题，我国多数矿业县域经济呈现衰退趋势，陷入发展的低谷。有些矿业县域在面临这些发展困境时成功地调整和转型，例如黄陵县依据区域发展条件，立足资源优势，依靠科技进步，实施重工业、强农业、兴旅游的经济发展战略，积极进行产业结构调整，逐步由单一的煤炭业向煤炭业、旅游业、农业发展转型，比如利用气候、土壤等条件发展苹果种植，发展并培育优势替代产业。使得煤炭业在经济结构中的比重有所下降，产业结构更加合理，使县域的优势资源被充分开发和利用。

总之，中国县域产业转型升级不只是开发利用好旅游县域和矿业县域的这些优势资源，还有其他有着优势资源的县域比如交通区位优势、森林养殖优势等，通过实践把这些优势资源进行科学的开发与利用，然后转变成经济效益是县域产业转型升级的重要途径。

第四节 中心城镇集聚发展

中心城镇是县域产业发展的主要阵地，是一定区域内的政治、经济、文化中心，是联系城市和乡村的桥梁与纽带，也是城市人口的发源地。中心城镇对企业的集聚和吸引作用是县域产业发展的主要动力。产业集聚作为一种产业的空间组织形式，是县域产业转型升级过程中的普遍现象。韦伯于1909年首次明确提出集聚和集聚效应概念，认为集聚是地方因子决定了工业企业的区位后，相互关联的企业为了节约运费和交易成本所做的趋于集聚的区位调整。集聚效应便是某些工业部门向某地域集中所产生的一种大于所追加的运费或劳动力费用，从而使产品成本降低的效应。产业集聚分为两个阶段：一是企业通过自身生产的扩张而产生的规模经济，是产业集聚的初级阶段；二是大企业依靠完善的组织方式集中于某一地区，从而引发更多同类企业向其集聚，形成产业集聚的高级阶段。工业、商业和服务业等产业在中心城镇集聚为县域经济的发展和产业转型提供重要支撑。不同区域的发展状况资源基础不一样，因此区域集聚模式也不同。

一 欠发达地区中心城镇的集聚

对于欠发达地区来说，中心城镇的集聚大多是依托农业的优势资源以及农产品加工来形成集聚。由于欠发达地区县域城镇地理位置较为偏远、人员结构单一且文化程度普遍低于发达地区，这些因素使其发展与农业有着密切的关系，欠发达地区中心城镇的集聚和发展大部分以农业作为支撑，中心城镇的集聚程度很大程度上取决于当地农业产业化、集约化的程度。农村经济的发展使农产品加工业发展速度加快，成为推进欠发达地区县域产业发展的重要力量。在此基础上中心城镇充分发挥自身优势，以当地农副产品为原料，以市场为导向，大力发展农副产品的加工、储藏、保鲜、运销，实行产供销一条龙、农工商一体化经营，发展冷链物流促进特色农产品和鲜活农产品的流通加工和销售，利用工业聚集加快农业的现代化生产。

另外，依靠交通便利优势带动商品和人口的集聚也是欠发达地区中心城镇集聚的一种模式。德国经济学家韦伯在分析研究工业位移的规律时发现，一个地方有便利的交通、丰富的资源、技术等，工业就会聚集在交通枢纽周边或被吸引到资源周围。具有区位优势和交通便利条件的小城镇通过利用交通优势加快本地的商品流通，吸引商品、产业和人口的集聚，使市场发育程度变高、专业市场和商品批发市场形成，加快欠发达地区县域中心城镇的产业转移，使加工生产企业、商业企业聚集和城镇发展相促进。如湖北谷城石花镇充分发挥地处武汉、十堰公路沿线的优势，发展了以机械、铸造、纺织、建材等为支柱的工业体系，仅区域内就聚集了相关企业40多家，产值突破10亿元，有力地推动了县域中心城镇的发展。

二 发达地区中心城镇的集聚

相对于欠发达地区，发达地区在工业基础、交通运输、资本、人才等方面更有优势，发达地区县域中心城镇的集聚更多的是依托大城市，发展相关的配套或互补产业而形成的集聚。大城市往往是生产、贸易、金融、信息、文化、交通运输的中心，并形成技术和经济网络，对周边地区具有较强吸引和辐射作用。处于大城市周边的小城镇除了拥有自身的资源优势外，由于离大城市近，能便捷地获得自身发展所需要的资本、信息、人才等资源。同时，一些大城市工业受空间、环保等制约，在周围县域寻求新的发展空间，这样，发达地区的中心城镇就形成了以发展大城市配套产业为主要功能的集聚。如浙江省义乌市小商品批发市场的发展吸引众多小商品生产企业在此集聚，由于受城市土地供给的限制，义乌市的13个乡镇建起13个工业园区，集聚了服装、饰品、拉链、毛纺、针织、袜业、彩印包装等工业企业，使本该向市区聚集的企业集中到13个工业园区。总体来说，发达地区的中心城镇在发展中往往通过制定合理的发展战略，利用其独特的地理条件发展与大城市衔接配套的产业，然后集聚形成独具特色的工业型城镇。

发达地区中心城镇的另外一种集聚是依附某种规模产业来提供相关的产品和服务。县域产业转型升级，关键是要在本地区建立起具有拉动性的产业。当一个地区形成有规模的一个产业或多个产业时，为之服务的产品和服务也开始形成并聚集，这样就拉动了资本、人口和基础设施在中心城镇的集聚。如浙江省诸暨市的大唐镇，该镇位于浙江四大强市杭州市萧山区、绍兴县、义乌市与诸暨市的中心位置，是全国的轻纺重镇、袜业之乡，最初大唐镇以织袜为主，如今以袜业为中心进行规模生产和集聚，已经形成了轻纺原料生产、销售、印染和定型包装的一条龙服务格局。现在大唐镇培育和形成了劳动力市场、袜子市场、原料市场、生产设备市场和联托运市场五大市场，建立了三大工业区，成为全国最大的袜子生产基地。这种纵向的产业集聚使生产效率显著提高，提高了县域农民的收入水平，还吸引了外来人口的集聚，2012年农民人均纯收入就达到了3万多元，该镇的综合实力位列浙江省10强，全国20强。可见，当某一产业达到一定规模后可以向其他地区和部门进行转移，通过支持这些地区和部门的发展，来满足自己发展的需要，比如让接受地进行原材料、农产品或半成品等的加工或制作，从而为县域城镇的发展提供有利的条件。

总之，由于县域内的自然资源条件、地理位置、经济基础、社会历史等的差异，其集聚发展都要依据自身特点，采取不同的发展模式，合理规划配置资源、增强特色、强化功能，以此形成集聚效应，有效地促进县域产业的转型升级。

第三章　新时期县域产业转型升级的实践背景

第一节　县域产业转型升级的宏观环境

一　"三期叠加"的现实背景

（一）增长速度进入换挡期

首先，增长速度由超高速、高速向中高速转换。中国自改革开放30多年以来年均保持近10%的持续高增长，随着国民经济总量等基数增大，我国经济增速自新世纪以来呈现逐级放缓的态势。

其次，发展方式从规模速度型粗放增长向质量效率型集约增长转换。过去30年内中国经济的增长方式过于粗放，发展不平衡、不协调、不可持续等问题非常突出。目前，我国正处于经济发展方式转变的重要历史时期，努力实现经济发展方式向质量效率型集约增长转变。

最后，增长动力由要素驱动、投资驱动向创新驱动转换。当前，我国经济发展中要素的规模驱动力减弱，面对世界科技创新和产业革命的新一轮浪潮，中国经济将逐渐由要素驱动、投资驱动转变为创新驱动，由资源密集型、劳动力密集型转变为技术密集型和知识密集型，逐渐转入创新驱动新常态。

（二）结构调整面临阵痛期

国内经济增速的放缓、国际金融危机的长期化等形势增强了我们用市场机制倒逼经济结构调整的紧迫感。首先，产业结构由中低端水平向中高端水平转换，从以增量扩张为主向调整存量、优化增量方向升级。其次，亟须化解淘汰落后产能，依靠市场机制推动企业兼并重组甚至是退出市场，发挥市场在资源配置中的决定性作用。最后，国有企业改革势在必行，关键是降低国有经济比重，提高非公有经济比重。

（三）前期刺激政策消化期

2008年国际金融危机爆发后，我国政府及时采取拉动内需和产业振兴等一揽子刺激政策，推动经济增长迅速企稳回升。但是，从2011年第二季度开始，经济增速逐级回落，进入了前期刺激政策的消化期。在这个阶段，政策的累积效应和溢出效应继续发挥作用，使当期宏观政策的选择受到限制，调控余地大为缩小。

二 工业化已进入后期阶段

2014年12月，中国社会科学院发布《中国工业发展报告（2014）》。报告指出，我国已经步入工业化后期，尤其是在未来一段时期，推进工业发展对我国实现工业化和经济步入"新常态"具有十分重要的战略意义。面对工业发展的新挑战，要做的是转换工业经济增长的动力机制，创新工业化战略，转变工业增长方式。当前，我国必须高度重视产能过剩、产业结构转型升级和第三次工业革命三大挑战。

三 现代农业发展破茧而出

2015年2月1日，中共中央、国务院印发了《关于加大改革创新力度加快农业现代化建设的若干意见》，连续十二年聚焦"三农"问题。随着我国经济发展水平提高，第一产业增加值占国内生产总值的比重逐渐下降，2014年，第一产业增加值占国内生产总值的9.2%，已进入跨越"中等收入陷阱"的关键期，如何处理"三农"问题，提高农业效益、增加农民收入，实现农业现代化是关键因素。首先，"四化同步"要求农业加快现代化进程。当前，我国工业化和信息化快速推进，经济发展水平和居民收入水平快速提高，食物消费结构不断升级，对保障主要农产品有效供给提出了更高要求。其次，应对我国农业发展面临的诸多挑战，如农业资源偏紧和农业环境恶化等，必须加快转变农业发展方式。

四 产业转移与扩散的深化

（一）国际产业转移

当前国际产业转移的规模日益扩大，层次不断提高，以服务外包、现代服务业为主要内容的国际性服务产业转移正在成为全球产业转移的新趋势，并且随着现代化的生产方式广泛应用，国际产业转移的周期大大缩短。随着全球经济一体化进程的深入和我国产业转型升级的推进，国际产业转移对我国的经济发展产生越来越深刻的影响。

我国作为最大的发展中国家，正处于产业转型升级的关键时期，积极承接国际产业转移是推动我国产业结构升级，建立现代产业部门，融入全球分工体系的重要途径。随着我国东部地区逐步进入后工业化时期，积极承接国际服务业转移成为东部地区产业结构转型升级的重要任务，对东部地区服务业结构同构化将具有重要决定作用。

（二）国内产业转移

自2008年金融危机以来，我国区域间产业转移主要表现为低端产业正从经济较为发达的东部地区向中西部地区转移，而高端产业仍集中在东部地区。同时，东部地区内部也存在较大规模的产业转移，主要从长三角地区向京津冀鲁等地区转移。

（1）东部地区。一方面，东部沿海地区劳动力、土地、环境等成本不断上升，能源密集型和劳动密集型产业大规模向中西部转移。另一方面，资金密集型和技术密集型产业继续向东部地区集聚，主要转入的地区是长三角、珠三角、京津和辽宁等地区。

（2）中部地区。随着中部崛起战略的实施，且其在区位条件、劳动力条件、交通等硬件条件方面相对较好，中部地区承接了大量东部地区的能源密集型和劳动力密集型产业。同时，中部地区也承接了部分从东部地区转移的资金密集型产业。

（3）西部地区。由于交通等基础设施建设、城市化进程不断推进以及居民收入的不断提高等因素的影响，西部地区对东部地区和中部地区的金属、化工、水泥以及一些机械装备等工业产品需求大量增加。

五 信息化影响的日益深入

过去十年，我国信息网络加速完善，信息通信技术持续深化应用，信息化应用效益逐步提升，全国信息化发展呈现以下三个特点：（1）信息化发展指数保持快速增长；（2）国家政策强力支持宽带网络建设，信息网络建设大幅升级；（3）国家大力支持西部地区开发建设，西部地区网络基础设施建设和信息通信技术应用大幅提升。

随着国家大力推进企业两化融合和大力发展电子商务，我国企业信息化应用水平和居民电子商务应用水平都有显著提升，2014年全国信息通信技术应用指数为69.38，相较于2013年增长了3.05。当前，我国的信息技术创新应用快速深化，信息化加速向互联网化、移动化、智慧化方向演进，以信息经济、智能工业、网络社会、在线政府、数字生活为主要特征的高度信息化社会将引领我国迈入转型发展新时代。

六　全球化影响的日益显著

20世纪后期，经济全球化趋势越来越明显，国际形势发生了深刻而复杂的变化，国家之间的相互依赖加强，国际经济合作、协调成为国际关系的主旋律，和平与发展成为世界的主题，世界呈现出多极化格局，为我国经济的发展带来了机遇，营造了有利的国际环境，但同时也给我国的经济发展带来了诸多挑战和难题。

（一）机遇

从中国加入世界贸易组织开始，中国经济便进入到国际经济发展的大环境中，在某种程度上摆脱了生产要素在全球范围内自由流动的限制和贸易壁垒，减少了与其他国家之间在经济和贸易领域的摩擦，为我国扩大对外开放提供了有利的条件，也使中国经济能够以多种形式参与国际市场竞争，外部经济发展环境得到明显的改善。

同时，经济全球化的发展趋势，有助于中国的资金融通，给中国提供了更多吸引外国直接投资和合资发展经济的条件和机会。在国内，外资规模的扩大在很大程度上解决了我国经济快速发展在资金短缺方面的问题。

（二）挑战

目前在经济全球化的背景下，发达国家和发展中国家的经济竞争力不同，经济实力存在着巨大差距。与此同时，现行国际经济规则是由发达国家主导制定，严重地忽略了发展中国家的利益。因此，中国参与经济全球化，不得不接受、服从各种不平等国际经济规则，影响到中国经济的整体发展进程。

同时，参与全球化使得国家的金融安全存在巨大风险。20世纪90年代以后，我国开放国内金融市场，放松金融管制，但由于我国金融体制不完善和金融监管能力不强，在参与经济全球化进程中，很可能导致金融失控，诱发金融风险，对我国的金融体系产生严重的冲击。

第二节 县域产业转型升级的主要目标

一 推进新型工业化

所谓新型工业化，就是坚持以信息化带动工业化，以工业化促进信息化，就是科技含量高、经济效益好、资源消耗低、环境污染少、人力资源优势得到充分发挥的工业化。当前，支撑我国县域经济的工业主体在很大比重上仍然是传统工业，规模小、层次低、布局分散、结构趋同，推动县域经济转型升级，首要目标便是要以县域产业的转型升级推进新型工业化进程。

推动县域产业转型升级，就是要把信息产业摆在优先发展的地位，将高新技术渗透到各个产业中去，以大力培植新兴产业为抓手，支持传统企业通过技改扩能、项目合作、嫁接改造等途径，尽快优化生产方式，提升生产效率，扩大生产规模，增强辐射带动能力，实现集群式发展，共同应对市场，协调推进发展。推动县域产业转型升级，就是要全力全速推进招商引资，尤其是新兴产业和高新技术产业的相关企业，同时打造企业云端公共服务平台，实时监测企业生产情况，利用"大数据"为企业提供市场动向、信息技术、科技创新等方面技术支持和公益性综合服务，强力推进"互联网+""云制造"等新兴技术在企业中的应用，提升信息化对县域经济转型升级的推动作用。推动县域产业转型升级，就是要通过创新建立工作机制，按照特色化、集群化、生态化的原则，定期编制高标准产业规划，着力培植龙头型企业，做大产业规模，鼓励处于快速成长期的中小企业加大企业间的产业对接和配套协作,借势发展,拉长产业链条,培育创新型企业,提升产业档次。

二 支撑新型城镇化

中国在改革开放 30 多年来,城市空间扩大了 2—3 倍,但是由于片面注重追求城市规模扩大、空间扩张,造成了一系列的城市问题。新型城镇化的"新"就是以人的城镇化为核心,以产业发展为基础,注重提升文化、公共服务等城市内涵,以将城镇建设成为适宜人居之所为最终目的。

产业是城镇化赖以发展的动力和基石。没有产业的支撑,就没有农业的现代化,农村富余劳动力也不可能从土地中"解放"出来;没有产业的支撑,城镇也无法"吸纳"和"消化"大量农村富余劳动力的就业问题。我国正处于新型城镇化的发展阶段,而新型城镇化必须建立在内生式产业发展模式的基础上,通过全面提升产业自主创新能力,实现产业价值链从低端环节(生产、组装等)向高端环节(研发设计、品牌培育、技术服务、供应链管理等)攀升,最终增强城镇化的内生动力。因而,可以说,产业转型升级是新型城镇化建设根本动力、重要途径和基本保障。

当前,我国各县普遍存在产业结构不合理、布局失衡等问题,且产业发展与城镇化进程脱节,服务业推动城镇化动力不足,影响了新型城镇化水平和质量的提升。县域经济转型升级,就是要大力发展现代农业和服务业,支持技术密集型和知识密集型、高附加值的现代制造业的发展,通过利用高新技术和现代科技成果,培育壮大战略性新兴产业,推进工业结构优化升级,构建现代产业体系,从而强化新型城镇化的产业支撑。同时,以各类开发区、工业园区、现代服务业集聚区等产业园区为载体,引导产业集聚发展,完善园区生活生产配套和公共服务设施,带动人口集中,促进产城融合发展,引导各产业园区建设成为"宜居、宜业、宜商"的现代化产业新城。

三 促进农业产业化

农业产业化是指以市场为导向,以经济效益为中心,以主导产业、产品为重点,实行区域化布局、专业化生产、规模化建设、系列化加工、社会化服务、企业化管理,形成种养加工、产供销、贸工农、农工商、农科教一体化经营体系，使农业走上现代化经营方式和产业组织形式。它实质上是指对传统农业进行技术改造，推动农业科技进步的过程，是加速农业现代化的有效途径。

在产业结构转型升级背景下，县域经济的发展需要以推进农业产业化、农业现代化为重点目标，积极推动农村土地流转，鼓励农民土地承包经营权向专业大户、农业合作社、农业企业流转，促进土地规模化、专业化、集约化经营。另外，要高度重视农产品基地的建设工作，根据县域优势来构建具备较高标准化程度与较大生产规模的农业生产基地，促进农业生产的规模化、工厂化、设施化和市场化，提升农业发展层次和质量效益。农产品加工行业的发展也是实现县域农业产业化的重要路径，以食品加工重点龙头企业为重点对象，强化招商引资工作，建设农业产业园，通过合同、合作、股份等方式强化企业与农民之间的合作利益连接方式，使得企业和农户建立合理的利益连接机制，不断完善产业化发展动力机制。

四 发展现代服务业

随着全球市场经济一体化的深入，现代服务业已经成为引领经济要素流动和产业分工的主导力量。但是，我国县域产业结构一直存在农业基础薄弱、工业水平较低、服务业发展滞后的问题。现代服务业是县域经济的重要组成部分，对于县域经济而言，现代服务业不仅可以吸纳农村剩余劳动力就业，创造和扩大就业机会，牵引城乡一体化进程，而且可对县域经济的传统产业进行改造升级，有效地支撑和引领第一、第二产业的发展，引导县域经济向产业集聚和产业集群发展，提高经济运行质量和效益，实现县域经济总量的扩张和产业结构的优化。

（一）生活服务和社会服务业

围绕消费需求升级和城镇化对医疗、教育、社会保障、养老等服务的需求，大力发展就业容量大的养老服务、社区服务、健康服务等劳动密集型社会服务业，着力提升休闲旅游、商业购物、酒店餐饮等生活性服务业。

（二）生产性服务业

进一步转变县域发展观念，大力发展文化创意、贸易物流、金融信息等新兴服务业，通过培育现代生产性服务业企业、建设服务业产业园等途径，促进制造业与服务业的融合。在做大服务业规模、提升服务业水平的同时，优化县域产业空间，提升县域创新功能和服务功能。

总之，推动县域经济从"工业型经济"向"服务型经济"转型，对中国县域经济产业结构不断完善、优化具有重要意义。服务业的提档增效将促进县域经济转型升级，县域经济转型升级又将带动服务业的长足发展，加快现代服务业发展已经成为推动县域产业转型升级的主要目标和重要途径。

五 保护生态与环境

县域产业结构作为国家产业结构的基础，决定我国经济发展方式。当前，我国县域产业结构中仍以高污染、高能耗、高排放的"三高型"第二产业为主导，且大中城市的"三高型"企业也正在逐步向县域转移，使得县域地区的生态环境面临着严峻的威胁。在经济社会发展新常态背景下，使县域产业结构符合生态文明建设理念，保护好生态与自然环境，应当是我国县域产业转型升级的应有之义。

在经济发展过程中，资源的消耗程度、环境影响程度和生产废弃物排放对生态文明产生着重大的影响，第二产业比重过大将破坏生态文明的建设，提高第三产业的比重有利于可持续发展的实现，推动生态文明的建设。英国、美国等发达国家的产业发展与工业化进程大致经历了"起飞"前阶段开发、早期经济增长、现代经济增长和信息时代四个经济增长阶段，已经进入了生态文明阶段，而我国尚处于工业文明后期阶段，正在经历首位要素由资本、土地、劳动力等供给要素向知识、人才、技术、信息等对资源消耗少、环境污染小的再生性要素转变的关键时期。

目前，中国县域经济主要以制造业为主，大部分还处于工业化的中后期，处理好产业转型升级与生态环境保护协调问题，对于中国县域经济社会不断发展具有重要意义。因此，推动县域产业转型升级，生产要素将首先向生态化方向转移，促进环保产业、生物技术产业等新兴产业发展成为县域经济的支柱性产业或者主导产业，实现优势产业生态化，县域经济增长方式逐步向资源节约、环境友好转变，产业结构得到优化，生态文明建设得以顺利推进。另外，通过信息化与工业化的深度融合，促进我国县域新型工业化发展，以天然气、水能、核能等新能源替代煤炭、石油等传统能源，以技术、知识替代和减少物质资源的消耗，提高能源利用效率，优化能源消费结构，推进工业生态化发展，不断提高信息、科技对县域经济转型升级的促进和带动作用，是推动生态文明建设的重要途径。

第三节　县域产业转型升级的主要任务

一　明确发展定位

推动县域经济的发展，是解决"三农"问题的重要基础，是培育区域增长极的重要抓手，而发展县域经济的核心在于产业定位。因此，必须改善发展思路，找准发展定位，明确发展路径。首先要强化产业意识，根据县域所在区域的整体发展状况找准产业定位，走差异化、特色化之路，把资源、区位、人力等各种优势最大限度地发挥出来；其次要凸显优势找定位，将生态优势转化为竞争优势、经济优势。

（一）建立以工业经济为支撑的产业体系

综观全国百强县，目前基本都以工业为主导。县域要实现可持续发展，必须强力推进工业化进程，立足当地实际，发挥优势，在抓好现有产业的基础上，大力延长产业链，发展精深加工，实现多元发展。

推动县域经济产业转型升级，就要以工业做支撑，无工不立，无工不强。各县要在招商引资、招商选资上下功夫，立足自身的产业资源和优势，瞄准产业转型升级的重点和方向，注重引进有实力、适合本地发展需要的优势企业，与发展县域主导产业、特色产业结合起来，借力借势，优势互补，推动县域经济迅速做大做强。未来发展，要大力推进新型工业化，把园区建设作为加快工业化进程的关键举措。做大做强县域园区经济，注重培育和突出特色，形成错位发展和特色化、品牌化发展。对于一些具有传统特色产业的县域，应加强对这些传统特色产业的现代化改造，促进其转型升级和发展壮大，使其成为做大做强园区经济的基础和支撑。

发展县域经济，不仅仅是实现工业的崛起，更重要的是要建立起以工业经济为支撑的、竞争力强的产业体系。以工业反哺农业，以工业带动服务业，只有加快形成链条完善、技术先进、特色鲜明的现代产业体系，努力抢占经济发展制高点，才能谋求县域经济的跨越发展。

（二）着力发展民营经济

对我国百强县经济结构进行分析，可以发现民营经济是县域产业的主体和企业的主流。要做好引导和服务工作，促进更多本土和外来人士在县域创业。提高县域经济发展的自主性，激活要素市场，着力培养新的经济增长点。要进一步完善与民营经济发展相适应的法律法规和政策措施，优化投资环境，切实保护投资者尤其是中小投资者的合法权益，推动县域形成若干具有举足轻重地位的民营企业或企业集团。

（三）大力培育优势特色产业

县域产业发展的关键在于要有特色，从现在情况看，各县应根据区位条件、资源禀赋和发展基础，立足比较优势发展特色产业，正确确立选择本土特色产业。如矿产能源丰富的县域适合发展能源型产业、旅游资源丰富的县域适合发展旅游型产业，农业生产条件优越的县域适合发展品牌农业产业，人口密集、市场潜力大的县域适合发展劳动密集型工业，资本雄厚、人力资源丰富的县域适合发展资本密集型工业，真正做到宜工则工、宜农则农、宜牧则牧、宜商则商、宜游则游。在资源优势中培养地方特色，在传统产品中筛选优势品牌，打造特色产业和名牌产品，探索最佳的经济发展途径和符合本地实际的发展道路。同时，各县之间应统筹搞好县域经济发展规划，促进产业合理布局、优化发展，形成各有侧重、各有分工、各有特色和相互关联、相互依托、优势互补的格局，避免各县之间产业雷同、重复建设和恶性竞争，提升整个地区的竞争合力。

（四）提升农业产业化和规模化经营水平

农村和农业经济增长，始终是县域经济的根本所在。目前，我国县域经济还存在传统农业产业链太短、农产品附加值不高，农业龙头企业数量少、规模小、产业集中度低等问题。要充分发挥产业、区位和资源优势，根据市场导向和区域优势，进一步以品种改良、品质提升、品牌创建为重点，以产业化经营为突破口，打造优势特色产业和特色产品，重点建设一批标准化生产、产业化经营和专业化分工协作的产业带和产业基地，加速实现从单一的种养产业集聚向以农产品精深加工为主导、产业链条联系紧密的产业集群发展。要努力改善农业基础设施，调整农业产业结构，抓好农业生产、农业生产资料和农产品销售等各种社会化服务。着力扶持培育一批县市级龙头企业，重点打造省市乃至全国知名的绿色农产品品牌，引导鼓励农民向龙头企业、合作组织、种养殖大户流转土地，引领带动规模种植、规模养殖，促进农场化、牧场化经营。

（五）注重发展休闲旅游产业

第一，发展红色教育游。以革命遗址遗存为核心吸引物，以红色文化为主导，发挥龙头产品的带动作用，做大做强红色旅游品牌，打造集爱国主义教育、红色文化体验等为一体的综合性、多功能的国内爱国主义教育旅游地。

第二，发展绿色生态游。充分发挥县域自然生态的绿色优势，依托山林、草原、湖泊、湿地等生态旅游资源，开展生态观光、生态体验、科普教育等活动，联动休闲农业等相关产品，构建具有浓厚地方特色的绿色生态旅游区。

第三，发展古色文化游。深挖古城历史文化、民俗文化内涵，打造古香古色、特色鲜明的旅游品牌。

第四，发展近代工业游。利用各个时期的工业遗产遗迹，如煤矿、铁路、工业区及各地的采矿废弃坑等，发展工业旅游，将工业旅游与现代工业结合起来，展示现代工业文明和社会主义建设成就。

二　调整产业结构

产业是经济的基础支撑，产业结构对经济增长具有决定性影响。经过多年发展，不少地方县域经济已具有相当的规模、水平和实力，有些还具备了县域经济和城市经济的双重特点，进入了一个全新的发展阶段。但是目前，就全国范围来看，除少数发达县域之外，我国大多数县域经济的产业结构都比较单一,第一产业占较大比重,工业基础薄弱,工业产品大多为简单加工产品、大众产品,规模企业较少、高科技企业更少,市场占有率低,第三产业则主要是传统服务业,与现代农业和工业配套的现代服务业还很弱小。因此,推动县域经济产业转型升级,实现科学发展,调整和优化产业结构是一个重要着力点。

随着经济的高速发展,我国县域经济的产业结构演化轨迹基本遵循了从"一二三"型产业结构到"二三一"型产业结构再到"三二一"型产业结构方向发展的产业结构演变规律。在产业结构调整的过程中,县域经济的产业结构调整中的"瓶颈"也越发显著。一是产业发展难以适应需求的变化。目前,我国居民的消费重点已由传统的衣、食向住房、旅游、教育、娱乐等新的热点转移,但县域产业发展明显跟不上社会需求的变化,企业的产品深加工能力明显不足,难以满足人们对健康、环保、绿色等品质的需求。二是产业发展的市场体系不完善。当前县域经济内大多数产业都是由于资源禀赋而逐渐发展起来的,县域大多数企业依然遵循小的生产方式,产业的规模和市场竞争力较弱,很难有较为统一的模式来应对复杂的市场。三是产业发展的基本要素供应匮乏。当前我国县域经济中三次产业比重的第一产业占比过高,产业内部的企业依然以传统的低技术水平居多。较低层次的产业结构导致资金、土地、人才、技术等产业发展所需的基本要素不断向城市特别是大型城市集聚,县域经济发展的要素需求不仅得不到满足,甚至出现流失。

调整升级县域产业结构必须对上述面临的"瓶颈"有充分的认识,深入研究县域经济发展的特点。县域经济发展具有层次性、不平衡性的特性,且县域经济资源也不尽相同,提升县域经济产业结构层次以推动县域经济发展时,关键在于立足县情、因势利导,应统筹兼顾、因地制宜地制定适合本地区发展的经济刺激政策,发展具有比较优势的特色产业,培育能够带动县域经济持续健康发展的主导产业。

(一)工业调整

首先,要加快机制转换和体制创新,要以技术改造、产品创新为突破口,立足主导产业,抓大扶强。

第一，着力于现有企业的转型升级，抓好现有企业的转型升级是结构调整的主要任务。要本着"重点突破、全面提升、协调发展"的原则，制订具体的行动计划和方案，明确培植发展哪些新兴产业，改造提升哪些传统优势行业，化解淘汰哪些低效落后产能，通过招商引资、技术改造、科技创新等途径，顺利实现工业转方式、调结构。

第二，着眼于关键设备、关键零部件和基础原材料创新、研发和攻关。目前，县域企业大量的生产线、关键设备、重要原材料依赖进口，价格昂贵。此类产品都是今后县域经济产业结构调整的目标和方向，应当对产业链进行向上或向下的分析和查找，寻找关键产品、进口产品，与国内外生产厂商寻租合作，开展研发和生产。这是县域经济今后升级换代的发展空间和潜力所在。

第三，大力倡导发展服务型制造业。当今世界制造业转型的一个重要趋势是制造业服务化，或者叫服务型制造。有资料显示，全球1.3万家制造企业，服务环节盈利比制造环节平均高76%，服务利润占总利润的46%。因此，在产业形态上，县域经济也要推进第二、第三产业的融合，加快发展服务型制造业，不仅适应需求，而且创新需求，积极推进金融、研发、设计、物流、总集成总承包等生产性服务业发展，由生产型向生产服务型转变，拉长微笑曲线的两端，提高产品附加值。

其次，要推进产业集群，发展园区经济。

第一，要科学定位园区产业，大力推进各类园区规划建设，多渠道筹集园区建设资金，完善园区基础设施，优化产业发展平台。大力推进招商聚商工作，创新招商选资方式，提升招商选资的针对性和实效性，实现企业的快速集聚，推动园区产业集群化发展，强化规划对园区发展的引导和规范，实现园区产业集聚、人才集聚、创新集聚，培育园区核心竞争力，提升园区的综合功能和整体优势。

第二，要培育龙头企业。首先要通过招商引资、资产活化、增加投入等手段来规范资本运营并促进生产要素的合理流动。坚持以高新技术产业为导向，以先进制造业为基础，以新兴产业为特色，骨干企业的支撑带动作用，抓好现有资源整合提升，引进配套企业，拉长产业链条。通过一批龙头企业和产业集群的壮大兴起，加快工业主导产业的高端化和新兴产业的规模化，努力构建起现代化的产业体系，增创发展新优势。加快现有企业优化升级。鼓励和支持企业通过技术改造、增资扩股、合资合作等方式，加速扩张。首先，引导企业加快淘汰落后的设施装备和生产方式，着力引进一流的生产设备和管理模式，抢抓上游高端项目和下游成熟项目，加快向产业链的高增值环节和高技术领域延伸。其次，大力实施品牌战略，重点保护和发展那些掌握核心技术，拥有自主知识产权的企业和产品，增强市场竞争力。其次，要搞好关联产业配套建设。由于关联企业是龙头企业的依托，它为龙头企业的壮大提供各项服务。因此关联产业要根据龙头企业来合理布局和规划。各县域要根据自身不同的经济发展状况搞好基础设施建设，优化县域经济的关联产业配套。要始终坚持尽量延长产业链条的原则，合理掌握关联产业的空间结构和发展规模，促使关联产业与龙头企业之间建立紧密的企业组织系统，从而保障县域产业的顺利发展。

第三，要加快园区所在区域城镇化建设，加强园区环境保护，增强园区生活、服务与社会事业功能，促进园区可持续发展。

(二) 农业调整

农业调整，要按照"区域调特、规模调大、品种调优、效益调高"的思路，以国内外市场需求为导向，大力推进农业产业化经营，抓基地扶农，抓市场活农，促进传统农业的优化升级，提升农业产品附加值，以精加工推动工业产业转型升级。提升农产品加工质量，做优质农产品深加工，提高农业的整体效益。

农业是县域经济发展的主体产业，其发展状况直接影响县域经济发展的全局和后劲。推动农业产业化应着力于以下两个方面。

第一，要优化农业内部结构。一是在保障种植业能解决农民温饱问题的前提下，适当向畜牧业、渔业、林业方向倾斜；二是促使种植业逐步由二元向"粮食作物—经济作物—饲料作物"三元种植结构转变，提高农业劳动生产率；三是努力促使畜牧业结构朝着节粮型、高蛋白转化率、高饲料回报率方向转变；四是促使海洋渔业由原始捕捞向现代化人工饲养转变；五是促使林业在生态、绿化的前提下向经济林、混合林方向发展。

第二，要大力发展农产品加工业。当前县域农产品加工层次低、产品结构单一以及农产品加工转换环节技术落后致使我国县域农业和农村经济效益低下，农产品的增值率低。因此，加快我国县域农产品加工业的发展必须坚持"以市场为导向，以消费发展趋势为基准，以地区为单位"的发展原则，加大投入，搞好县域农产品基地建设，把握市场需求脉搏，推进农产品精深加工，形成"农户—农产品—企业—农产品—农户"的一体化模式。

(三) 第三产业调整

首先，要以市场体系建设为重点，加快发展交通运输、邮电通信、金融保险业，以及信息咨询、中介服务等新兴产业，构筑以城市为中心的区域购物中心、乡镇级的商业服务中心和自然村的三级服务体系。

大力推进城乡融合发展，以延长产业链推动服务业产业转型升级。目前，我国农村人口和农村面积所占比例较大，城乡和区域发展不平衡问题比较显著。近年来工业化、城市化的快速发展，县域经济综合实力有了显著提升，加快推动城乡统筹发展有了较好的经济基础。城乡一体化为加快推动和促进第一产业向第二、第三产业转型升级提供契机和机遇，大力发展第三产业，尤其是发展现代服务业、信息技术产业，不断拉长以农产品带动形成的产业链条，利用仓储、电子商务、物流等方式，提高县域经济内农业，特别是特色产业的附加值。

其次，要发展劳务经济，引导农民向非农产业和城镇转移。我国县域农村剩余劳动力较多，农村富余劳动力向非农产业和城镇转移是进行县域经济产业结构调整的必然趋势。县政府要把农民进城务工、发展劳务经济作为一个产业来抓。加强与省内外特别是发达地区经常性的联系和沟通，有序组织劳务输出，还应逐步拓展国际劳务输出渠道。同时加强对农民进城务工的管理和服务。严格禁止向用工企业和农民工摊牌，不得向外出务工的农民加收其他任何费用。另外，还要规范和完善城镇管理，强化文化教育、医疗卫生等服务功能，为吸纳农村富余劳动力创造条件。

总之，一是要延伸农业的产业链条。加强县域地区内优势农产品的基地建设，遵循比较优势原则，加快地区形成区域化、专业化格局，加强对农产品加工企业的支持力度，倡导标准化生产，推行农业品牌战略。二是要形成优势产业集群。要注重区域内三次产业之间的产业融合与协调，以区域经济的整体思维推进县域工业的发展。按照集聚产业、整合产业、提升产业的思路和途径加速优势产业集群。三是要加快县域地区的城镇化步伐，以城镇功能的提升为契机，与工业化进程相互协调、相互促进。

三　壮大主导产业

县域经济既是国民经济的组成部分，又有独立的功能系统；既有城市经济特征，又有农村经济特色。大力发展县域经济，关键在于培育主导产业、强化产业支撑。

县政府在选择县域经济主导产业时既要注重产业发展规划的"明面"，也要注重县域经济实际发展情况和未来发展潜力。

（一）选择合适制造业作为主导产业

中小城市县域经济发展过程中应谨慎选择主导产业。应用"区位熵—产值年均增速"获得适宜发展的主导产业后，对产业门类的选择更要综合考虑上下游产业链作用、区域带动作用和与核心城市产业互补作用等多种因素。

例如，地处粤北山区的南雄市，根据广东省产业布局，利用自身资源禀赋，积极承接珠三角地区产业转移，创建符合国家产业政策的工业基地，发展精细化工产业集群，实现了产业优化升级。与国家开发银行广东分行合作，解决产业园区资金难题；与科研院所合作，引进科技项目和先进理念；与专业机构进行战略合作，拓宽发展思路。经过五年多的努力，工业经济由弱变强，在三次产业中的比重由2007年的22.1%上升到2012年的33.6%，成为县域经济的支柱产业。

（二）谨慎确定第三产业的主导地位

发展第三产业是工业化发展到一定阶段的必然选择。对产业体系不齐全、市场范围较小的县域经济而言，发展现代服务业缺乏产业基础，第三产业扩张也会仅仅停留在传统服务业上。由于各种条件所限，县域经济应谨慎选择现代服务业作为主导产业。

当然，对于旅游资源丰富的县而言，选择休闲旅游业作为主导产业不失为一个明智的选择。例如，河南省栾川县充分发挥旅游资源优势，确立了"旅游强县"战略，改革体制机制，实行景区所有权和经营权分离，注重发展经济与保护生态相协调，坚持边开发边保护，加大对外引资力度，促进旅游业上规模、上水平，实现了旅游业的大发展。目前已拥有包括两个5A级景区在内的八大旅游品牌；现有旅游从业人员10.8万人，占总人口的31.8%，33%的农村居民就地转移到旅游业；2011年接待游客681万人次，实现旅游总收入25.9亿元，较2005年分别增长75%和140%。

（三）以特色农业为主导

对于农、牧、畜、林、渔等农业资源丰富的县域，应当立足县情，大力发展特色农业，将种植业、养殖业、加工业、零售批发业等有机结合，推进农业生产现代化、产业化、规模化，形成上中下游完整的农业产业链条，从而推动县域经济快速发展。例如，福建省安溪市立足天然茶场优势，着力培育特色产业，2012年涉茶总产值达到101亿元。全市115万人口中80万人从中受益，农民人均纯收入中涉茶收入比重连续多年保持在55%以上。山东省寿光市以发展大棚蔬菜为重点，全市80万农业人口中近60%从事大棚蔬菜生产，2012年农民人均纯收入达到12805元，比2001年增长2倍。

在明确了主导产业之后，县政府应当采取具体措施，制定落实相关政策，培育或者引进相关企业，通过强化项目支撑、龙头带动、园区建设，不断壮大主导产业。

（一）强化项目支撑，增强主导产业发展后劲

一是推进重大项目招商。围绕做大做强现有主导产业，超前谋划发展新兴产业，实施强链、补链、建链工程，瞄准技术最尖端、行业最领先、管理最前沿，着力引进资金实力雄厚、掌握核心技术的领军企业，提高招商选资质量和效益。

二是加强省市项目对接。积极对接省、市产业办，围绕优势资源和产业，引进一批产业对路、可操作性强、财税贡献大的项目落户，膨胀县域经济发展规模。落实项目引进奖励机制，力争有更多的项目进入国家、省投资计划。

三是优化项目建设机制。按照快投、快建、快产出的要求，加快

推动项目实施，健全完善前期项目落地、中期挂牌督办、后期服务保障三项机制。

（二）强化龙头带动，激发主导产业发展活力

一是推动技术改造。围绕骨干企业培植，细分全县骨干企业，坚持分类培育，从生产工艺、装备水平、产品竞争力等方面，找出长项和短板，瞄准高端、高质、高效，帮助骨干企业谋划和争取一批大项目、好项目，整体提升关键环节、关键工艺和关键部位。

二是促进技术创新。鼓励和支持工业企业开展技术改造和技术创新，积极利用信息技术和先进适用技术改造提升传统产业，推进企业技术进步，提升生产工艺水平、生产装备水平，加快传统产业转型升级。大力培植外向型工业企业。

三是强化品牌营销。支持骨干企业集中优势人力、物力，差异化细分市场，强化新产品研发，避免产品同质化，提高产品附加值和竞争力。引导骨干企业实施商标战略、强化名牌意识，拓展国内外市场。

（三）强化园区建设，打造主导产业集聚平台

围绕主导产业发展，将开发区作为承载产业项目的重要平台。县域开发区应按照"政府主导、企业经营、市场运作、多元投入、项目带动、滚动发展"的思路，建立多元化投资机制，构建以开发区为核心、城区企业共同发展的工业经济发展格局。

四　拉伸产业链条

（一）农业产业链

我国的县域经济以农业为主体，农业产值约占社会总产值的35%。县域经济是以县城为轴心，集镇为纽带，乡村经济为基础的区域性经济网络，在国家的宏观调控下，虽然农产品价格不断攀升，但传统的农业产业链属窄短型，只含有农产品的初级生产和销售环节，既不存在向前和向后的纵向延伸，也没有横向上的拓展，因此难以增加农产品的附加价值、提升农业的比较利益。而现代农业产业链是由各个农产品的物流链、信息链、价值链、组织链等组成，贯通产前、产中和产后的一种新型的现代农业产业组织方式。

因此，现代农业产业链的构建是县域经济发展的重要方向。现代

农业产业链的构建是实现农民增收，提升农业综合收益的新途径。

（二）制造业产业链

企业结构分散，产业关联度低，是县域产业发展中的突出问题之一。目前，县域优势产业无论规模、档次、创新能力，还是发展环境、扶持引导措施，都与发达城市存在较大差距。因此突出区域产业特色，科学制订规划，培育壮大龙头企业，合理引导优势产业链健康发展，是保持和提升优势产业竞争力有效途径之一。如中国台湾地区在20世纪80年代个人电脑产业已有一定发展，之后中国台湾地区制订了信息产业计划，推动个人电脑产业向上游、高端和周边快速扩散，中国台湾地区从显示器、主板、扫描仪、鼠标、键盘硬件优势产业不断向研发和品牌服务延伸。2000年之后研发服务产业、信息服务业牢牢地占据了这些产品的大部分市场。由于产业链不断延伸，使其在个人电脑及周边产品上获得了较强的国际竞争力。

（三）第三产业（休闲旅游业）

我国县域旅游资源十分丰富，各地旅游业发展如火如荼，保持了较快的发展速度。但从旅游产业链（吃、住、行、游、购、娱及其衍生产品）各个环节看，部分环节缺损，如旅游特色商品少，饮食健康绿色少，娱乐多样性不够，文化品位不足等影响旅游业增加值的提升。因此，应探索各环节间协作途径，延伸旅游产业链，扩大旅游规模，提高旅游产业综合效益，以促进区域旅游业发展，从而有效提升产业规模与产业效益，并能有效拓展就业空间。

县域经济产业转型升级的过程中，要想拉伸产业链条，构建产业链条驱动体系，必须充分发挥市场在资源配置中的决定性作用，正确处理好市场与政府的关系，最大限度地激发产业链建设的内生动力和外在推力。

坚持市场主导——发挥企业的主体拉动作用，大力实施中小企业成长工程、企业家培育工程、创新主体培育工程、回归创业工程，培育一批市场主体，壮大一批龙头企业，做强一批合作组织。认真落实结构性减税政策，加大对中小企业特别是小微企业的扶持力度。各部门各单位都要有扶持创业、扶持就业、扶持企业的计划，全心全意为市场主体服务，扎实开展"假如我是服务对象"大讨论，真心实意为企业排忧解难，在全市形成政府激励创业、社会支持创业、劳动者易于创业的格局，激发全社会发展活力。

推进项目招商——抢抓国家、省市的重大政策机遇，加大招商引资力度，突出产业链招商、园区招商和以商招商，实行重点项目专班推进机制和督办检查机制，严格执行项目建设法人责任制、招投标制、监理制、合同制管理，确保项目顺利推进，尤其是要推进一批重点产业项目建设。

突出绿色发展——推进生态文明建设工作，不断提高生态文明建设水平。强化山体、水体保护，推进河流治理，完善城乡垃圾污水处理设施；强化大气污染防治，完成省、市下达的主要污染物总量减排目标；强化土壤污染防治，开展石漠化、土壤酸化、重金属污染等土壤污染治理；强化农村环境整治，转变生产生活方式，建设美丽乡村。积极发展资源消耗低、环境污染少、经济效益好的生态产业，加快循环经济、绿色产业发展壮大。

坚持人才驱动——推动科技与产业紧密融合，构建产学研结合的技术创新体系，鼓励企业加大创新投入，鼓励企业进入高端市场，鼓励技术发明创造，加强科技成果的转化运用，提高产品精深加工能力。重点抓好企业家队伍、企业经营管理队伍、科技人才队伍、招商引资队伍、经济工作领导干部队伍五支产业人才队伍建设，不断提高全市各行各业、各级各部门领导产业、发展产业、突破产业的能力和水平。

五 培育产业项目

产业项目建设牵动发展、关乎全局、惠及长远。抓好产业项目建设不仅能够直接扩大投资、拉动经济增长，而且是提高经济运行质量和效益、增强经济增长内生动力的重要手段和途径。实现县域经济产业转型升级，科学发展，必须以科技为支撑，以项目为依托，靠项目推进转调步伐，靠项目扩张经济总量，靠项目增添发展后劲。培育产业项目，是推进县域经济跨越式发展的重要切入点和突破口。

（一）培育产业项目，有其必要性和总体要求

一是从县域经济发展的实践来看，县域经济发展必须以产业项目建设为载体。

二是从产业发展的自身规律来看,县域经济发展要求产业项目建设必须科学选择项目。要坚持市场导向原则、坚持有利于打造强势支柱产业的原则、坚持营造区域经济特色的原则。

三是从市场经济的规律来看,县域经济发展要求产业项目建设必须创造适应市场经济要求的机制。要坚持投融资机制市场化、坚持完善项目管理服务机制,要坚持拓宽项目实施的渠道(①向国家和省积极争取项目;②加大对外开放,积极引进外资项目;③吸引民间资金进入项目,大力发展非公有制经济)。

四是从改革开放新趋势来看,县域经济发展必须优化产业项目建设环境。优化项目建设环境,首先,必须创新理念,要树立发展环境也就是生产力的新观念,树立发展环境的"人本"观念,树立发展环境是经济竞争力的观念。

其次,必须突出重点,要着力营造良好的社会环境、政策环境、服务环境以及法制环境。

最后,必须标本兼治。在转变政府职能的同时,强化市场运作,打造诚信体系,加大监督力度。

(二)培育产业项目,要强化项目意识,深入研究政策

一是要强化项目意识,超前谋划。要做好重点项目储备接续,坚持把谋划项目作为做好项目前期工作的基础和起点,着力围绕国家政策导向、产业发展规划、区域发展特色、城市功能配套、重点民生项目等方面谋划项目,重点选择带动作用强、辐射范围大、发展后劲足的大项目,推动县域经济由产业相对分散向主导产业突出转变,由粗放利用土地向集约利用土地转变。

二是要深入研究政策,主动争取项目。要争取上级政策资金扶持、加快项目落地步伐,快速扩大投资、提升经济总量。深入研究国家产业政策,找准自身与国家产业政策、产业布局和资金投向的结合点,最大限度地用足、用活、用好政策,把政策转化为项目、转化为投资、转化为现实生产力。坚持从项目策划入手,结合县域特点和行业特点,找准本地落实政策的着力点和重点,把行政推动、市场运作和社会力量参与推进项目结合起来,把争取项目、争取资金与争取政策结合起来,主动加强与国家和省、市有关部门的衔接协调,积极争

取重大产业、重大项目布局落户。

三是要积极与国家有关部委和省直有关厅局沟通衔接，及时掌握国家和省上投资信息，把握好国家和省上投资走向，争取尽可能多的项目进入国家投资计划和投资盘子，以上级政府投资撬动基础设施建设和民生改善。

（三）培育产业项目，要强化招商工作，突出服务理念

当前发展的竞争，实际上就是对资本的竞争、对招商引资的竞争。服务越好，环境越好，办事效率越高，就越能吸引投资。县域与城市相比，尤其是大城市，在区位、气候、成本等方面不具备优势，因此必须通过优良的服务来弥补，以环境的大改善促进经济的大发展。根据产业发展规划，围绕产业集群发展，针对产业链条完善，利用以商招商、上门招商、节会招商等多种行之有效的招商引资方式，积极引入产业龙头企业、产品总装企业、行业骨干科研机构和产业配套企业，创造条件承接产业链整体转移，推动企业集聚和产业发展。积极引入外部资金参与基础设施和民生项目建设。

一是改进服务方式。主动上门，提前介入，全程跟踪，为企业跑审批、办手续，帮助企业解决水、电、路、资金、技术等问题，保证项目引进来、留得住、建设快。

二是改进服务举措。开辟绿色通道，实行"一站式"服务，减少审批环节，限时办结相关手续；实行零收费，最大限度地减轻企业负担。

三是改进服务机制。开展联席办公，深入企业现场办公，当场解决项目建设中遇到的难题。在园区设立行政服务中心，集中办理园区项目建设手续。实行监督问责，设立改善环境督办室，对不简化程序、不提高效率、不减少收费、不改进服务的实行问责，保证企业建设零干扰，发展零障碍。

（四）培育产业项目，要增强原生动力，引导项目生成

一是通过围绕加快产业结构调整升级，从延伸产业链、壮大产业群和对外开放、科研成果转化等方面生成项目。

二是通过围绕推进增长方式，顺应国际科技发展趋势，谋划实施能充分体现技术先进、自主创新能力强、市场发展好的节约型、环境

友好型、循环型重点产业项目。

三是根据"动态调整、长短结合、粗细有度"的原则，树立"在承接中发展、在发展中承接"的理念，把眼光对准国际化大集团和行业龙头企业、对准能推进产业升级项目、对准占据产业链中的关键性环节的产业项目，把外资引向有发展潜力的优势产业和优势产品项目、引向培育战略性新兴产业。

（五）培育产业项目，要立足县域实情，择优引入

要按照发展阶段、资源优势和产业基础，择优引入拉动力强、辐射面广、成长性好的大企业大项目，以产业项目大建设推动经济大发展。

一是要围绕改造提升传统优势产业、培育壮大战略性新兴产业、加快发展现代服务业上大项目、上好项目，持续推动产业层次向中高端迈进。

二是要注重引入龙头牵动型的产业项目，支持企业生产新产品和进行扩能改造，拉伸产业链，培育一批骨干企业，形成产业集群。通过企业的改造升级项目，提升企业产能，提升产品层次，提升产业实力。

三是抓好项目落地和建设进度。对已签约和有意向的项目，要积极跟踪，保障项目建设条件，促进项目及时落地建设。对在建项目，要做好协调服务，帮助解决项目建设中存在的问题和困难，及时督促检查，加快项目建设进度。

六 优化产业布局

产业布局主要是产业资源在空间维度上的配置，以及这种配置对经济增长和社会福利的影响。产业布局的具体模式可以分为增长极布局模式、点轴布局模式、网络布局模式、地域产业综合体模式以及梯度开发模式等多种类型。

县域作为经济社会中最基础性的区域，其产业布局状况直接体现了县域发展的水平，同时也间接影响到其所属的其他区域层次（地市、省域、国家）的产业布局。县域产业布局关系到县域经济的长远与可持续发展，是县域制定经济发展战略的重要因素。县域经济发展，在全面落实科学发展观的前提下，必须要以实现跨越式发展为目

标，全面规划，统筹协调。要立足县情，优化产业布局，充分发掘自身的发展优势，促进社会经济和谐发展。

县域产业布局调整和优化，不是工业企业或项目的简单位移，而是与国际、国内经济发展诸多因素密切相关的系统工程。因此，应结合国际、国内经济发展总体趋势、国家产业政策，全省和县域工业结构战略性调整，以及各地的区位、资源、工业基础水平、小城镇建设规划和招商引资运作模式等综合因素，采取相应的对策措施。

县域经济在进行产业布局时应充分考虑和论证当地的实际情况，做一个长远的规划和安排，总的原则应把握：一是节约资源和能源；二是有利于生态保护，低污染，低排放；三是有较高的财政回报率，对地方财政有较大的增收作用；四是有较高的就业率，解决当地的就业和民生问题。

县域经济发展中的产业路径选择，必须遵循经济增长和产业结构演变的一般规律，特别是要立足资源禀赋，实施比较优势发展战略，地域的具体条件是决定产业布局的依据，不同的地域或同一地域的不同发展阶段，必须采取不同的布局模式。县域产业政策的选择要因地制宜，促进资源配置效率和效益的最大化，在发挥比较优势的同时，更加重视"后发优势"的发挥。

全国范围内，从县域的自然、社会经济和技术条件来看，大多数县域点轴体系还不够完善，乡镇经济不够发达，城镇化水平还不够高，采用网络布局模式的条件还不够成熟，可以考虑采取增长极布局模式、点轴布局模式、地域产业综合体模式以及梯度开发模式多种模式相结合的产业综合布局。

各县应以全省工业产业布局结构调整为契机，根据统一的产业规划，结合本地工业基础、资源优势和区位状况，进行产业梯度布局，充分利用中心城市的辐射、带动作用，大力调整工业产业结构和产品结构，搞好工业企业的技术改造，用高新技术改造提升传统产业，将本地具有比较优势和特色的产业做大做强，促进资源的合理利用和环境的有效保护。同时应正确处理发展技术密集型、资金密集型产业与发展劳动密集型产业的关系，在促进工业产业优化升级的同时，促进了城乡就业和农民增收，促进了小城镇的建设和发展。另外，各县域要大力承接市区产业转移,大力发展特色工业、特色农业、商贸流通产业以及涉农产业,不断强化服务"三农"能力,增强商贸功能,突出城镇特色。其次要节约集约高效利用土地资源,建设紧凑城镇,防止贪大求洋和"摊大饼"。

七 实施保障措施

实现县域经济转型跨越发展,需要通过进一步解放思想,加强区域基础设施,完善金融服务体系,大力培养、引进和聚集人才,提升区域创新能力,深化改革,扩大开放,强化服务保障,改善经济发展基础条件,打造经济发展平台,优化经济发展环境,激活经济发展活力。

(一)加强基础设施建设,改善县域产业转型升级的基础条件

一要加强交通基础设施建设,加快推进高速公路及其他市内县城连接线、按照规划所需要的城市道路、与周边区域、骨干路网互联互通道路及连接线建设道路等级提升,推进县乡公路和旅游景点公路改造和等级提升,积极配合落实有关区域发展规划所确定的交通建设项目,畅通对外对内联系通道,提高交通运输效率。

二要大力加强信息通信基础设施建设。信息通信系统是经济运行的软连接纽带,随着经济知识化、信息化以及电子商务、互联网经济等新型业态的快速发展,信息通信网络的发达程度对区域经济发展的重要性日益凸显,带宽和信息传输效率成为非常重要的经济发展基础条件。应及时升级信息通信网络,提高信息传输效率,实现宽带网络城乡全覆盖。

三要加强水利设施、输变配电系统建设。实施一批农村饮水安全工程和水利基础设施建设,提高城市发展及城乡生产生活用水保障能力。加强电力运送和传输能力,为产业项目推进提供支撑。

(二)完善金融服务体系,为县域产业转型升级提供资金保障

当前,我国县域经济发展过程中,大多数县的金融体系都不完善,直接融资比重低,金融机构数量少,网络覆盖不充分,信贷投放比例低,融资渠道单一,新型融资工具利用少,金融创新滞后,社会融资总体比较困难,尤其是小微企业和农户等弱势主体融资困难,直接影响着县域经济配置资源的能力。

一要积极促进金融机构发展。积极引入县外商业银行、证券机构和保险公司,促进城市商业银行、农村商业银行、村镇银行、信用担保公司、融资租赁公司、小额贷款公司、典当行、企业财务公司、信用中介平台等各种金融机构的发展,促进现有金融机构增加网点、延伸网络,引入和发展创业投资、风险投资、股权投资等各种投资基金,建立起能够覆盖各类融资需求的金融机构体系。

二要积极开拓直接融资渠道。要积极推动和支持优势企业上市融资,支持企业通过中小企业股份转让系统和股权交易中心挂牌转让股权进行融资,支持企业发行债券,鼓励企业吸收投资,支持企业利用各种投资基金和委托贷款等方式融资,争取发行城投债券为市政建设融资。

三要积极搭建金融机构与政府、企业合作的平台。政府应积极与金融机构建立战略合作伙伴关系,建立和用好政府金融奖励基金,发挥好政府财政存款的引导作用,利用好财政贴息、补贴等手段,定期召开银政联席会议、经济形势分析会,建立信息分享机制,促进金融机构和工作人员更好地为县域经济发展提供金融服务。定期召开金融机构与企业对接会、洽谈会,加强企业推介,促进金融机构与企业的交流、了解与合作,推动企业与金融机构建立战略合作伙伴关系。

(三)重视人才队伍建设,为县域产业转型升级提供知识技术支撑

县域经济转型需要聚集一批党政领导人才、企业家、技术领军人才和一大批技术人才、管理人才和熟练技能人才。政府应高度重视人才队伍建设,和企业联合打造人才洼地,推动人才集聚和企业发展的良性循环。

一要搭建人才引进的平台。首先,建设人才创业园和孵化基地,依托企事业单位建设研发平台,发挥企业引才、育才、用才的主体作用,依托优势产业和优势企业聚集优秀人才,以高端人才引领企业和产业转型升级。其次,完善市场化的人才配置机制,使人才就业市场化、人才流动市场化、人才评价市场化、人才服务市场化,利用市场机制提高人才资源的配置效率。

二要做好招人引智工作。深入对接国家"千人计划"等各级各类重大人才工程人选,大力引进领军型人才。除此之外,还要引进和补

充一大批专业技术人才和技能型人才,补充企事业单位的人才缺口。采取"政府宏观把握、企业自主招聘、三方契约管理"的模式,政企联引、联育、联管高端产业人才,享受政府和企业双重薪酬。

三要深化收入分配体制改革,建立向优秀人才和关键岗位倾斜的分配激励机制。有条件的企业应该实行与市场对接的薪酬标准和分配机制,缺乏承受能力的企业应该采取期权制度等激励人才关注长远利益的分配机制。制定完善专业技术人员兼职兼薪的管理办法,有效盘活专业技术人才资源,充分发挥专业技术人才的作用,使人才的事业平台、发展空间、薪酬待遇随企业的发展不断提升,实现人才成长和企业发展的共赢。

四要发挥企业主体作用。引导企业着眼长远发展,大力引进高层次科技创新人才、经营管理人才和高技能专业人才,依靠人才推动发展。鼓励企业瞄准制约发展的核心关键技术,加强企业技术创新队伍建设,加大研发经费投入,积极开发掌握拥有自主知识产权的核心技术,提高企业的综合竞争能力。

(四) 提升县域创新能力,为县域产业转型升级提供原生动力

2015年10月26日,十八届五中全会在北京召开,会议通过《中国共产党第十八届中央委员会第五次全体会议公报》。全会强调,必须把创新摆在国家发展全局的核心位置,不断推进理论创新、制度创新、科技创新、文化创新等各方面创新。新时期,在县域产业转型升级的过程中,创新能力显得尤为重要。

一要着力引入产业核心科研机构和专业科研机构。支持建设一批产业发展专业研发机构,加强科研机构与企业和地方科技力量的合作与整合,有效发挥研发在产业发展中的龙头带动作用。

二要加强产学研合作,以企业和地方科研机构为主体,以市场为导向,充分利用高校和科研机构的科技优势,进行科研攻关和新产品开发,在核心技术和新产品研发上不断实现新突破。

三要积极支持和帮助企业和科研机构立项国家和省上的科技计划项目,有效安排地方科技创新项目,促进企业加大技术创新投入,完善科技创新投融资体系,围绕科技创新项目多渠道筹集科技创新资金,支撑科技创新活动的大力开展。

四要加强科技创新服务体系建设。支持企业建立技术创新战略联盟，推动在行业关键技术、共性技术创新上取得突破。以专业化、市场化为导向，完善科技创新共用平台，加强科技成果交易，提高科技创新效率和科技成果的转化率。另外，要创新管理理念和方法，创新企业经营方式和经营手段，不断提高资源配置效率、产业组织效率和企业管理水平。

（五）强化政府服务理念，为县域产业转型升级营造有利条件

一要转变工作作风。大力倡导树干事创业风尚，坚持德才兼备、以德为先的用人标准和崇尚实干，重视基层的用人导向，扎实转变干部作风，全心全意为项目服务、全心全意为企业服务、全心全意为群众服务，着力提升干部队伍的工作效能和服务水平。

二要加强协调服务。建立完善服务骨干企业直通车制度和骨干企业困难问题协调解决机制，切实加强对重点企业贴心服务，搭建政企之间的沟通交流平台。支持和帮助企业用足用好用活国家、省市的政策资源，争取企业在技术改造、技术创新、创新平台建设、两化融合、资源综合利用、贴息贷款等方面获得国家、省市更多的政策资金扶持。

三要推进企业运行监测分析。进一步提高对现代产业、骨干企业、重点产品的调度频率，重点关注停产半停产企业运行情况，分析停产原因，有针对性地为企业生产经营搞好服务指导。

第二篇　典型内陆县域的产业转型升级

第四章 公安县：内陆农业大县的产业升级

湖北省荆州市公安县位于湖北省中南部边缘，江汉平原腹地。南北最长为75公里，东西最宽51公里，面积2257公顷，总人口105万。公安县北部与荆州市隔江相望，南临湖南安乡，东连石首，西接松滋，辖埠河、斗湖堤、杨家厂、麻豪口、夹竹园、闸口、藕池、黄山头、孟家溪、南平、章庄铺、狮子口、斑竹垱和毛家港14个乡镇及甘家厂、章田寺2乡，是全国著名的农业大县。公安县作为内陆农业大县，发展现代农业需要统筹农业、工业、商贸物流和科技服务各产业，才能充分利用丰富的农业资源，把农业大县真正转变为农业强县，需要引导农业区域化布局，逐渐改变"小而全"的分布格局，促进规模化生产，在农业产业化基础较好地区，大力发展农产品加工业，提高农产品本地转化率，形成"示范中心+推广基地+生产区域"的农业科技服务体系；在交通便捷地区，建设农产品商贸物流中心，构筑农产品现代化流通体系，进而全面促进公安县这个内陆农业大县的产业的转型升级。

第一节 公安县产业发展的基础及现状

一 农业基础及条件

公安县地势较平坦，日照长、雨量充沛、霜期短，适宜农作物生产，是典型的内陆农业大县，农产品主产区，国家重要的粮、棉、油、水产、林业、畜禽产品生产基地。特色农业近年来迅速发展，优势明显，棉花和油料产量分别进入全国50强，被湖北省确定为优质稻米、优质棉、优质油、优质水果、优质"三元杂交猪工程基地"示范县,有"全国平原绿化生态县""全国生猪调出大县"之称,还享有江南"鱼米之乡""银公安"等美誉。

耕地资源丰富。公安县境内水资源丰富、土地适宜性广、种植条件优越,埠河镇、毛家港镇、斑竹垱镇、章庄铺镇、狮子口镇和麻豪口镇耕地资源十分丰富,占全县耕地资源一半以上(50.6%);章庄铺镇、章田寺乡、甘家厂乡、孟家溪镇、毛家港镇粮食产量大,2012年粮食产量分别为65602吨、59840吨、47173吨、46905吨、46775吨,是全县粮食生产和供给的重要乡镇。

农业劳动力充足,农民生活水平不断提高。各乡镇劳动力以从事农业为主,2012年约为14.7万人,埠河镇数量最多(29799人),斑竹垱镇次之(21101人);农业劳动力占全部劳动力比重偏高,部分乡镇农业劳动力数量多于第二、第三产业劳动力人数,如斑竹垱镇(71%)、埠河镇(58.4%)、孟家溪镇(56.2%)、麻豪口镇(56%)、甘家厂乡(54.9%)、藕池镇(52.3%)、狮子口镇(51.7%)。随着农业科技进步,特色农业发展,工农对接进一步实现,农业生产水平不断提高,农民收入也有了明显提升。2012年,农村居民实现人均纯收入8960元/人,相比2002年翻了4倍。

农业生产各有所长。乡镇农业生产均有自身特点,部分乡镇农业发展优势明显:埠河、斑竹垱、毛家港、章庄铺、狮子口、甘家厂、麻豪口、孟家溪镇拥有充足的农业劳动力和耕地资源,先天条件优越,发展农业基础良好;章庄铺镇、章田寺乡、甘家厂乡、孟家溪和毛家港镇是县域粮食主产区,粮食生产优势大,战略地位显著。

从农业总产值分析,埠河镇、斑竹垱、毛家港、孟家溪镇总产值较高,农业经济实力相对较强,闸口镇渔业、藕池镇林业、黄山头农业服务业优势显著,对当地农业经济贡献大、带动力强;从农产品产量看,埠河、狮子口、麻豪口、闸口、南平、黄山头、藕池镇发展特色农业潜力大,其中,埠河镇棉花和葡萄产量均位居全县第一,南平镇柑橘、油菜籽种植经济效益日趋凸显,黄山头镇特色农产品产量均居于前列,特色农业发展势头良好。

根据上述分析,埠河镇、麻豪口镇、甘家厂乡、孟家溪镇、章庄铺镇、狮子口镇、斑竹垱镇、毛家港镇拥有较为充足的劳动力和耕地资源，农业生产基础良好；埠河镇、杨家厂镇、麻豪口镇、甘家厂乡、孟家溪镇、章田寺乡、章庄铺镇、斑竹当镇、毛家港镇具有较高的农业经济效益，农业对经济的带动作用明显；同时，埠河镇、夹竹园镇、闸口镇、麻豪口镇、藕池镇、黄山头镇、南平镇和狮子口镇在棉花、葡萄、柑橘、油菜籽、水产等农产品生产上具有很大发展空间，可作为地方特色农业或旅游（观光）农业加以培养。

二 农业发展现状

作为全国著名和湖北省重要的农业大县，公安县农业现代化的技术条件、土地流转、经营模式都在酝酿质的突破，处于大变革的前夜。2012年，农业机械总动力比2004年增长约600%，农村流转耕地比例已经超过10%，农村合作社已经达到329家，辐射10多万农户，葡萄等特色农业产业化经营逐渐走向成熟，农村转移劳动力常年维持在农村总劳动力的40%左右。

表4-1　　　　　　2012年公安县在宏观区域的农业地位

	农产品加工产值与农业产值比例排名
荆州市县域	4/7
宜荆城市群县域	14/20
湖北省县域	43/80

三 工业发展现状

工业经济在公安县占据重要地位，利润总额、利税总额均居首位，工业总产值、工业增加值仅次于荆州区，居第2位。这与公安县独特的本土化发展道路有关。

工业形成汽车零部件、塑料新材、生物化工和农副产品加工四大优势产业。

汽车零部件方面，以汽车前后桥为代表的主导产品规模大，专业化程度高，但产品结构低端，链条短。

塑料新材方面，管材型材等产品市场占有率高，产业基础雄厚，比较优势突出，但产品档次较低，集群效应不明显。

生物化工产业方面，谷氨酸和石化产品有一定优势，竞争力较强，但产品种类少，没有形成相对完整的产业链。

农副产品加工业方面，产品门类多，覆盖范围广，但加工深度低，缺乏龙头企业和龙头产品。

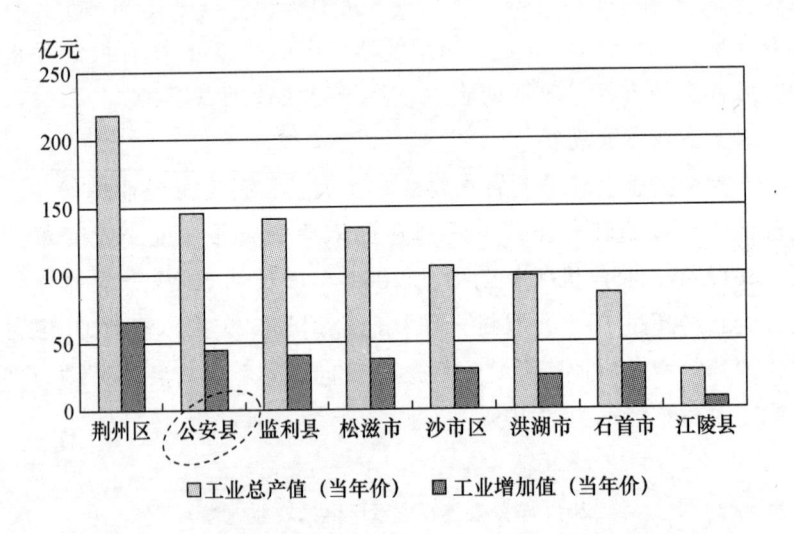

图4-1　公安县工业总产值和工业增加值与周边的比较

本土企业多，支撑主导产业发展壮大。湖北车桥、凯乐科技、新生源、金安纺织等龙头企业都是成长于公安县、扎根公安县数十年的本土企业，是公安县发展汽车零部件、塑料新材、生物化工、纺织服装等主导产业的坚实支撑。

龙头产品竞争力强、创新潜力大，引导产业升级方向。公安县的车桥、塑料管材、氨基酸、纯棉混纺精普梳纱线等主导产品在全国拥有较高的市场地位，而且可以向循环低碳、节能高效、信息化与智能化方向提升技术含量、开发新产品，发展新兴产业。

本地资源利用率高，工业成长带动农业发展。农产品加工、纺织、生物、造纸等产业广泛使用本地区农产品资源，公安县具备通过发展新型工业带动现代农业的条件。

当前多数县域产业发展普遍依赖招商引资，保持持续发展和培育产业集群的难度很大，公安县的本土化发展道路具有显著特色和突出优势，未来发展应立足本土优势产业，壮大产业规模、延伸产业链条、带动关联产业、发展新兴产业。

第二节 县域产业发展的主要问题

一 产业结构失衡

2012年公安县GDP 157.62亿元，人均GDP 2798美元，基本接近3000美元的中等收入水平，这表明公安县开始进入了工业化快速推进的中期阶段。2008年以来，公安县第二产业比重迅速提升，超过了第一、第三产业比重，2012年，三次产业比例为32∶42∶26，第一产业比重偏大，工业主导地位突出，第三产业服务业发展滞后，是明显的"二一三"产业结构。

表4-2　　1978年以来公安县三次产业增长率变化情况　　单位:%

时期（年）	公安县			荆州市			湖北省		
	第一产业	第二产业	第三产业	第一产业	第二产业	第三产业	第一产业	第二产业	第三产业
1978—1990	18.9	13.2	19.2	13.1	12.4	15.2	13.8	14.2	19.5
1991—2000	8.8	14.9	13.3	10.5	14.1	18.9	10.1	16.6	20.3
2001—2012	11.9	20.6	11.3	10.5	16.4	12.3	13.1	18.8	15.6

公安县主要人均经济指标远低于全国、湖北省、荆州市等宏观区域，人均GDP、人均财政收入、人均一般预算收入仅为全国人均水平的43%、12%、13%，属于相对落后的县域。公安县主要经济指标在荆州市、宜荆城市群和湖北省的县域排名中处于中游水平，与周边县域比较，综合经济实力较弱。虽然近年来公安县GDP占荆州市的比重有所提升，但到2012年也仅为13.2%。公安县迫切需要进一步强化工业对县域经济的支撑作用。

表 4-3　　　　　　　　　公安县经济在各区域内排名

范围	GDP	人均 GDP	工业增加值占 GDP 比重	第三产业增加值占 GDP 比重
荆州县域排名	3/7	4/7	4/7	7/7
宜荆城市群县域排名	11/20	17/20	14/20	15/20
湖北县域排名	35/80	57/80	44/80	63/80

二　第三产业落后

公安县第三产业仅占 GDP 的 26.3%，远低于荆州市、湖北省和全国。第三产业发展的人口集聚基础弱是主要原因，需要加速人口城镇化和主要城镇发展。2012 年，公安县城镇化水平仅为 38%，中心城区人口仅为 27 万。

从第三产业结构来看，批发和零售业、交通运输、仓储及邮政业、住宿和餐饮等传统服务业占第三产业增加值的 70%，金融保险、房地产等现代服务业规模小，仅占第三产业增加值的 30%。可以看出，公安县传统服务业占主导，现代服务业落后。

公安县拥有丰富多样的旅游资源，但是，旅游业发展却不尽如人意。重点开发的旅游资源类型与荆州主打品牌同质化，但却缺乏内在关联，形成的是竞争效应而不是联动效应，历史文化旅游如三袁故里与荆州古城，自然风光旅游如黄山头与洪湖岸边等。

公安县旅游需要在荆州旅游格局中发挥水乡生态人文特色，主攻荆州旅游较薄弱的乡村游，强化与荆州抗洪文化的融合，走特色发展（美丽水乡生态观光休闲游等）和关联发展（南北闸抗洪文化观光游等）之路。

三　产业类型雷同

公安县经济开发区作为湖北省政府首批的 9 个省级开发区之一，成立至今发展比较迅速，2012 年实现规模以上工业总产值 149 亿元，在荆州市域范围内已经形成一定的竞争力，但在湖北省域范围内，竞争力仍较弱。

公安县域内的两大工业园（斗陵工业园和青吉工业园）产业类型都是高度多元化，而且两大园区之间产业类型基本相同，没有形成园区的特色主导方向，园区内也没有形成特色产业集群。屠陵工业园以机械汽配、石油化工、塑料新材、纺织服装、建材、医药农药、化肥饲料、水产加工、粮油加工、禽蛋加工等产业为主导。青吉工业园以机械汽配、石油化工、塑料新材、纺织服装、建材、医药农药、化肥饲料、水产加工、粮油加工等产业为主导。

公安县乡镇工业布局杂乱，各乡镇之间产业雷同，分工不明确。斗湖堤镇、杨家厂镇主要集聚了公安县的四大支柱产业，初步形成了汽车零配件、塑料新材两个产业集群。

夹竹园、闸口、麻豪口、藕池、孟家溪、南平、章庄铺、斑竹垱、毛家港产业门类多，但小而乱，雷同无特色，分工不明确，不利于产业规模化、专业化发展。

埠河、章田寺、甘家厂、狮子口农业型乡镇，工业企业很少，工业经济弱。

表4-4　　　　　　　公安县主要产业的空间分布

产业类型	分布
汽车零配件	屠陵工业园、青吉工业园、南平工业园、麻豪口、章庄铺、孟家溪、杨家厂
塑料新材	屠陵工业园、青吉工业园、各乡镇均有零星分布
农产品加工	屠陵工业园、青吉工业园、埠河、章田寺、甘家厂、章庄铺、闸口、麻豪口，其他乡镇有零星分布
轻工建材	屠陵工业园、青吉工业园、杨家厂、南平工业园、藕池、孟家溪、章庄铺、斑竹垱、毛家港有零星分布
纺织	各乡镇均有零星分布
造纸	斗湖堤、闸口、杨家厂、藕池、斑竹垱有零星分布
生化医药	屠陵工业园、青吉工业园、杨家厂、章庄铺
橡胶石化	屠陵工业园、青吉工业园、斗湖堤

四　小结

公安县尚处于工业化发展的中期阶段，综合经济实力较弱，加速发展的任务迫切，需要继续强化工业化支撑；工业已经形成汽车零部件、塑料新材、生物化工和农副产品加工四大优势产业，本土化道路引领工业发展与升级的特征明显；作为全国著名和湖北省重要的农业大县，现代农业破茧而出，需要第一、第二、第三产业统筹联动；第三产业相对落后，服务业需要城镇化激发；园区产业雷同、集群发育薄弱、乡镇工业杂乱。

总体上，公安县产业结构层次低、经济结构转型慢、基础设施建设落后、龙头企业带动力弱、现代服务业发展落后，公安县产业迫切需要提升、整合、优化。

第三节　区域态势和机遇

一　壮腰工程

牢牢把握坚持产业突破、转型发展、改革创新、城乡统筹、执政为民的原则，全面落实湖北省委、省政府的重大战略部署，以实施壮腰工程、加快荆州振兴为动员令和总抓手，推进沿江大开放、大开发、大建设，加快工业壮腰、交通壮腰、兴城壮腰、强县壮腰和文化壮腰，不断提升荆州在长江经济带中的重要地位，为湖北构建中部地区崛起重要战略支点做出更大贡献。作为湖北之"腰"、长江之"腰"，荆州沿江优势更加凸显，资源特色更加鲜明，开放空间更加广阔，投资环境更加优越，发展基础更加坚实。

湖北省政府实施的壮腰工程，加快荆州振兴政策中，提出对荆州农产品加工企业和加工园区予以重点扶持。大力发展农产品加工、机械制造、化工三个千亿元级产业和轻工建材、纺织服装、高新技术三个五百亿元级产业，其中江南片区县市重点发展机械制造、精细化工和轻工建材等产业。

壮腰工程的核心和关键是壮工业。要坚定不移地走新型工业化道路，充分发挥和利用长江黄金水道的天然优势，实施沿江大开发。根据荆州市强县壮腰部署，公安县重点打造汽车零部件、塑料新材、化工建材和农产品加工四个百亿产业。壮腰工程的实施，为公安县政府指明了发展方向。

表4-5　　　　　　　　荆州市强县壮腰部署

荆州区	发展石油机械、造纸包装、农产品加工和光电产业，建设现代工业强区、文化旅游核心区
沙市区	以现代服务业为主导，推进新型工业化和城乡一体化
江陵县	建设工业新城
松滋市	发展白云边，做大做强工业园，推进资源枯竭型城市转型发展
公安县	打造汽车零部件、塑料新材、化工建材、农产品加工4个百亿产业
石首市	化工医药、林产品加工百亿产业，沿江重要节点城市
监利县	农业大县向新兴工业大县转变
洪湖市	石化设备制造、汽车零部件和旅游、水产产业

　　实施壮腰工程，坚持大办工业，必须积极抢抓新一轮产业转移的机遇，大力宣传荆州各方面的优势，走出去、请进来，用更大的力度、更坚决的措施抓好招商引资，调动方方面面的力量服务招商引资。创新招商引资方式，要坚持四点：一是要坚持全员招商。每一名党员干部都要投入到招商引资工作中去，在全市营造浓厚的招商氛围。二是要坚持专业招商。要总结招商引资的成功经验，大力实施驻点招商。长期有招商人员驻在沿海发达地区招商，有专人研究上市公司的报表，有专人在网上研究招商引资信息，就可以找到适合引进的大批项目。要根据产业发展，抽调精兵强将，进一步充实小分队，长期驻外招商，责任到人。驻点招商要真正驻下来，要有针对性地招商。三是要坚持以商招商。要围绕产业集群、产业链发展开展招商，引进上下游配套企业。四是要坚持大员招商。各县市区的"四大家"领导要带头招商，人人肩上有担子，每个人都要有工业招商引资任务。收集信息靠招商专班，项目能否落户还是要靠领导干部。对于签约落户项目，领导干部要人人跟踪服务。

　　二　荆州国家级承接产业转移示范区

　　经济全球化引发了新的国际地域分工，制造业向中国转移的步伐逐渐加快。与此同时，我国东部沿海地区经过改革开放以来30多年的快速发展，经济社会现代化程度大大提高，劳动力、土地等生产要素已达到较高水平，部分产业处于升级换代阶段，特别是劳动密集型产业，开始向其他地区进行产业扩张和梯次转移。

为促进地方加快承接产业转移，近年来国家共批准设立了安徽皖江城市带、广西桂东、重庆沿江、湖南湘南、湖北荆州、黄河金三角6个国家级承接产业转移示范区。

湖北荆州承接产业转移示范区范围分为主体区和辐射带动区。主体区为荆州市全境，包括石首、松滋、公安、洪湖、监利、江陵等县市，土地面积14067平方公里；辐射带动区范围为荆门市、仙桃市、潜江市、天门市全境，土地面积1.95万平方公里。示范区总面积3.36万平方公里，占湖北省的18.1%，2010年地区生产总值2368.29亿元，占湖北省的14.83%。

公安县集中示范区是以公安县经济开发区为载体，着力打造汽车零部件产业集群，做大做强新生源等企业；同时，形成以生物工程新医药、新型塑料、光纤、电缆、农副产品深加工为主体的特色产业。对公安县而言，就是要紧紧依托荆州国家级承接产业转移示范区，抢抓世界制造业向中国转移、沿海制造业向内地转移的机遇，加大结构调整力度，千方百计壮大本地区优势产业，培育龙头企业，努力构建科学合理、清洁环保的现代工业体系。

一心荆州市中心城区。发挥产业集聚、带动作用，重点发展机械制造、轻工纺织、化工、电子、生物医药、新材料等。

北部产业带包括江陵县、监利县、洪湖市。重点发展水产养殖、农产品加工、旅游等生态环保型产业，适当发展医药化工、轻工纺织、汽车机械、石化设备制造。

南部产业带包括松滋市、公安县、石首市。重点发展化工、纺织、汽车零部件、造纸等传统工业，加快发展塑料新材、生物医药等高新技术产业。

荆州国家承接产业转移示范区的建立，为公安县的市场指出了发展价值。近年来，汽车零部件、塑料新材、化工建材、农产品加工等优势产业项目陆续入驻公安县，公安县的优势产业得到进一步的发展。

但是，目前公安县与周边县市存在产业雷同现象，各县市之间，资源、项目、人才等方面竞争激烈；与荆州市中心城区的产业没有形成上下游关系，竞争处于劣势。未来公安县的产业发展应围绕本地区优势产业，不宜来者不拒和盲目追赶新兴产业项目。

三 长江经济带

长江流域横贯我国腹心地带，经济腹地广阔，不仅把东部、中部、西部三大地带连接起来，而且还与京沪、京九、京广、皖赣、焦柳等南北铁路干线交会，承东启西，接南济北，通江达海，加上突出的资源优势和已有的产业基础，将是我国经济增长潜力最大的地区。长江流域内东中西部地区间天然的联系，形成了一损俱损、一荣俱荣的关系，在产业、资源、市场、技术、资金等方面存在着良好的互补关系，构成了东中西部良好的互动与共同发展格局。

长江流域经济带建设作为区域综合发展战略，在实施过程中，多维立体交通体系建设、大江大河及农业水利基础设施等的建设水平均将得到显著提升。另外，政策的倾斜、大项目投资的倾斜也将给长江流域城市带来发展机遇。公安县位于长江流域中游的荆州市，是长江流域经济带的重要组成部分。其东接武汉城市圈，西连宜昌都市区，随着长江流域经济带建设的推进，公安县的区位优势、交通优势将进一步凸显。

公安县应从三个方面积极响应长江经济带建设：

第一，在荆江城镇带产业体系中寻找各产业的细分空间。化工产业主要侧重于生物化工、精细化工；农产品加工产业主要侧重于粮油产品的深加工、特色果蔬产品的高科技化生产加工；轻工产业主要突出塑料新材、纺织新材料等新兴产业；汽车零部件产业重点发展轻量环保智能化车桥系汽车零部件。

第二，沿长江拓展产业发展空间，做好工、农、港、商统筹，打造公安县自己的滨江产业带。

第三，结合荆州"一港十区"建设，建设以件杂、散货运输为主的斗湖堤港口物流园。荆州港斗湖堤港区朱家湾综合码头（二期）工程已完工。项目为两个3000吨级件杂货泊位，一个3000吨级散货泊位，一个3000吨级滚装泊位；件杂货泊位年设计吞吐量90万吨，散货泊位年设计吞吐量165万吨。配套建设有相应的堆场、道路、仓库等生产、辅助生产建筑，并配备了相应的装卸、运输机械设备和供水、供电等设施。

四 荆州江南新区

江南新区位于长江南岸，与荆州市中心城区一桥相连，长江黄金水道、宜黄高速公路、207国道、318国道、322省道以及荆东高速公路均在此交会。从这里可东下省会武汉，南出一湖两广，西接宜昌三峡，北枕千古一江，背靠荆州地方铁路、沙市飞机场和荆州10万吨级的盐卡深水码头、焦枝铁路松滋火车站、宜昌国际机场近在咫尺。

江南新区素有荆州的"浦东"之称。江南新区作为荆州市中心城区的延伸，拥有土地、原材料、劳动力及区位等诸多优势。江南新区规划建设现有埠河镇，设立江南新区管理委员会，规划区域约30平方公里，规划居住人口30万，其中核心区10平方公里，以及规划江南农业科技城，占地20平方公里，包括农业科技服务中心、农产品食品加工园、农资物流园、农业科技企业创业园和现代农民新居五大建设项目。建成后的科技城将具备鲜明的产业特色和独特的功能定位，与现在的中心城区隔江守望，一体发展。沙刘省道至北闸南端的旅游公路沿线发展旅游观光农业，重点建设农家乐区、集中居住区、房地产开发区、工业园区，真正把埠河打造成为荆州的后花园和农业高科技基地。

近年来，江南新区大力投资改善基础设施，积极招商引资，力求实现"五个转变"，即由低档次的招商引资转向高新技术招商引资，由四面出击转向定点瞄准港澳台商，从资金、土地、人才的分散引进转向以现代工业为主的聚集，由小、散、弱的企业转向以规模效益为主的龙头企业，由坐等客商上门转为主动上门求商。同时，江南新区还加大了形象宣传、自我推介的力度。

但是，由于城市跨江发展难度极大，短期内很难过多地依赖并成功利用荆州的辐射带动产业经济的扩散。公安县目前从埠河特色农业起步，重点发展高新农业、观光农业、农产品加工、农产品商贸物流、休闲旅游等是符合现实的发展路径的。

五 北煤南运工程

蒙西至华中地区铁路煤运通道项目，被称为北煤南运大通道，是我国第三条煤运通道，是我国目前第一条贯穿南北的煤运通道，这也是迄今为止一条规划审批线路最长、途经地区最多、投资额度大、功能定位十分鲜明的铁路运输大通道。其采用国铁Ⅰ级、双线、电气化标准，全长约1837公里，始于内蒙古浩勒报吉，经山西省运城进入河南省三门峡等市，并经过湖北省襄阳、荆州等市，湖南省岳阳市后止于江西省吉安市。该项目的功能定位为连接蒙陕甘宁能源"金三角"地区与鄂湘赣等华中地区，是"北煤南运"新的国家战略运输通道，是衔接多条煤炭集疏运线路、点网结合、铁水联运的大能力、高效煤炭运输体系和国家综合交通运输系统的重要组成部分。

2012年10月16日，内蒙古西部至华中地区铁路煤运通道荆州至岳阳段开工仪式在湖南省岳阳市举行，这标志着这一纵贯我国南北、途经省区、连接多条路网干线的煤炭运输通道进入全面建设实施阶段。通道按照"统一规划、分段开工、同步建成"的要求安排建设，部分区段计划在2015年建成投产。这一通道的规划建设，对实施国家能源开发战略、保障华中地区能源供给、构建综合交通运输体系具有重要意义。

荆州至岳阳段公安长江大桥和岳阳洞庭湖大桥是全线重点控制性工程，公安长江大桥主桥全长6.32公里，最大跨度518米。岳阳洞庭湖大桥主桥全长10.45公里，最大跨度406米。两桥工程投资52.2亿元。

"北煤南运"工程将加快荆州产业结构重整。从三次产业的结构比例来看，第二、第三产业将长足发展，彻底打破第一产业长期以来占20%以上的局面；从工业轻重结构来看，以轻纺工业为主的局面将被彻底打破，取而代之的将是能源、化工、冶炼等重化工业；从未来产业发展来看，以煤炭综合利用为特征的循环经济、低碳经济的发展将全面加速，战略型新兴产业中的节能环保、生物、高端装备制造、新能源、新材料等产业将蓬勃发展。

位于江陵县和公安县之间的公安长江大桥是蒙西至华中铁路的控制性工程之一，是一条"北煤南运"的新的国家战略性通道，它将蒙陕甘宁等能源"金三角"与华中地区紧密结合；届时，荆州将依托煤、电、路、港"四大金刚"，配套建设电厂、煤化工和建材等项目，重点发展以煤炭综合利用为特征的循环经济和低碳经济，带动运输、机械制造、金融、餐饮酒店及电子商务等产业发展。

目前，"北煤南运"工程的荆州煤电路港项目已经落户江陵，公安县近期重点应围绕荆州煤电路港项目积极推进路口电厂项目的建设。

六　小结

湖北省"壮腰工程"的实施，为公安县产业发展指明了方向；荆州国家级承接产业转移示范区的建设，使公安县能更好地承接发达地区的产业转移；长江经济带的新一轮开放开发，为公安县的产业发展提供了新的机遇；荆州江南新区的建设，拉开了荆州主城区、公安县融合发展的序幕；蒙华铁路的建设和北煤南运工程的实施，进一步彰显了公安县的区位优势。宏观区域的发展态势为公安县产业发展带来了新的重大机遇。

公安县首先要抓住外部发展条件优越的机遇，积极承接产业转移。在承接产业转移的过程中，应坚持强化内生型优势产业，坚持承接劳动力与技术密集型产业的转移，坚持资源节约和环境友好产业准入要求。其次要明确产业定位，应充分利用荆州优势资源与市场溢出，形成与之配套的上下游产业链，强化产业上的水平分工与垂直分工，利用市场溢出效应大规模发展工业。最后，要避免与周边县市的激烈竞争，应做好与荆州的产业配套，形成与荆州具有上下游关系的产业链条，与周边县市错位发展、联动发展。

第四节　产业转型升级

一　现代农业发展重点

（一）公安县农业发展的特点

1. 农业加工值有待提高

2012年，公安县农产品加工产值与农业产值的比例为107%，逐步向农产品加工转型升级。公安县农产品加工值与农业产值比例在荆州各县市区中排第四位，在湖北省县域排第 43 位，农产品加工发展空间巨大。农产品加工业包括农副食品加工业，食品制造业，饮料制造业，烟草制品业，纺织业、纺织服装、鞋、帽制造业，皮革、毛皮、羽毛及其制品业，木材加工及木、竹、藤、棕、草制品业，家具制造业，医药制造业（中药饮片加工、中成药制造业），橡胶制品业等。

全县农产品加工企业实现了由小到大、由少到多、由弱到强的转变，形成了具有一定规模的农产品加工产业集群。截至 2012 年年初，全县共有农产品加工企业 416 家，其中规模以上（年销售收入 500 万元以上）农业产业化龙头企业发展到 128 家。销售收入过亿元的企业 6 家；过 5 亿元的 2 家；市级龙头企业 19 家；省级龙头企业 10 家。全县规模以上农产品加工企业资产总额达到 8.65 亿元，其中固定资产 4 亿元。

2. 农业机械化发展较快

公安县地形平坦，机耕地面积、机耕播种面积、机耕收获面积大，有利于大机械化农业生产。农业机械化发展十分迅速，2012 年农业机械总动力比 2004 年增长 600% 多，机电排灌面积逐年增长，但目前仍以小型机械化方式为主。

3. 农村劳动力就业结构变化大

农村劳动力就业转移结构变化大，国内省外、省内县外就业转移人数减少；乡镇内、县内就业转移人数增长快。从 2011 年起，乡镇内和县内农村劳动力就业转移人数增长较快。省内农村劳动力就业转移人数减少。

从不同行业部门的从业人数来看，工业、商业、服务业对外来人口吸引力大。2012 年，公安县流入人口中，务工人员数量最多，然后依次是从事经商的人员、从事服务的人员、从事务农的人员、投靠亲友的人员和其他人员。

乡村经济蓬勃发展，乡村从业人数和农民人均收入都稳步增加。农民人均纯收入从 2002 年的 2000 多元增长到 2012 年的 9000 元左右。2008 年以来，乡村从业人员数量增长较快。近几年，公安县各乡镇通过发展农副产品加工业，共吸纳了近两万人就业，务工农民的年收入有不同程度地增加。

乡村经济结构逐步优化，第二、第三产业劳动力人数增多，农、林、牧渔业劳动力人数下降。农副产品加工业等劳动密集型产业的发展已逐步成为解决农村剩余劳动力的重要途径，为大批农村富余劳动力转向非农产品开辟了一条有效途径。同时，农副产品加工业的发展带动了一大批种植大户、养殖大户，促进了农业农村经济结构的调整。

（二）发展模式

公安县农业发展摒弃了传统农业发展的老思路，充分挖掘自身的农业特色，坚持走一条农业特色资源产业化的发展道路。公安县特色农业逐步走向了产业化、地域化、专业化的发展道路。但是，公安县的农业发展仍存在农民思想观念落后、农业发展科技水平低、后备耕地资源不足等问题。

公安县农业的发展模式是以农业项目为依托，产业化生产经营模式，建设特色农产品基地，大力扶持重点龙头企业。积极发展现代农业，调整农业结构，加大养殖、蔬菜园艺等比重。以特色产业带动工业园区农产品加工业发展。

以公安县葡萄产业为例，葡萄产业的发展主要是以专业示范园、专业合作社等形式为主的葡萄无公害化种植为基础，通过品牌宣传，树立公安埠河葡萄名优品牌。公安县葡萄产业规模化发展，稳居全省第一，得天独厚的气候条件和土壤资源十分适宜葡萄生长，品质极佳。"科技示范园＋专业合作组织＋产业协会"模式为葡萄产业发展提供了全方位的支撑。同时品牌宣传力度大，积极推介"荆秋缘""天心眼"等品牌，使得公安县葡萄产业发展空间巨大。未来发展定位于加大深精加工，延伸葡萄产业链，提高葡萄附加值。立足于葡萄产业规模化，发展葡萄种植园的观光旅游产业，带动现代服务业的发展。从单一的葡萄规模化种植，逐步延伸为集葡萄种植、加工、储运、销售、观光旅游于一体的具有统一品牌的公安埠河普磳立体产业。

（三）发展重点

如何在增加农产品有效供给的基础上又能增加农民人均收入，是否还能继续依靠资源和高要素投入获得增长的生产方式等众多问题,使得公安县传统农业逐步向现代农业发展,积极发展以绿色果蔬、特色水产、优质禽畜为重点的现代种养业。包括以葡萄、柑橘、食用菌、反季节蔬菜等为主的绿色果蔬种植业,以淡水鱼类、小龙虾、莲藕、芡实等为主的特色水产业,以生猪、蛋鸭、蛋鸡等为主的优质禽畜养殖业等。

推动特色种养业规模化、板块化发展,积极引进、推广新品种,强化科技支撑作用,大力发展农产品精细加工和生物育种业,积极发展农业观光休闲和农产品物流业,形成"农科服务平台+推广示范基地+加工销售中心"的第一、第二、第三产业联动体系。

1. 做"强"农副产品种养基地建设

深入贯彻实施全国优势农产品区域布局规划,加大产业专门化和机械化生产,增强种植业的辐射带动能力,按照"高起点规划、高标准建设、高效能管理"的要求,整合各类涉农项目集中引入重点产业基地。

2. 做"大"绿色产业

大力号召与鼓励无公害农产品、有机农产品和绿色食品生产基地建设,加强农产品产地的环境监测、农产品生产过程监督。利用高质量、绿色安全的农产品,扩大市场份额,提高农业生产的附加值。

公安县在做"大"绿色产业方面,仍有很长的路需要探索。在绿色产业发展的初始阶段,应积极组织各科研单位和相关学府的研究人员组成专门的研究机构,为"产—学—研"的发展模式提供科技支撑。大力推广建设绿色产业示范区,做好产业规划、技术开发,做强龙头企业,做精品牌、做大市场。以先进的技术开发为先导,以龙头企业带动县域绿色产业发展,打造了绿色产业强县。

3. 做"优"特色产品

近年来,公安县立足于自身的特色资源禀赋,促进"六大"特色产业快速发展,形成了以葡萄、柑橘为特色的水果产业,以香菇、双孢菇为特色的菌类产业,以立体化养殖为特色的水产业,以棉花、麻类为特色的棉麻产业,以优质绿茶为特色的茶叶产业,以金银花、魔芋、葛根为特色的中药材产业。

首先，依托本土特色资源，以本土特色、品牌经营、规模生产为取向，重点建设特色农产品生产加工基地、重点发展与扶植各类"特产之乡"，做好本土特色资源的深度开发和高效利用。树立"特色品牌"意识，保护地方名特优产品，形成规模化生产，努力把其培育成主导产业，叫响公安县名特优产品名号。

其次，鼓励县内名优特色产品"走出去"，充分利用国家、省级、市级等多级别、大范围的展销会、博览会等活动以提高知名度，扩大影响。鼓励各个企业或组织按照生态标准化、无害化的健康种养模式组织生产。

4. 做"深"农产品加工业

发挥现有农产品加工企业的潜力，鼓励积极改进技术，提升现有农产品加工企业的生产水平，努力培育新的龙头企业，实现农产品加工的跨越飞速发展，以达到拉长产业链条、提高产品附加值的目的。

（四）小结

第一，公安县农业呈现多样化发展。一是农林牧渔中的种植业地位在下降，二是各类农业生产中的少数品种地位在提升。现代农业发展专业化程度加大，特色产业板块发展迅速。

第二，发展优势农业，需要机械化、规模化和产业化的支持。公安县农业机械化程度较高，需要进一步促进规模化、机械化经营。

第三，公安县民营经济发达，吸引部分人口"离土不离乡"在本地从事非农生产，离乡外出务工人员比重下降。未来既要在县域空间尺度内加速工商业的集中布局，壮大中心城区和重点城镇人口规模，发挥规模集聚效应；也要结合当前实际，在乡镇空间尺度上发挥产业的人口吸纳作用，建设宜居小城镇。

第四，公安县农业发展要以现代农业为重点，加大科技支撑，延伸产业链条，推动特色种养业规模化、板块化、品牌化发展。

二 传统产业改造升级

（一）汽车零部件

1. 现状分析

（1）专业化程度较高，产业集群初步形成。车桥、齿轮、套管、半轴、桥铸件等主导产品生产规模较大。骨干企业产品各有侧重，错位竞争，分工明显，专业化程度较高，形成梯次结构较为合理的企业体系，产业集群初步形成。企业逐步向工业园区集中，集聚程度逐渐提高，协作效应开始显现。中国已成为第一汽车产销大国，湖北是汽车工业大省，产业发展环境较好，前景广阔。公安县交通便捷，区位较好，开展内外协作均很便利。

（2）企业弱小而分散，效益下滑。企业规模偏小，缺乏真正的龙头企业。布局较分散，协作关系不紧密。存在产品同质化现象，引发内部竞争。产业链不完善，抗风险能力弱，效益下滑明显。研发能力不强，产品多处于产业链低端，市场竞争力弱。

2. 发展方向

重组整合，扩大规模，完善产业集群，加强科技创新。推动现有企业合并重组，打造大型龙头企业。推进关联企业向产业园区集中布局，形成紧密的分工协作关系。大力引入国内外骨干企业，培育提升中小配套企业，延伸产业链条，壮大产业集群。加强与大型整车制造企业的合作，推进零部件制造向系统化、模块化发展。增加研发投入，开展产学研合作，提高技术水平，促进产品向高质、高端拓展。建立科技研发、产品检测、专业性物流等服务中心。

（二）塑料新材

1. 现状分析

（1）产业基础雄厚，龙头企业实力强大。产业总产值较大，利税总额位居各大产业之首，占比达1/3以上。龙头企业凯乐科技、索瑞电器技术水平高，市场竞争力强。已形成匹配较合理的企业梯队结构，综合实力较强。塑料制品市场占有率高，比较优势突出，主导作用明显。未来相当长时期内塑料产品市场空间仍较广阔。入选湖北省重点扶持的成长型产业集群名单，具备政策优势。

（2）产品档次较低，集群效应不明显。大多数塑料制品企业产品集中于低档次民用制品，市场地位不高，利润较微薄。产品同质化较严重，低水平竞争现象突出。除少数龙头企业外，大多数企业研发能力较弱，竞争力不强。产业链条较短，企业间联系松散，集群效益不明显。产业面临原料价格波动和运营成本上升的挑战，对环境的负面影响较大，发展持续性和稳定性不足。

2. 发展方向

深化企业间分工协作，理顺纵向供需和横向分工的关系，推动产业链向下游和旁侧延伸，开展精深加工，提高企业专业化、产业规模化水平，打造优势地区品牌。建设企业研发中心，加强与汽车、电器等行业的大型企业合作，与其建立塑料配件供货关系，重点发展工业工程塑料、特种改性塑料、复合材料、高档日用塑料制品等高附加值产品，推动产品向高端化拓展，提高市场竞争力和抗风险能力。发展塑料模具、塑料机械、塑料助剂等衍生产品，推动企业集聚，壮大产业集群。建设材料检测、技术转让、信息交流、产品展销等服务中心，增强内生发展能力。大力发展再生塑料、废旧塑料回收加工等，建立绿色循环型产业链。鼓励龙头企业应用高新技术，引进先进设备，研发市场前景广阔的环保绿色新材料、新产品，引领产业转型升级，增强持续发展能力。

（三）生物化工

1. 现状分析

（1）龙头企业竞争力强，主导产品优势突出。新生源、汉兴科技等龙头企业规模较大，研发能力较强，发展势头强劲。已形成氨基酸、石化产品、农资、建材等优势突出的主导产品，部分产品市场占有率高。生物医药属新兴产业，国家政策支持，发展潜力较大，前景较好。各类主要产品集中于产业的上、中游，产业链条拓展延伸空间广阔。农林水产、盐矿等资源丰富，产业发展具有良好资源基础。

（2）产业规模小，产业链不完善。企业数量少，总产值较低，对县域经济的支撑带动作用小。企业规模小，产品种类较少，产业链不完整。各企业经营领域差别较大，且布局散乱，难以形成分工协作关系。科技型、特色型企业偏少，研发能力薄弱，产品多处于低端，竞争力不强。企业品牌意识、市场开拓意识淡薄，营销网络不健全，发展波动性较大。盐化工基本处于空白，资源优势尚未充分发挥。

2. 发展方向

大力招商引资，外引内培，打造若干龙头企业，扩大产业整体规模。以龙头企业为依托，围绕优势突出的主导产品，拉长产业链条，培育配套的中小企业，形成大型产业集群。统筹规划，引导企业向工业园区集聚,提高整体效益。增强龙头企业创新能力,通过协作网络的渗透,引导产业集群不断升级。加快发展盐化工,使资源潜力转变为经济优势。

(四) 纺织服装

1. 现状分析

公安县是全国的重点产棉县之一,全县常年产棉4万吨以上,而且生产的棉花质量好、产量高,加上周边地区的棉花资源,优质纯棉纺织原料供应可达中国中部地区的1/3以上。经过几十年的发展,公安县已出现了如金安纺织集团、盛源棉纺、富阳纺织、泰华纺织等一批省内知名的纺织骨干企业,生产能力达到30万吨,以生产纯棉纱为主,员工素质高,技术实力强,产品竞争优势明显,营销渠道通畅。纺织行业的重点企业有湖北省金安纺织股份有限公司、湖北盛源棉纺股份有限公司、公安县荆蕊公司、公安县海玲服装厂、公安县平乐服饰公司等企业。

依托现有的原料资源优势、劳动力成本优势、基础设施配套优势、产业链发展优势,以及市场拓展优势,公安县打造荆楚纺织基地的条件已经具备。但是,整体上说,公安县的纺织服装产业仍然以棉纺织为主,服装产业几近空白,产业链条短,产品附加值低,没有形成本土的服装品牌。下一步需大力引进具有国际先进水平的技术装备,提高产品质量和档次,发展外贸产品,增强国际市场竞争力。

2. 发展方向

推广优良棉种和先进种植技术,提高棉花质量及产量。提高棉纺企业技术水平和产品质量及档次,开展深加工。借助汉兴科技等石化企业,适时引入化纤生产。抓住产业转移的机遇,引进印染、服装等大型企业,形成棉纺、织布、印染、服装产业链,打造纺织服装产业集群。充分利用下脚料,加强企业技术改造,建设三废处理设施,减轻环境负面影响,建立生态循环产业链。

(五) 林纸加工

1. 现状分析

公安县包装造纸产业以麒天纸业公司为龙头,现拥有5家规模以上企业,从业人员上千人。拥有箱板纸、涂布白板纸、生活用纸等生产线，年生产能力5万吨，年产值2亿元。主要企业有湖北省荆州麒天纸业股份有限公司、工贸合营公安造纸厂、公安县知音纸品公司、公安县真诚造纸有限公司等企业。

但是，整体上说，公安县林纸加工产业规模小，技术落后，产值低。从整个行业来看，造纸产业增长十分缓慢，形势低迷。造纸行业在低景气、低盈利的压制下，以及随着环保标准与政策执行力度的趋严，正步入转型升级的新阶段。因此，公安县造纸产业亟须提高技术含量，引进先进设备，开发高端产品，提高产品附加值，提升纸包装产品的市场竞争能力。

2. 发展方向

引入龙头企业，淘汰小规模落后产能，提高产量质量，实现规模效益。推广节水、节能、降耗的新技术、新工艺，降低污染物排放。调整产品结构，在原有生活、包装用纸基础上，提高新闻纸、印刷文化用纸、特种工业用纸等高端特色产品的比重。完善产业链条，建立木材加工、制浆造纸、印刷包装、废物利用的循环产业体系。调整原料结构，加强对稻草、棉秆、草类、麻类、杂木、废旧纸张等非木材原料的利用。

（六）农副产品加工

1. 现状分析

（1）产业规模大，资源条件好。农副产品加工业是公安县企业数量最多，工业总产值最高的产业，规模以上企业达43家，产业基础雄厚。产品门类众多，覆盖领域较宽广，集群效应初步显现。地区品牌初步形成，市场拓展前景广阔。公安县农、林、畜禽、水产以及劳动力资源非常丰富，产业发展潜力巨大。农业产业化、现代化方兴未艾，国家和省内支持力度大，产业发展具有良好的政策环境。

（2）企业小弱散，加工深度低。除中粮粮油等少数企业外，大部分企业规模小，带动作用有限。企业布局分散，联系不紧密，未能充分发挥集聚规模效益。以初级加工为主，产业链条短，科技含量和资源综合利用率低，产品附加值和综合经济效益低下。农产品市场体系不健全，企业与农户联系松散，双方抵御市场风险和自然风险的能力低。生产标准化水平低，品牌建设滞后，产品同质化严重，市场空间拓展不足。

2. 发展方向

(1) 发展精深加工,延伸产业链条,壮大企业规模,加强品牌建设。通过引入高技术农业加工企业,加大新技术、新设备投入等措施,发展农产品精深加工,提高产品附加值。研发生产衍生产品,延伸产业链条,建立农业加工园区,打造协作紧密的农产品加工产业集群。壮大企业规模,推进标准化、系列化生产,加强品牌和市场体系建设,提高市场占有率和竞争力。开展订单化、标准化种养,与农户建立紧密协作关系,推进农业产业化经营。开展废物加工,提高资源利用率和农业综合效益,打造绿色、循环型产业体系。

(2) 粮油加工:开展深加工,推进产业化。引进龙头企业,促进本地企业兼并重组,扩大单位生产规模,增强市场竞争力。延伸产业链,开展精深加工,实现产品的特色化、系列化,形成高、中、低兼备的产品结构,满足多样性市场需求。促进农企对接,建设标准化原料基地,实现种植、加工、销售一条龙,提高市场化组织程度。加强营销渠道建设,打造强势品牌。充分利用加工副产品,实现废物利用。

(七) 畜禽、水产养殖加工

1. 现状分析

公安县水域面积广阔,农区畜牧资源丰富,有着良好的资源优势和产业基础,禽畜养殖加工方面,以生猪、蛋鸡、蛋鸭等的养殖和畜禽产品深加工为重点,形成了荆州合盛畜牧业有限公司、荆州良友畜牧业有限公司、湖北双港畜禽养殖加工有限公司等代表性企业。水产养殖加工方面,以家鱼、鳝鱼、鳖、小龙虾的养殖和水产品加工等为重点,采用"18221"模式、网箱养鳝、鱼鳖混养、鳜鱼专养、小龙虾野生寄养以及名特套养等模式,形成了"18221"面积1万亩,网箱养鳝30万口,鱼鳖混养5万亩。全县已建成水产板块面积15.8万亩,其中标准化生态健康养殖示范基地3.5万亩。

公安县的禽畜和水产养殖已形成一定的规模,产业基础较好,但是仍以养殖为主,加工环节薄弱,尤其是禽畜、水产品的深加工不足,没有形成自己叫响全国或者区域性的品牌。下一步,在不断扩大养殖规模、丰富产品类型的同时，要更加注重禽畜和水产品的深加工环节，一方面培育壮大本土养殖企业，另一方面引进行业领先的大型龙头企业，不断地拓展产品价值链，做大禽畜和水产养殖加工产业集群。

2. 发展方向

培育养殖大户，扩大单位养殖规模，实行专业化、标准化、企业化经营。发展观光休闲渔业，建立生态养护区，实现经济、生态等多种效益统一。围绕猪肉、禽蛋和淡水鱼、小龙虾、莲藕等水产品，开展精深加工，生产肉制品、风味休闲食品、保健品等高附加值产品，提高产品附加值。发展饲料、设备、技术咨询、仓储、物流等配套服务业，建立产供销一体的产业化经营模式。加强品牌及营销渠道的建设，拓展稳定的市场空间。

(八) 小结

公安县需要改造升级的产业包括汽车零部件、塑料建材、生物化工、纺织服装、林纸加工、农副产品加工、禽畜和水产养殖加工等，这些产业已经有了较好的基础，下一步需拓宽链条，不断提升产品的技术含量和附加值。各传统产业改造升级方向如下。

汽车零部件产业需要重组整合，扩大规模，完善产业集群，加强科技创新；塑料建材产业需要分工协作，壮大规模，加强研发，提升层次，打造集群，绿色发展；生物化工产业需要壮大企业规模，完善产业链条，增强科技创新，推进集聚发展；纺织服装产业需要推进深加工，延伸产业链；林纸加工产业需要打造大型企业，推广先进工艺，拉长产业链条；农副产品加工产业发展精深加工，延伸产业链条，壮大企业规模，加强品牌建设；禽畜和水产养殖加工产业实行产业化经营，推进精深加工。

三 新兴产业发展培育

(一) 精细化工产业

1. 新型煤化工

当前，原油、天然气等国际能源价格出现了大幅上涨现象，而煤炭价格涨幅相对较小，与石油、天然气的价差不断扩大。煤炭和原油价格表现的差异，使得以煤炭作为原材料的成本优势得到提升，煤化工的经济性逐渐显现。同时，我国"富煤、贫油、少气"的资源禀赋决定了煤炭在我国一次能源消费结构中占有基础性的地位，而这种独特的能源结构也进一步提升了发展煤化工的必然性。

作为我国能源体系的补充，煤化工产品需求量大。尚普咨询发布的《2013—2017年中国煤化工市场调查报告》显示：未来几年里我国煤化工产业产能年化增长率将超过30%，将撬动万亿化工工程及设备市场，产能建设完成后将极大地改变煤炭需求结构，预估到2020年产能煤炭需求将达到3.6亿吨，需求占比接近10%。

根据产业的成熟情况，煤化工可以分为传统煤化工和新型煤化工。传统煤化工主要包括煤焦化、电石乙炔和合成氨三大产业链，下游主要为钢铁、房地产和农业等。我国传统煤化工发展较早，目前已经是全球最大的煤化工生产国。由于重复建设严重，加上上下游需求的不景气，当前我国传统煤化工产品产能整体表现为过剩，未来需经过漫长的整合和淘汰落后产品的过程，发展前景不大。

相反，随着环境问题的加剧和环保措施的收紧，煤炭的清洁利用将是未来发展的重点方向。以煤制气、煤制油为代表的新型煤化工，是煤炭清洁利用的重要手段，随着相关技术的逐渐成熟，新型煤化工将加速发展。而且作为化工产业的重要原料，其发展受到国家政策的支持力度大。新型煤化工主要包括煤制油、烯烃、天然气、乙二醇和醇醚（甲醇、二甲醚）几种产品。其中，除二甲醚需求前景不够明朗之外，绝大多数的新型煤化工产品对外依存度都比较高，成本优势明显，市场空间十分广阔，是未来的发展方向。

作为继大秦线之后国内又一条超长距离的运煤大通道，蒙华铁路的修建将给公安县带来靠近煤源的优势，紧邻长江的区位又使公安县兼具水源优势，公安县所在的荆州地区又是湖北省重点打造的煤炭能源储备基地。靠煤、近水和政策扶持赋予了公安县发展新型煤化工以巨大潜力。未来公安县可依托荆州在北煤南运大通道——蒙华铁路中的重要节点作用，充分利用紧邻江陵煤炭储配基地的地缘优势，大力发展新型煤化工，与江陵合力打造荆州煤及煤化工产业集群。重点发展方向是煤制乙二醇、煤制芳烃、煤制天然气、煤制烯烃、煤制油等。

2. 精细生物化工（氨基酸产业）

氨基酸产业在国际上被称为"万岁产业"，产品需求量大、价格贵。据研究，氨基酸产品的全球需求量已经达到100多万吨，并且世界氨基酸行业在以超过4.7%的速度增长，而中国更是以超过7%的速度增长。随着世界氨基酸需求量的扩大和氨基酸应用领域的开发成熟，氨基酸行业将会存在巨大的商机和广阔的发展前景。

当前，氨基酸行业发展出现一些新的趋势：一方面，生产技术较成熟且门槛较低的产品在大量扩产，其最终的结果是大量中小企业倒闭、出局，只剩下一些规模较大的企业；另一方面，生产技术要求较高的产品则供不应求，各类氨基酸衍生物的不断涌现使氨基酸的应用领域进一步扩张，并给想进入氨基酸行业的企业带来商业机会。

在我国，氨基酸产业发展速度很快，已经成为氨基酸产品的"世界工厂"，但与日本、德国、法国、荷兰等国家相比，我国氨基酸行业技术水平依然落后，新产品、新技术、新工艺的创新和转化能力弱，许多产品还得依靠国外进口。相反，我国各类氨基酸产品尤其是药用氨基酸及其衍生物的需求量很大，因此国内氨基酸行业发展潜力很大。

公安县的氨基酸产业已经有了一定的基础和实力，且形成新生源等龙头企业，但现有氨基酸产业仍以传统的蛋白质氨基酸为主。因此，下一步须向非蛋白质氨基酸、氨基酸衍生物及短肽类等现代化、精细化的氨基酸产品转型，以医药、食品、饲料用氨基酸等为主体，构建精细生物化工产业集群。

从全球范围来看，饲料添加剂是全球最大的氨基酸市场，饲料添加剂市场的最新动向就是采用低蛋白、高氨基酸、高能量的饲料，用必需氨基酸（尤其是蛋氨酸和赖氨酸）作为补充饲料，为禽业和养猪业带来巨大生产效益。食品工业方面，氨基酸衍生物已广泛用作食品调味剂、添加剂和抗氧防腐剂。我国养殖、畜牧业对饲料需求量巨大，又是食品产业大国，公安县可利用现有的氨基酸产业基础，做大做强以饲用、食用等大宗非药用氨基酸产业。

在医药方面，氨基酸衍生物广泛用于治疗药、外科材料、抗生素、抗菌增效剂等医药产品，无论在治疗肝性疾病、心血管疾病，还是溃疡病、神经系统疾病、消炎、抗肿瘤等方面都已广泛使用，用于治疗的氨基酸衍生物不下数百种。医药用氨基酸是目前中国氨基酸生产的"瓶颈"，也是未来发展最具有潜力的产业。公安县在医药用氨基酸领域已经有一定的基础，将来可以医药用氨基酸衍生物和氨基酸输液为重点，开展氨基酸的深层次加工和新产品开发。

（二）生物质能产业

生物质能是唯一可以直接大规模生产固体、液体、气体能源的可再生资源。我国有着丰富的生物质资源，包括各类有机废弃物、生物质原料植物以及利用边际性土地种植的能源植物等。目前，每年可利用的生物质资源量约折合7亿吨标准煤，包括作物秸秆、畜禽粪便、农产品加工废弃物、林产加工废弃物和生活垃圾等。根据原料的资源竞争性，当前实际可用于能源开发的资源量约合3.5亿吨标准煤，未来通过技术进步，以及规模化开发能源植物，可用于能源开发的生物质资源量约合10亿吨标准煤。

发展方向：以作物秸秆、城乡生活垃圾、禽畜粪便、林木生物质、工业有机废物等为原料，发展以生物燃料、生物质发电为重点的生物质能产业。

发展重点：生物液体燃料（以淀粉质和糖质作物为原料生产燃料乙醇，以油料作物、动物油脂、餐饮垃圾油等为原料，生产生物柴油），生物质燃气（结合种植业和养殖业，推动沼气的标准化生产），生物质成型燃料（使用生物质成型燃料技术使松散的生物质原料压缩成易于运输和储存的成型燃料），生物质发电（生物质直燃发电、生物质—煤混燃发电、生物质气化发电等）。

（三）再生资源产业

为应对天然资源的日益枯竭、自然环境的不断恶化，大力发展循环经济已经上升到我国国家战略层面。再生资源产业则是循环经济模式中极为关键的一环，是静脉经济的最重要支撑，负担着将各种有价废弃资源输送回社会生产活动的"静脉输血"职能，其重要作用无可替代。大力发展再生资源产业具有现实的必要性和紧迫性，有利于解决我国经济发展与资源约束、环境保护以及产业结构升级之间的矛盾。再生资源产业完全符合国家节能减排政策和低碳经济的发展原则，在产生经济效益的同时，能发挥巨大的社会效应功能。作为一个新兴的"老行业"，再生资源产业在节能环保、循环经济的时代背景下具有广阔的发展前景。

我国再生资源回收利用的种类，除传统的废钢铁、废有色金属以外，回收范围和种类已经逐步向废塑料、废纸、废玻璃等非金属再生资源方向发展。同时，随着我国近十几年来电子产品、汽车和大型机电设备的广泛使用，废旧电子产品、报废汽车船舶和机电设备等，成为再生资源发展的新方向。公安县可依托其强大的车桥汽配产业，进行汽车零部件和机电产品的回收和再制造，同时兼顾塑料、钢材、纺织品、纸制品等大宗固体废物的回收和综合利用产业，发展再生资源产业。通过建设标准化的回收网络、集散交易中转中心、综合利用处理中心等，构建现代再生资源回收利用体系，建立起回收、利用、处理三者有机结合的产业链，推动再生资源回收利用的产业化。

(四) 文化旅游产业

公安县是一个传统上的农业县，旅游业发展相对滞后，旅游资源数量较多、类型多样，但品质高的旅游资源较少，有一定垄断性的旅游资源及其缺乏，并且旅游资源分布零散，地域组合不好。南北双闸、三袁文化、分洪文化、黄山头等是公安县为数不多的高品质旅游资源。公安县旅游产业亟须找准定位，加速发展，未来应以分洪文化游、农业观光游、山地休闲游、历史文化游为主题，丰富产品内容，拉长旅游产业链条。

公安县的荆江分洪抗洪文化在国内可以说是独一无二的。将来可依托有较强影响力的荆江水利分洪工程（南闸、北闸）、分洪区等境内景观资源和浓厚的荆江抗洪分洪等文化资源，加强宣传，做实内容，培植品牌，做大分洪文化游。

依托埠河镇葡萄、金秋农科园等实体，以特色农业生产景观、加工工艺和产品体验等为重点，开展农业观光、休闲、度假和体验游。依托公安县境内丰富的果园、苗圃、花丛、菜地等景观，积极发展"吃农家饭、住农家屋、干农家活、享农家乐"的乡村休闲游。

表4-6　　　　　　　　公安县旅游资源分级

优良旅游资源	五级旅游资源	北闸、南闸、三袁历史文化
	四级旅游资源	金秋农业科技园、忠济寺、车胤囊萤、黄山头森林公园、卷桥水库、袁宏道墓、王竹溪纪念馆、王竹溪纪念馆
	三级旅游资源	北闸度假村、三袁广场、油江园、天池乐园、烈士陵园、玉湖农家乐、南平文庙、洞观寺、恒源盆景园、杜息亭、胡颚公寡妇台、鸡鸣城遗址、新石器遗址、陈守岗遗址、刘璋墓、章回寺庙、淤泥湖、炊皮山汉墓群
普通旅游资源	二级旅游资源	未列出
	一级旅游资源	未列出
	未获级旅游资源	未列出

紧抓国内"小康旅游"热不断上升的机遇，以黄山头、卷桥水库、牛奶湖、淤泥湖、玉湖、崇湖等为重点，挖掘山体、河流、湖泊等自然景观资源，做好水乡文章，充实游客旅游经历，开展山水游乐、山水运动、汽车营地等生态休闲游。

以"三袁"、车胤、王竹溪、廖仲周等历史人物以及南平文庙、忠济寺、鸡鸣城遗址等人文景观为中心，整合公安县境内丰富多样的人文资源，加快各类人文景区的开发和宣传，开展历史文化游。

（五）物流商贸产业

现代物流业是21世纪发展最为迅速的产业之一，我国经济的持续稳定增长为物流业带来了巨大的潜在市场，现代物流业将成为中国经济发展的重要产业和新的经济增长点。公安县区位优越，交通发达，有"七省孔道"之称，而长江航运水道的开发和蒙华煤运铁路的建设为公安县物流商贸产业的发展提供了强有力的支撑。

发展方向和重点：依托闯将黄金水道、蒙西—华中铁路、二广高速、江南高速、207国道等过境交通以及湘鄂交界的独特区位优势，充分利用国家"北煤南运"、湖北长江经济带新一轮开放开发和湘鄂边界区域经济崛起带来的重大机遇，突出货运服务功能，以煤炭、汽配、农产品、再生资源等的集散、转运、配送业为重点，加大物流产业基础设施建设力度，加快重要物流节点的规划布局，大力发展仓储、港站、物料采运、统一配送、连锁经营、产品分包运销以及各类专业批发市场等物流商贸产业。

（六）科技研发产业

瞄准汽车及其零配件、智能制造装备、精细化工产业、新型轻合金材料、生物质能、果蔬水产育种等前沿技术的研究，以汽配新产品、新技术、新工艺，氨基酸发酵技术，新型轻合金材料应用技术，特色果蔬、水产育种，生物质燃料和发电技术等为重点，积极开展与武汉、荆州、宜昌等周边城市科技研发力量的合作，推动企业、科研机构和高校联合建立研发机构，加快科技人才、科技企业的引进，加强孵化加速器、配套实验室等研发基础设施的建设，构建科技研发服务体系。同时优化研发机制，为自主创新和研发提供制度保障，形成高效研发基地，实现科技创意的产业化、重点产业的创意化、产业创意的互动化。

智能制造装备方向：围绕感知、决策和执行等智能功能的实现，针对测控装置、部件和重大智能制造成套装备的开发和应用，突破新型传感原理和工艺、高精度运动控制、高可靠智能控制、工业通信网络安全、健康维护诊断等一批共性、基础关键智能技术，为实现制造装备和制造过程的智能化提供技术支撑。

氨基酸发酵技术：加大拥有自主知识产权的新型氨基酸产品的开发，推动新兴产品的产业化、氨基酸发酵装备的自动化和国产化，不断提高生产工艺及技术水平，突破关键技术，加强和提升自主创新能力的建设。开展新型工程菌、新型酶制剂、氨基酸、寡糖和生物基材料、生物质纤维、非粮发酵、绿色生物工艺过程的产业化示范及应用，不断提升生物制造产业技术水平。

新型轻合金材料应用技术：发展高洁净、高均匀性合金冶炼和凝固技术，大规格铸锭均质化半连铸技术，大型材等温挤压、拉伸与校正技术，复杂锻件等温模锻、铝合金板材新型轧制、中厚板（80—200毫米）固熔淬火、预拉伸与多级时效技术，高性能铸造镁合金及高强韧变形镁合金制备，低成本镁合金大型型材和宽幅板材加工、腐蚀控制及防护技术，钛合金冷床炉熔炼、15吨以上铸锭加工、2吨以上模锻件锻压、型材挤压、异型管棒丝材成型和残料回收技术。

生物质能方向：在生物质燃气方面，开发生物质燃气高效制备及综合利用技术，重点突破高浓度、混合燃料的湿发酵、干发酵技术，以及燃气净化和高热值化转化技术，研发大功率生物质燃气发电机组；在生物液体燃料方面，重点突破木质纤维素生产乙醇等石油替代燃料，以多种原料生产生物柴油和航空生物燃料的关键技术，掌握清洁高效生产技术。

（七）小结

根据各类新兴产业的行业现状、政策背景和公安县资源基础，提出公安县适宜发展的重点新兴产业包括精细化工产业、智能制造装备、新型材料产业、生物质能产业、再生资源产业、文化旅游产业、物流商贸产业、科技研发产业等。

精细化工产业包括新型煤化工和精细生物化工，随着蒙华铁路的修建，公安县发展新型煤化工的优势逐渐凸显。利用现有产业基础，发展以氨基酸产业为重点的精细生物化工产业有着广阔的发展前景。

智能制造装备产业是国家重点支持的战略性新兴产业之一，利用现有的车桥汽配产业基础，发展智能制造装备产业大有可为。

新型材料产业包括新型轻合金产业和生态建材产业，新型轻合金材料可广泛应用于汽车和机械装备领域，发展新型轻合金产业能给公安县和湖北省的汽车和装备制造产业提供支撑；而公安县依托塑料管材产业，发展生态建材的基础好。

生物质能是一种十分重要的新能源，公安县发展生物质能产业前景看好。

再生资源产业，提出以汽车零部件及机电产品再制造为重点，兼顾大宗固体废物综合利用，做大再生资源产业集群。

文化旅游产业，以分洪文化游、农业观光游、山地休闲游、历史文化游为主题，丰富产品内容，拉长旅游产业链条。

旅游商贸产业，以煤炭、汽配、农产品、再生资源等的集散、转运、配送业为重点，突出货运服务功能。

科技研发产业，以汽车配件及智能制造装备核心技术、氨基酸发酵技术、生物质能利用技术、新型轻合金技术等为重点，打造高效研发基地。

第五节 产业空间布局

一 农业布局

公安县是传统的农业大县，农业布局的调整主要是把零散的农业板块整合成为规模化农业板块，以更好地进行专业化发展。通过布局调整，公安县形成"一中心、三板块、五基地"的格局。

埠河农业科技创新与现代化发展示范中心——位于埠河镇，北部隔江紧邻荆州市区，以金秋农科园等为中心，以特色果蔬、水产育种等的技术创新和示范推广为重点，强化农业科技和人才支撑，加快农业新品种、新技术的转化应用，构建区域性的农业科技创新体系。

北部都市特色农业发展区：以县域北部的斗湖堤、杨家厂、麻豪口、埠河镇为中心，主打"菜篮子"工程，以蔬菜水果、肉蛋奶、水产品等鲜活农产品的标准化生产为重点，扩大"菜篮子"产品生产基地规模，满足荆州市区、公安县城、重点乡镇居民的日常需求。

中部粮棉油规模化种植区：以县域中部的毛家港、斑竹垱、狮子口、夹竹园、闸口镇为中心，以粮棉油糖的生产为重点，稳定粮食播种面积，优化品种结构，提高单产和品质，加强生产能力建设，保证国家粮食安全。

南部水产畜禽生态养殖区：以公安县域南部的章庄铺、南平镇、孟家溪、章田寺、甘家厂、藕池镇、黄山头为中心，利用丰富的湖泊、河流等水域，加快实施水产、禽畜良种工程，发展特色水产禽畜的规模化养殖产业，满足公安县及周边区域市场的需求。

特色林果基地：以天心眼、凤凰等为中心，打造特色林果产业基地。

特色水产基地：以北湖、新桥、中伏桥等为中心，打造特色水产养殖基地。

特色畜禽基地：以积玉、福利、榨岭等为中心，打造特色禽畜养殖基地。

特色蔬菜基地：以城乡、荆丰、油江村等为中心，打造特色蔬菜种植基地。

特色种苗基地：以青华寺、幸福村等为中心，打造特色种苗产业基地。

埠河农业科技创新与现代化发展示范中心以生态观光农业和葡萄、柑橘特色种植业为基础，以科技创新为带动力量，是面向都市农业创新发展的集中展示。整合优质中稻核心示范区、优质棉核心示范区、优质油菜核心示范区三个粮棉油示范区形成中部粮棉油规模化种植区；整合麻豪口、杨家厂镇无公害专业蔬菜基地，埠河优质葡萄生产基地等形成北部都市特色农业发展区；整合藕池、夹竹园、斑竹垱镇水禽养殖小区，崇湖渔场等形成南边水产畜禽生态养殖区。五大基地分别立足于自身资源特色和产业基础，旨在进一步强化产业优势，提高产业带动力。

二 工业布局

根据《全国主体功能区规划》，工业的发展与城镇建设的布局，必须要向资源环境承载力相对较强的城镇进行集中布局，实行据点式的开发，禁止连片蔓延式的扩张。原则上不允许扩大现有的工业开发园区的面积，也不再批准新建各类工业园、开发区。已经建设的开发的工业园、开发区应逐步改造成"零污染、低消耗、低排放、可循环"的生态型工业区。结合当地生态环境与发展基础，公安县工业布局调整为"四园八集群"的格局。

青吉工业园：是公安县经济技术开发区的主体，作为公安县域工业的核心集聚区。未来以精细化工产业、新型材料产业、职能制造装备产业、生物质能产业等为重点，打造四大产业集群——精细化工产业集群、智能制造装备产业集群、新型材料产业集群和生物质能产业集群。

孱陵工业园：是公安县经济技术开发区的主体，作为公安县域工业的核心集聚区。未来以汽车零部件产业、纺织服装产业等为重点，打造汽车零部件产业集群和纺织服装产业集群。

南平工业园：位于南平镇，作为公安县重点发展的乡镇工业园，以汽车零部件和机电产品的回收及在制造、大宗固体废物的回收和综合利用为重点，打造再生资源产业集群。

江南新区产业园：位于埠河镇，以农产品的精细加工产业为重点，打造农产品精深加工产业集群。

屠陵工业园建园比较早，园区内已经形成了汽车零部件制造和纺织服装产业两大集群。基础设施配套齐全，靠近主要交通干道，并且位于生态一般敏感区，适于汽车零部件和纺织服装量大产业集群的发展。因此，屠陵工业园今后的发展方向是加大这两大产业集群的升级改造。纺织服装产业要进一步加强与其他产业的横向联系，形成以纺织、服装为中心，与棉花种植、食用油加工、池塘养鱼、沼气利用、食用菌种植、建筑材料等相关产业共同发展的循环纺织产业园区。汽车零部件产业集群发展要积极转变发展思路，一方面积极做大做强汽车零部件的制造，积极与荆州、武汉大型整车装备企业形成配套；另一方面以汽车零部件等机械产品再制造为基础，推进资源再生产业的发展。

青吉工业园建园时间较晚，招商引资工作还在继续，近年来不少企业陆续落户青吉工业园。科学的规划使得青吉工业园基础设施配套较好，布局合理，充分体现了资源节约、环境友好的清洁生产、循环高效的发展理念。便捷的交通网络、港口的兴起、大片适宜工业生产建设的土地，使得青吉工业园拥有广阔的发展空间。因此，青吉工业园内主要布局公安县的重点发展产业——精细化工、智能装备制造业、新型材料、生物质能等新兴产业和先进制造业。

南平工业园由于距离苏支河、松滋河东支及其周边的生态重度敏感区较近，严重制约了工业园的发展空间。因此，南平工业园在原有的产业基础上进行转型，主要发展循环无害化的生态工业，形成再生资源产业集群，原则上不再扩大工业园区的范围。要严格监督工业园区的"三废"排放，保护周围的生态环境。

江南新区产业园以葡萄、柑橘种植为基础，依托优越的交通区位和产业政策的扶植，面向临近的城市，大力发展生态观光农业和农产品深精加工。

三　旅游业布局

公安县旅游业将呈现"一心、两带、三区"的布局。

公安县整体地域面积适中，各旅游资源所在地与县城中心的通达性较好。斗湖堤镇是县政府所在地，同时也是公安县政治、文化、金融、服务中心，基础设施完善，公共服务体系健全，在全县范围内第三产业比其他地区发展较好。因此，应集约化使用公共服务资源，提高公共服务资源的利用效率，将旅游服务中心设置在县城中心斗湖堤镇。

"两带""三区"的布局体现了对旅游资源的深度挖掘，而且无论是在旅游资源的自然属性还是文化价值方面，都充分体现了对生态环境保护的重视。生态环境极度敏感的黄山林场及其周边、卷桥水库和淤泥湖及其周边地区采取了面状的游览区保护模式，而不是采取点状开发，扩大了游客承载力。

斗湖堤旅游集散服务中心：在斗湖堤镇建设旅游集散服务中心，作为公安县及周边区域的游客集散基地，并提供景区信息、实施交通、天气预报、咨询讲解、餐饮住宿等服务。

长江旅游带：依托原有县道开展沿江自行车骑行旅游，绿化江岸、增设游船、新建旅游码头、开发水上旅游观光和垂钓。

虎渡河旅游带：整治河道、绿化河岸、增设游船、新建旅游码头、开发水上旅游观光。

江南新村城郊休闲旅游区：加强公路和步游道等设施的建设，根据旅游发展需要，建立相应规模的停车场、房屋建筑，以及农业观光、垂钓休闲等设施。

黄山头一镇跨两省游览区：加强省际公路等设施建设，加大旅游宣传，旅游产品设计中多考虑游客偏好，了解游客需求。

南部美丽水乡风情游览区：退耕还湖、疏浚河道、湖道、绿化河湖岸，增设游船，开发水上观光旅游，生产有特色的水产品，房屋建筑体现水乡特色。

四 小结

根据公安县各类产业的发展现状和发展趋势，按照园区化、集群化的原则，提出农业、工业和旅游业发展的空间布局。

其中，农业布局的调整主要是把零散的农业板块整合成为规模化农业板块，以更好地进行专业化发展，通过布局调整形成"一中心、三板块、五基地"的格局；按照"集约、高效"的原则，结合当地生态环境与发展基础，公安县工业布局调整为"四园八集群"的格局；统筹考虑公安县各旅游板块旅游业的发展态势，深度挖掘旅游资源，兼顾生态环境保护的要求，提出旅游业形成"一心、两带、三区"的格局。

第五章　宜都市：内陆工业强县的结构优化

第一节　宜都市产业发展现状和机遇

一　宜都市产业发展面临的机遇

宜都市位于湖北省西南部，处于长江中上游地区、鄂西山区向江汉平原过渡地带，市区濒临长江、清江，两江横贯全境，水陆交通方便，素有"荆宜要冲，川鄂咽喉"之称。东与枝江市及宜昌市隔江相望，东南与松滋市相连，西南与五峰县毗邻，西北与长阳县、宜昌市点军区接壤，是湖北省重要的工业基地和交通枢纽型城市。目前宜都市产业与经济面临多重战略机遇。

（一）国家层面：发展新兴产业、"中部崛起"战略

国家在2004年提出了"中部崛起"的战略措施，湖北省是中部地区的一个大省，宜都市排名湖北省县域经济第二名，同时又紧邻长江，是长江经济带中的战略节点。经济基础、区位条件都具有先天优势，因此，在中部崛起战略中，可以更好地利用长江经济带形成契机，在经济发展、社会保障和生态涵养等全方位抓住利好政策，加强区域协作，使市域社会、经济、生态全面发展，再上新台阶，成为中部地区的先进典范。中部崛起战略的实施不仅给中部地区经济发展营造了良好的环境，而且给中部地区在制度设计、资金投入、项目安排等方面带来了机遇。宜都市要加快与东部地区，特别是长三角地区的战略合作，结合宜都市产业优势，主动对接，高效对接，实现优势互补。

(二) 湖北层面:"一带两圈"战略

湖北省政府审时度势,提出了由武汉城市圈、鄂西生态文化旅游圈和长江经济带构成的"一带两圈"的总体发展战略,提出了努力建成促进中部地区崛起重要战略支点的目标。"一带两圈"是促进湖北省未来发展的战略框架,标志着湖北经济发展由"重点突破"向"多点支撑、协调共进"转变。对于同时处在长江经济带和鄂西生态文化旅游圈的宜都市来说,就是要如何抓住机遇,推动发力点,加快新型工业化的步伐。宜都市的发展进程就是湖北省西部内陆地区传统农业区域探索新型工业化路径的缩影,湖北省围绕"一带两圈"战略,推进绿色增长的县级市示范区。

宜都市应积极对接省里的战略部署,充分利用省里的资金、政策倾斜,加大吸引外资的力度和水平,优化产业布局,提升产业竞争力,破解交通、体制、机制等"瓶颈"障碍,积极融入"一带两圈"战略建设,充分利用自身优势和政策优势,推进经济社会协调发展。加快进位赶超,强化在湖北的地位,在全省率先进入全国"百强",率先实现全面小康,基本实现城乡一体化。

(三) 宜昌市域层面:构建"一心、一带、一区、多点"的空间发展格局

宜昌市将构建"一心、一带、一区、多点"的空间发展格局,形成较为完善的心、带、区、点的城镇体系,总体上呈现为沿江放射的空间发展形态。宜都市属于"一带"——长江城镇聚合带中的下游沿江产业区。同时,宜都市城区也是"一区"——宜昌都市区的重要组成部分。未来宜都市要抓住机遇,积极与宜昌市对接,承接省域副中心的辐射。依托优越的交通、能源及自然等资源优势,在发展空间上与宜昌市形成了地缘集合关系,而在经济产业上形成了良好的互动关系,未来将成为"省域副中心城市"经济、产业、人口、资金、信息向外辐射的重要节点。

二 第一产业发展现状

(一) 以种养业为主发展第一产业

宜都市是属于鄂西南山区向江汉平原的过渡地带,是一个山地、丘陵、平原兼有的地貌类型,农、林、牧资源比较丰富。加之地处亚

热带，气候温和，雨量充沛，光照时间长，适宜林、畜、特产品的发展。"十五"期间，在粮食产量稳定的基础上，初步形成了水果、畜牧、蔬菜、茶叶、水产品五大主导产业，发挥了农业资源优势。

近年来，宜都市第一产业中农、林、牧、副、渔业的产值都稳步提高，2011年完成农业总产值448398万元，增长39.9%。在农业总产值中，种植业204945万元，增长46.6%；林业3492万元，增长20.1%；牧业191773万元，增长31.0%；渔业39393万元，增长28.3%；农业服务业8795万元，是2010年的13.9倍。可见，种植业和牧业增长较快，具有较大的发展潜力。2006年至今，第一产业中农、林、牧、副、渔业的比重较为稳定，各产业比重变化不大，第一产业总体持续健康稳定发展；2011年，农、林、牧、渔业及农业服务业在农业总产值中的比重分别为45.7%、0.8%、42.8%、8.8%、1.9%，农业（种植业）、畜牧业（养殖）占总产值的比重最大，接近总产值的90%，说明宜都市第一产业以种养业为主，当然，这种产业格局与宜都市的自然条件密不可分，但宜都市在继续做大做强种养业的同时，也要注重第一产业其他产业的发展，尤其是一些污染少、效应好且发展空间较大的产业，可重点扶持发展，从而实现第一产业的可持续发展。

2001—2011年，宜都市水果产量增幅较大，粮食产量比重逐渐下降，可见，宜都市柑橘种植业具备较好的发展前景，未来宜都市需要继续加强水果种植业的发展，延伸产业链条，发展成为"种植—生产—加工—销售"一条龙经济。

（二）特色农产品发展初具规模

依托优良的农业资源，立足本地优势，宜都市全面加快特色产业基地建设，打造了众多的特色农产品，形成了30.9万亩柑橘、9.2万亩茶叶、出栏生猪76万头和4.7万亩水产养殖面积的特色板块规模。2011年，宜都市农业特色产业产值占农业总产值的82.5%。2011年，宜都市级农业龙头企业发展到64家，其中国家级1家、省级6家，新增农民专业合作社96家，4个乡镇跨入全省百强乡镇行列，3个乡镇财政收入突破亿元大关，农民人均纯收入达到9151元，增长18%。另外，宜都市打造出了一批品质好、规模大、效益高的名牌农产品。

全市拥有农产品注册商标75件，形成了宜都蜜橘、丰岛罐头、天然富锌茶、土老憨食品、清江鱼、天峡鲟等一批精品名牌，拥有中国驰名商标2个、地理标志登记保护产品2个、省著名商标5个、省名牌产品14个。宜都市被省政府命名为"农业水果专业大县"，并跻身"全国柑橘产业二十强县（市）"和"重点产茶县（市）"行列；被评为全国第二批生猪调出大县，被省农业厅授予全省畜牧大县创建工作先进单位称号。

在空间分布上，柑橘、茶叶、生猪养殖等都广泛分布于宜都市各乡镇。水产业成为红花套镇和五眼泉镇的主要产业。桑蚕、粮油和蔬菜等产业主要分布在五眼泉、松木坪镇和陆城等。可见，宜都市各类特色农产品都发展迅速且分布广泛，这样的分布格局有利于第一产业的持续发展。

（三）都市农业发展迅速

"都市农业"的概念，是20世纪五六十年代由美国的一些经济学家首先提出来的。都市农业是指地处都市及其延伸地带，紧密依托并服务于都市的农业。它是大都市中、都市郊区和大都市经济圈以内，以适应现代化都市生存与发展需要而形成的现代农业。

宜都市近年来着力转变农业发展方式，加快发展现代农业，根据区位特点及市场需求，因地制宜地确定发展都市农业。各乡镇的蔬菜、禽蛋和生猪养殖等都快速发展，产量不断提高，2011年陆城、枝城的蔬菜产量分别达到了54152吨和25546吨，生猪出栏分别达到97793头和171129头，禽蛋产量分别为681吨和1003吨，在全市所有乡镇中位居前列，可见陆城、枝城都市农业规模最大，也反映城郊农业结构转变较为明显；2007—2011年，五眼泉和王家畈的蔬菜年增长率分别为32.1%和22.9%，位居全市前列，生猪出栏年增长率最高的为红花套，禽蛋产量增长最快的为高坝洲，达到了15.4%。可见，高坝洲、五眼泉、红花套等外围乡镇都市农业发展速度较快，显示随着中心城镇的扩展，都市农业在逐渐向外围转移。

总体来说，宜都市现代农业、都市农业发展态势良好，偏城郊发展并逐步向外围扩散，体现了"城郊合一""农游合一"的基本特点和发展方向，充分利用了农业资源，促进农业结构优化调整，使农业生产效益不断提高，全面提高了农业综合生产能力，推动了农业农村经济持续健康发展。

（四）农业合作社蓬勃发展

宜都市是全省率先发展农业专业合作社的县市之一，在全省居于领先地位。农业专业合作社的发展整合了农村生产资源，有效地避免了农民个体生产与市场经济需求上的信息不对称，促进了农民增收。宜都市农业合作社不断完善运行机制，规范生产经营行为，全面提高了合作组织带领农民致富能力，提高了农民的组织化程度。2011年，全市农民专业合作社迅速发展到258家，拥有社员3.3万户，网络带动农户8.1万户，辐射全市农业支柱产业达到45万亩，完成交易总额4.89亿元，会员户收入平均高出非会员户20%以上。

在空间分布上，合作社在宜都市各乡镇都有分布，以红花套、枝城和高坝洲数量最多；合作社产业覆盖柑橘、茶叶、畜禽、水产、粮油等各类农业生产类型，其中柑橘和茶叶产业合作社数量较多，可见合作社在推动宜都市优势产业中发挥了重要作用，未来要继续在政策、资金与人力上扶持合作社的发展，使之做大做强带领社区居民致富。

三 第二产业发展现状

（一）工业经济发展趋势良好

宜都市区位条件优越，对外交通便利，区内资源丰富，临近三峡能源中心，用水、用地、用电优势明显，是湖北省资源配置最优的地区之一，是发展工业的理想地域。

依托优势宜都市工业经济发展趋势良好，近年来，工业总产值、工业增加值、规模以上工业总产值都不断增加，其中工业总产值和工业增加值从2008年开始增幅上涨，2011年年末，在册规模以上工业企业145家，全年累计完成产值483.59亿元，增长57.9%，全年完成增加值1630687万元，增长34.7%。全部规模以上工业企业实现主营业务收入4567922万元，增长60.0%；利税总额为203171万元，增长0.5%，其中利润146972万元，下降4.6%；亏损企业亏损额为6060万元，下降35.4%。综合经济效益指数为420.26，比上年提高88.16个百分点。

2010年年产值过亿元企业23家，其中，年产值过50亿元企业集团2家、过20亿元企业3家、过10亿元企业9家、5亿—10亿元企业9家。培育了东阳光、宜化楚星、华新水泥等一批骨干企业，中小企业创业园入园企业68家。自主创新能力显著增强，拥有省级高新技术企业4家、国家高新技术企业8家，实现高新技术产值110.5亿元、增加值34亿元。

（二）工业发展的区域地位较高

从区域经济发展总体情况来看，2011年，宜都市GDP在周边县市中位列第一，在经济总量上领先周边地区，经济发展具有较大优势。其中，第二产业的增加值在周边县市区中排名第二，仅次于夷陵区，远远领先于周边其他地区；第二产业的比重也较高，在周边县市中位居第三，与排名前两位的远安县和夷陵区差距不大。总体来说，宜都市第二产业发展具有自身优势，工业发展的区域地位较高，第二产业发展较为迅速。

（三）形成了八大产业类型

宜都市在工业化进程中逐步形成了化工、医药、电子、建材、能源、纺织、机械、食品八大产业类型，其中，化学原料及化学制品制造业产业比重最大，近年来，工业总产值不断增加，医药制造业与非金属矿物制品业的产值比重也较大，但食品加工、纺织业与交通运输设备制造业的工业总产值增长较小。总体来说，八大产业的工业总产值都在逐年增长，但是各产业发展并不均衡，未来宜都市在继续保持各产业产值持续增长的同时要注意各产业发展的协调性，深化合作，优势互补，实现八大产业的共同发展。

从宜都市工业主要行业的企业个数来看，机械行业企业最多，在总企业中所占比重也最大，其次为建材、能源和化工行业，其各行业企业比重也较大。总体来说，机械、建材、能源、化工、纺织和医药等产业企业较多，发展较为迅速并逐渐规模化。

（四）主要行业专业化水平较高

比较宜都市工业各产业在湖北省的区位商可以看出，区位商最高的为农副产品加工业，达到了16.36，可以说在湖北乃至全国都具有明显的产业比较优势，这与宜都市第一产业的快速发展密不可分；其次，煤炭开采业、食品加工业、医药制造业、化工原料及制造业以及通用设备制造业的区位商也都大于1，专业化程度都较高，都可作为宜都市在湖北省具有较高地位的优势产业。总的来说，宜都市第二产业中化工、医药、机械、食品、能源行业在湖北省的专业化水平较高，都属于宜都市工业发展的专业化产业，产业优势明显，发展潜力较大。

（五）产业空间分布较好

由于资源、交通等条件影响，宜都市的产业空间布局呈现东西分异的地域化特征，东部沿江地区的陆城及姚家店乡、红花套镇、枝城镇等乡镇以化工、医药、电子、机械业为主；西南部的五眼泉、聂家河镇、潘家湾、王家畈、松木坪等乡镇以农副产品业加工业为主，这种产业空间布局可以说因地制宜地促进了第二产业的发展。

（六）产业布局园区化集聚

宜都市产业园区空间布局为"一廊五园"，其中，"一廊"是指从红花到枝江沿长江50千米的沿江经济走廊，沿江产业园区是宜都市经济发展的核心地带，推动着宜都市城镇化发展；"五园"分别为陆城与枝城交界处的东阳光产业园、红花套镇的新型能源产业园、高坝洲的新型装备制造产业园、红花套镇的绿色农产品加工园、枝城的精细化工建材产业园；五园重点产业分别为生物与新医药、光伏新能源、新型装备制造、农产品深加工、化工建材。可见，宜都市产业园区在空间布局上做到了重点突出、优势互补、共同发展，而且较好地利用了宜都市各乡镇的优势资源和产业，在因地制宜的发展产业园区的同时也带动了当地工业经济的快速发展。

宜都市产业园区发展迅速，各主要指标占全市比重都较大，其中园区规模以上工业企业产值占全市的86.66%，规模以上工业企业数量、企业完成税收、固定资产投资总额等指标的比重都占全市一半以上。可见，宜都市工业发展主要依托工业园区的建设发展，园区化集聚趋势明显，未来在继续促进产业园区化发展的同时可适当扩大园区面积，为园区工业化发展提供更多的优惠政策，同时不断推进园区集约化发展，加快适应产业特点的基础设施及服务体系建设，着力提高特色园区专业化、规模化水平。多项举措快速推进产业园区做大做强，拉动宜都市工业经济又好又快的发展。

四　第三产业发展现状

（一）第三产业快速发展

随着产业结构的变化，就业结构也发生变化，第三产业的快速发展使其从业人员比重持续增大，宜都市2002年第三产业从业人员比重为31.4%，2010年达到了41.56%，都高于湖北省、宜昌市水平，第三产业从业人员比重持续增大，第三产业吸纳劳动力能力不断增强，可见，近年来宜都市第三产业发展迅速，但不容乐观的是第三产业在国民经济中所占比重增长不大，未来宜都市需要加快发展第三产业，提高第三产业对国民经济的贡献率。

（二）第三产业行业集中度较高

第三产业内部各个行业生产总值都逐年上升，交通运输、仓储邮政、批发零售业占第三产业比重最高，且逐年上升，2011年达到了65%左右，可见，第三产业高度集中于交通运输、仓储邮政和批发零售等物流商贸类产业，第三产业集中度较高。但也说明宜都市第三产业发展并不均衡，金融、房地产及餐饮住宿等产业发展发展较为缓慢，占第三产业的产值比重较小，同时其他服务业也发展不足，这就需要宜都市在加快发展第三产业的同时要注意第三产业内部各行业的均衡协调发展，全面而有重点的发展。

（三）旅游业发展迅速

宜都市地处长江三峡出口，境内自然景观和人文景观资源丰富多彩，有着发展旅游业的独特优势。加之，周边东邻荆州古城，西倚长江三峡，南靠国家级森林风景区张家界，北连三国遗址及当阳长坂坡。独特的风景旅游资源如能合理开发利用，将会带动宜都市经济的进一步发展和第三产业的快速增长。

事实上，近年来，宜都市第三产业中旅游业发展也最为迅速，2000年旅游业占第三产业GDP比重为3.05%，2011年则为9.45%；而且旅游业接待人数和综合收入逐年提高，2000—2011年宜都市旅游业接待人数和综合收入的递增率分别为78.6%、160.4%。2011年旅游接待规模、旅游总收入分别达100万人次和7.29亿元。

旅游业在国内生产总值中的比重逐步提高，2000年旅游业收入只占宜都市综合经济的0.93%，到2011年，旅游业收入占宜都市综合经济的2.66%。旅游业对国民经济的贡献率逐步提高，并会逐步拉动第三产业的发展，未来宜都市要继续做大做强旅游业，最大限度地释放旅游业的富民效应。

五 主要产业链的发展现状与特征

宜都市位于长江与清江的交汇处，是一个七山一水二分田的山区县市，境内盛产柑橘、茶叶、红苕等农副产品。宜都市利用农业资源优势，不断扩大水果、茶叶、畜牧、蔬菜等产业规模。2011年，宜都市实现农业总产值44.8亿元，被评为全国重点产茶县市、全省水果生产大市。目前，宜都市已成为全球最大的人工养殖鲟鱼鱼子酱生产基地、全国最大的鲟鱼生产繁育基地、全国柑橘标准化生产示范基地和全国农产品加工业示范基地。宜都市通过不断提高农产品机械化、规模化程度，延伸了农产品深加工的产业链条。

目前，宜都市农产品深加工产业链主要有柑橘"种植—加工—物流"、茶叶"种植—加工—观光"、畜牧、薯类"生产—加工"等产业链。

宜都市境内平原、丘陵、半高山呈阶梯分布，属于亚热带季风气候，光热水资源丰富，非常适合种植柑橘。另外，宜都市作为我国中西部重要的交通枢纽与物资集散中心，柑橘产品的外销尤其快捷、方便。宜都市狠抓龙头企业培育，积极开展柑橘产后加工，促进了柑橘产业的健康发展。

2011年宜都市柑橘面积达到30.5万亩，总产量达到48万吨，面积和产量在全省分别排名第三位和第二位，产值达22亿元。柑橘属于鲜果类，保鲜期短，易腐烂，为此宜都市从1999年起引进了意大利洗果打蜡生产线设备，截至2009年共有产后商品化处理90家，柑橘清洗、打蜡、烘干、分级、包装生产线95条。宜都市农民将柑橘打蜡包装后通过物流运往各大超市与农贸市场，并将柑橘的残次果做成水果罐头运往超市销售。目前，宜都市打蜡设备、加工技术、加工能力均处在全省、全国柑橘产区县市领先水平，柑橘产业化程度不断提高，市场影响力逐渐加大。

宜都市坚持市场化、品牌化道路，打造了"宜都蜜橘"等重点品牌，同时也带动食品加工、商贸物流业的发展，实现了农民的增产增收。目前，宜都市初步确立了鄂西南最大的柑橘商品化处理和销售集散中心的地位。

第二节　宜都市产业发展面临的主要问题及转型方向

一　主要问题

（一）轻重工业比例失调

对一个国家或地区来说，各产业之间保持平衡协调是经济持续稳定高效发展的保证。各产业之间的平衡协调包含多方面的内容，但其中最重要的是轻重工业比例的平衡协调。宜都市是资源型偏重的工业城市，轻重工业比例严重失衡，影响了宜都市经济的持续稳定高效发展。因此，加快发展轻工产业，提高轻工业比重，是促进宜都市经济协调健康发展的当务之急。

宜都市工业以重型为主，纺织、食品加工业也有一定规模，生产门类较为齐全。化工医药、电子、建材、食品加工、纺织、机械、能源是宜都市的工业的支柱产业，在历史上，国家一批"三线"军工企业落户宜都市，就带动了宜都市重化工业的发展，宜都市的重化工业较轻工业有比较好的发展基础。2002—2008年，由于产业结构的调整，宜都市的轻工业比重不断上升，重工业比例有所下降，但是，两者的差距仍比较大。2011年年末，宜都市在册规模以上工业企业全年累计完成产值4825894万元，在全部工业产值中，轻工业产值为1480538万元，重工业产值为3345356万元，分别占30.7%、69.3%，重工业产值比重高出轻工业将近30个百分点，轻工业仍处于绝对劣势。

（二）资源环境依赖程度高

所谓资源依赖程度高，是指依靠区域资源特别是矿产资源的比较优势，通过对自然资源的开采、初级加工并形成初级产品的经济增长模式。由于矿产资源的有限性和不可再生性，随着资源被不断开采利用，可开发利用的资源将逐渐减少并最终耗尽，依赖资源而形成的产业链条就会断裂。随着资源环境压力的增大，我国已经提出了走"资源节约型、环境友好型"道路，实现经济社会的可持续发展。

宜都市具备丰富的矿产资源，加上一些历史因素，重化工业的发展处在绝对优势的地位。目前，宜都市已形成了化工医药、机械制造、能源、建材等主导产业，这些产业的产值比重较高。2010年宜都市八大行业工业总产值总计2985189.2万元，其中，化工行业产值1081111.9万元，建材业199402.7万元，医药业471121.8万元，机械行业451952.5万元，占工业总产值的比重分别为36.2%、6.7%、15.8%、15.1%，但是，这些产业的产值是以高能耗、高资源浪费为代价的。2010年，化学原料及化学制品制造业的综合能源消费量是691133吨标准煤，医药制造业为84930吨标准煤，非金属矿物制品业是280984吨标准煤。由此可见，宜都市产业的发展对资源环境的依赖程度较高，这不符合新型工业化道路的要求，必须予以改变。

宜都市化工、医药、建材、机械行业的发展，虽然带来了良好的经济效益，但同时也产生了较大的环境问题。工业废水的排放量居高不下，化学需氧量排放量攀升，废气中二氧化硫的排放量比较大，工业污染物的排放严重影响了居民的生活质量，由于人民对环境质量的要求越来越高，单靠资源投入与环境污染的模式必须加以改变。宜都市提出了建设"宜居型"城市，必须高度关注其环境污染问题。

总之，宜都市走"资源节约型、环境友好型"道路任重而道远。为了响应国家对建设"资源节约型、环境友好型"社会的号召，宜都市在未来应努力转变经济发展方式，提高科技投入，减少资源能耗，减轻污染排放，实现经济又好又快的发展。

（三）传统增长模式面临挑战

传统增长模式是由"资源—产品—污染排放"所构成的物质单行道流动的经济。在这种增长模式中，人们高强度地把物质和能源开采出来，在生产加工和消费过程中又把污染和废物大量地排放到环境中去，对资源的利用常常是粗放的和一次性的，把资源持续不断地变成废物来实现经济的数量型增长。这样，最终导致了许多自然资源的短缺与枯竭，并酿成了灾难性的环境污染后果。

宜都市的化工医药、建材、机械、能源行业对资源的投入比重较高，而纺织、食品加工业也主要是依靠劳动力资源，机械化程度较低。目前，宜都市在经济发展的过程中虽然加大了对产品的科技投入，不断延伸产业链条，但是，宜都市的经济对劳动力、资源的投入比重仍比较高，农产品加工企业少而规模较小，农业产业化的发展有待进一步加强，国家级高新技术企业缺乏，循环经济的发展还处于初级阶段，对资源的利用率还不高。这些问题导致了宜都市工业企业的负债总额也在不断上升，所交增值税上升幅度较小。

成本费用利润率是企业一定期间的利润总额与成本、费用总额的比率，该项指标越高，利润就越大，反映企业的经济效益越好。宜都市工业企业对资源的投入比例较高，企业的创新能力不足，导致近些年来宜都市规模企业的利润率不断下降，规模企业利润率由2007年的11%下降到了2010年的5.7%，企业经济效益的前景不容乐观。

总之，宜都市经济的发展受到了传统经济增长模式的挑战，在未来的发展过程中，宜都市必须转变经济发展模式，加大科技投入，减少资源能耗，提高创新水平，促进经济发展的良性循环。

（四）区外资本与市场环境风险大

一个地区如果过分依赖区外资本，就会增大本区域的市场环境风险。目前，宜都市的企业中以港澳台投资企业与私营企业为主，地方国有与集体经济不发达。2010年，在宜都市所有的规模企业当中国有企业仅为3个，集体企业为5个，港澳台投资企业为10个，且工业总产值为8741408万元，150个私营企业的总产值为8363976万元，由此可见，港澳台投资企业的经济效益较好，经济对区外资本的依赖程度较高。

在国际金融危机影响加深，全国、全省外贸出口下滑，国际市场需求减少的大背景下，2005年以来，宜都市外贸出口增长率不断降低，从2006年的75%减少到2010年的28%，过于依赖区外投资存在发展环境的波动风险。

（五）服务业行业结构单一

第三产业的发展水平已经成为衡量一个国家或地区生产社会化和

市场经济发展水平的指标，提高服务的社会化、专业化水平，对于优化资源配置，提高经济运行的效益具有重要意义。宜都市运输、仓储、商贸等传统服务业等所占比重较高，占50%左右，而批发零售、住宿餐饮等生活性服务业仅占第三产业的15%左右，金融地产等现代服务业仅占第三产业的10%左右。现代服务业发展速度缓慢，不但制约了宜都市新型工业化、城市化的发展，而且制约了对外开放的扩大，成为第三产业实现跨越发展的"瓶颈"。

（六）旅游资源开发水平较低

宜都市自然风光休闲旅游资源、人文旅游资源与度假旅游资源品种繁多，旅游资源功能齐全。长江与清江两江交汇形成的环境优势，为宜都市创建水上运动项目、度假休闲旅游项目带来便利；巴楚交融形成的人文历史，造就了宜都市"文化多元，民俗奇异"的旅游资源优势，符合未来旅游业开发的方向。目前，宜都市奥陶纪石林风景区、古潮音洞度假山寨、宋山森林公园三处景点已跻身国家3A景区行列，集观光旅游、生态旅游、科普旅游于一体，具有良好的发展前景。

但是，目前宜都市旅游总收入及旅游接待人数占宜昌市的比重较小。虽然自2007年以来所占比重呈缓慢上升的态势，但是，总的来说，比重较小，旅游产业对经济的拉动作用不强。2011年宜都市旅游总收入占宜昌市的比重仅为5.16%，旅游接待人数所占比重也仅为5.18%。可见，未来宜都市还需要加强旅游产业的发展。

（七）商贸物流业发展问题凸显

宜都市位于长江中上游，是渝东鄂西的咽喉、三峡的门城，自然交通位置独特。港口、铁路、公路四通八达。随着港口、铁路、高速公路等交通设施的完善，宜都市将成为全省及中西部重要的物资换载、转运集散中心。另外，宜都市工农业经济的快速发展为物流业的发展提供了条件。但不可否认的是，目前宜都市的物流业发展存在许多问题：物流企业的规模较小，比较散乱，缺乏总体性的规划和布局，资源浪费现象比较严重，信息化程度有待提高；2006年以来，宜都市批零贸易零售额呈不断上升之势，但是，与西陵区相比，还存在较大的差距。

（八）产业用地局促与碎片化

企业要扩大规模经济，实现规模效益，必须有足够的土地资源作为支撑。宜都市是一个山区县市，境内土地类型以丘陵山地为主，平原盆地面积狭小，为了扩大产业规模，争相使用土地造成了长江岸线和滨江空间利用的分割问题突出，而且乡镇之间在产业类型选择上存在相同点，乡镇间的内部竞争比较激烈。

产业用地碎片化无法为传统重化工业进一步的规模扩张提供空间支撑，合理集约利用土地是宜都产业发展必须采取的关键性措施。

二　转型升级方向

宜都市迄今为止走的是一条资源型加工业的发展道路，是一种以污染环境为代价的传统增长型经济增长方式。随着外部环境的重大变化以及宜都市经济发展过程中出现的问题，宜都市要想继续保持其在宜昌市县域、湖北省县域以及中部县域的"先发优势"，必须下决心转变经济发展方式，选择一种通过加大科技投入和创新，减少资源能耗，促进经济发展的良性循环的新兴经济增长方式。大力发展战略性新兴产业和现代服务业，改造升级传统产业。从以下四个方面做起。

（一）经济形态升级

由传统重化工业为支撑的单一结构向新型工业、现代服务业和现代化农业的多元结构升级。宜都市工业型显著，重化工业在宜都市八大产业类型中所占比重最大，且所占比重逐年增大，形成明显的单一型结构，导致产业发展失衡。未来宜都市要注意各产业发展的协调性，深化合作，优势互补，实现八大产业的共同发展。同时，要注重三大产业结构协调，经济发展现代化农业和现代服务业，形成新兴工业、现代服务业和现代农业于一体的多元型经济结构。

（二）生产要素升级

大力发展战略新兴产业，引进开发先进实用技术改造传统产业，由"资源—土地"密集型结构向"技术—资源"密集型结构升级。宜都市现在主导产业类型属于资源型产业，走的是一条传统型经济增长模式，随着新型工业化道路不断演进，这种传统型增长模式已经不适合今后发展，如今必须抓住国家大力发展战略型新兴产业的机遇，积极发展新兴产业，加大科技投入，节约资源、循环经济。由"资源—土地"密集型向"技术—资源"密集型结构升级,大力发展新材料和生物产业。

(三)分工价值升级

由承担低层次纵向分工的"生产基地"向具备创新、生产、流通、服务综合能力的"产业集群"升级。目前,宜都市产业园发展的重点产业都是依托于宜都市各乡镇的优势资源,多半企业只负责生产,其他环节一概不参与,这样,就变成了一个只承担低层次纵向分工的"生产基地",造成产业规模不大、产业带动力不强、市场竞争力不强等问题。今后应加大举措努力延伸产业链条,培育壮大产业集群,向具备创新、生产、流通、服务综合能力的"产业集群"升级。加强产业集聚区载体建设,努力形成资源利用率高、产业集聚度高、产业价值链高的产业空间布局。逐步扩大园区规模,拓展发展空间,提高园区集聚、服务、融资和创新功能。

(四)空间布局升级

由原来的空间分割与内部竞争向统筹一体化升级。受资源、交通等条件影响,宜都市东部沿江地区以化工、医药、电子、机械业为主;西南部以农副产品业加工业为主。产业布局东西分异特征显著,内部之间缺乏合作,宜都市要发展新型工业、现代农业和现代服务业于一体的多元化经济,需要统筹一体化发展,积极推进加快产业发展转型升级。

三 小结

综上所述,宜都市凭借自身的资源基础、工业基础、区位交通条件和外部宽松的经济发展环境,经济不断向前发展,已经进入工业化中期阶段。依托其丰富的自然资源走上了一条资源型经济发展道路,在中部地区取得了"先发优势"。在湖北省县域经济中排名靠前,在宜昌市县域中经济实力位居第一,但是,随着我国"中部崛起"和"大力发展战略性新兴产业"战略的实施、宜昌都市区建设等外部条件的变化,宜都市发展面临空前挑战,同时在长期经济发展中也累积了突出的问题诸如轻重工业失调、资源环境依赖程度高、传统增长模式面临挑战、区外资本与市场环境风险大、服务业行业结构单一、用地空间局促、产业布局碎片化等。面临挑战与问题,宜都市必须下决心从经济形态、生产要素、分工价值以及空间布局四个方面全面实现转型升级，才有可能继续保持其区域经济地位。

第三节 宜都市产业发展目标和重点

根据宜都市产业发展特点，以及宜都市在宜昌都市区规划中的经济定位决定，今后宜都市产业发展的目标是大力发展新材料、生物等新兴产业，积极发展物流、旅游、科教等现代服务业，改造提升基础化工、建材、纺织、机械等传统产业，到2030年，形成以战略性新兴产业为主体、改造升级的先进制造业为辅助、现代服务业为支撑，先进、清洁、高效的产业结构体系，引领湖北县域产业升级，建成全国著名的县域新材料和生物产业基地。

一 战略性新兴产业

根据战略性新兴产业的特征，立足宜都市市情和科技、产业基础，现阶段重点培育和发展新材料与生物产业。

（一）新材料产业集群

宜都市在产业转型的过程中应积极拓展新兴产业，新材料产业具备发展潜力。坚持自主创新和引进消化吸收相结合，建立健全新材料产业技术创新体系，着力培育自主知识产权、自有核心技术和自主品牌，提升产业核心竞争力，促进产业可持续发展。依托化工产业优势，围绕宜昌市和湖北省制造业高端化所需的关键新材料，以精细磷化工材料、电子材料和新能源材料等为主要发展内容，建设一批新材料产业基地。加强对新材料产业的规划引导，重点发展精细磷化材料、高档涂漆材料、高端电子材料、高效光伏材料、新型化工材料、新能源材料、功能陶瓷材料和新型建筑材料等材料及其产业，努力实现新材料产业由低端向高端发展，由小规模分散型向大规模集约型发展，为实现向"创新型经济"转变打下良好基础。综上所述，新材料产业发展方向和重点如下。

精细磷化材料：（1）电子级磷酸：经过净化的高纯度磷酸，主要用作半导体芯片、LCD等电子设备蚀刻剂，周边武汉、西安等光电子产业基地及本地市场需求巨大。(2)六氟磷酸锂、磷酸铁锂等金属磷化物：主要用于生产锂离子类新能源电池，广泛应用于新能源汽车、储能设备、军事航天等。(3)有机磷阻燃剂：高效、低毒且具有良好协同效能，是未来无机磷阻燃剂（如磷酸一铵）和卤系阻燃剂的替代升级品种。

高档涂漆材料：(1)高级季戊四醇产业链：世界低级季戊四醇市场在逐渐萎缩，未来应大力发展双季戊四醇、三季戊四醇、高档环保油漆、合成润滑油等。(2)紫外线吸收剂产业链：巩固和扩大紫外线吸收剂市场地位，同时积极开发油漆、涂料、油墨等下游产品。

高端电子材料：(1)高端化成箔：抓住发达国家产业转移机遇，积极升级换代中低端化成箔产品。(2)高端铝电解电容器：面向节能变频与新能源行业，依托高纯铝和化成箔的生产优势，发展工业类铝电解电容器和高端消费类铝电解电容器产业。(3)高性能电子陶瓷：巩固和扩大陶瓷PTC生产规模，继续在绝缘装置瓷、电容器瓷、铁电陶瓷、半导体陶瓷和离子陶瓷等领域中选择性引进成熟技术推进产业化。

高效光伏材料：(1)低能耗高纯多晶硅：依托十万吨高纯硅项目，开发低能耗低成本太阳能多晶硅，综合能耗控制在140度/公斤。(2)薄膜电池：积极发展高效、低成本、高稳定性的非晶与微晶结合的叠层和多结薄膜电池，占领太阳能电池行业制高点。

（二）生物产业集群

在生物产业领域，宜都市有意识地吸收湖北省农业科研机构进入，依托丰富的农业资源优势，实施规模化、信息化和精细化经营，不断延长农产品深加工链，重点推进生物育种和工厂化农业，发展绿色农产品；在发展磷化工的过程中，宜都市通过提取原料药红霉素进行发酵，在生产过程中注重发挥科学技术先进生产力的作用，通过采用陶瓷过滤技术衍生出较多类的医药产品，这些产品广泛应用于医药行业，产品向系列化、高技术化方向发展，提升生物医药产业水平。加快医药产品的研发和产业化，壮大发展生物医药产业。综上所述，宜都市生物产业发展的重点如下。

生物制药：(1)升级优势产品：重点围绕泰利霉素、喹红霉素等，开发第三代大环内酯类抗生素（酮内酯）药物。（2）扩大产品系列：发挥湖北医药科技资源，开发新型疫苗、诊断试剂、抗感染药物、抗病毒药物和麻醉药物等全系列产品。（3）延伸产业链条：依托生物发酵和医药级磷酸产业基础，推进化学创新药、中药创新药、原料药和中间体等全链条的发展。

生物农业：（1）生物育种：积极联合湖北农业科研机构，在特种渔业、柑橘、富锌茶等领域建设优种选育与产业化基地。（2）工厂农业：推广天峡渔业、土老憨的研发、生产、经营模式，围绕果蔬、水产品、精制茶，推进种养殖业的规模化、机械化、信息化、绿色化、精深加工化。

二　先进制造业

宜都市的传统制造业诸如食品制造业、医药制造业、化工原料及制造业、通用设备制造业及纺织服装业在湖北省的区位商都大于1，说明宜都市的传统制造业专业化程度都较高，产业优势明显，发展潜力较大。随着国家加大产业转型升级的趋势日益明显，宜都市要顺势改造传统制造业，将先进制造业设为将来的发展目标。传统制造业的改造升级重点是引进开发先进适用技术、生产规模化、过程绿色化。宜都市的先进制造业发展重点如下。

基础化工：围绕化肥工业的规模化、成套化、低能耗，开发推广缓控释肥料、掺混肥料、水溶性肥料生产技术与装备，引进大型成套氮肥技术，推进企业协作与兼并重组，积极参与湖北大型磷肥基地建设。

建筑材料：围绕建筑材料的提档升级和节能减排，重点发展42.5级及以上水泥，推广水泥生产低温余热发电、变频调速、立磨、辊压机、烟气脱硝等技术；发展薄型建筑陶瓷砖（板）、轻型节水卫生洁具、特种结构陶瓷、高强、隔热、环保型墙体材料。

纺织服装：围绕棉纺产业的高效化、高档化和自动化，推广原料精细管理、计算机自动配棉和新型纺纱工艺。促进无纺布开发加工。

装备制造：围绕造船机械配件产业的整合化、自动化和高级化，继续发展液压启闭机、内燃机连杆、散装物料输送机械等优势产品。

三 现代服务业

围绕产业升级、人口集聚与社会进步，大力发展现代服务业。近年来，宜都市服务业发展迅速，其中旅游业发展势头强劲，但宜都市服务业发展较为单一，多集中于交通运输、仓储邮政和批发零售等物流商贸类产业，其他服务业发展不足。另外，借助宜昌市新一轮总体规划对都市区建设的机遇，宜都市被纳入外环都市区，随着宜都市城镇化的不断发展，人口集聚与城镇体系也将不断完善，未来要大力整合各方资源，发展生活性服务业和公共性服务业，加快发展现代服务业，改造提升传统服务业，使服务业全面均衡协调发展。

现代服务业发展重点如下。

物流：重点围绕培育第三方物流发展三类产业：一是服务新兴产业精细产品的快速陆路交通物流、航空物流；二是企业传统大宗产品物流的剥离与整合；三是翻坝运输物流。

旅游：充分利用鄂西生态文化旅游圈和清江旅游发展机遇，挖掘清江、长江、奥陶纪石林以及各类历史人文、现代农业旅游资源，发展大旅游产业。

科教：重点围绕新兴产业的技术引进、联合研制、中试与产业化，建设高新技术产业化基地。发展中高级职业教育，培育和集聚新兴产业与现代服务业人才。

商贸：引进开发各类商业综合体、大型连锁零售、建材及农产品专业批发市场等，积极发展商贸业。

四 小结

综上所述，今后宜都市产业发展的目标是大力发展新材料、生物产业等新兴产业，积极发展先进制造业和现代服务业。根据战略性新兴产业的特征，立足宜都市市情和科技、产业基础，现阶段重点培育和发展新材料和生物产业。新材料产业集群以精细磷化工材料、高端电子材料、高档涂漆材料和高效光伏材料为主要发展内容；生物产业集群重点发展生物制药和生物农业。生物制药产业领域着重升级优势产品、扩大产品系列、延伸产业链条；生物农业重点培育生物育种、工厂农业。随着加大产业转型升级，宜都市传统制造业的改造升级重点是引进开发先进适用技术，大力改造基础化工、建筑材料、纺织服装和装备制造等传统制造业。围绕产业升级、人口集聚与社会进步，大力发展现代服务业，加快重点发展物流、旅游、科教和商贸，加快改造提升传统服务业，促进服务业全面均衡协调发展。

第四节　宜都市产业空间布局

一　产业布局总体原则

（一）以新兴产业为主导统筹产业布局

1. 新建园区、整体开发

新开发产业用地、新投资项目主要发展新兴产业，重点是光伏材料、电子材料、生物农业等。

2. 滚动开发、逐渐替代

依托当前的骨干企业，滚动式发展新兴产业，重点是精细磷化、生物制药、高档涂漆材料等，逐渐使新兴产业成为传统工业区的主体力量。

（二）传统产业改造升级立足更新替换

1. 原地更新

对于原来布局合理的产业，要壮大传统优势产业，保持其优势地位；同时更要注重加大科技投入、改造升级传统产业。改造升级传统产业的重点是引进开发先进适用技术、生产规模化、过程绿色化，产品结构升级。重点发展基础化工、建筑材料、装备制造、纺织服装等。

2. 异地替换

针对原来空间上布局不合理的产业，需要因地制宜地转移到其他合适的地区；而原来产业布局不合理的地区需要重新选择新的产业布局。总之，要根据其资源优势和经济优势，围绕其优势企业和龙头产品，优化产业空间布局。

（三）现代服务业布局依托城乡功能体系

尽管现代服务业的发展是以市场为基础，但其产业特色的形成则取决于所在区域的特定功能。现代服务业的发展依托由资源、禀赋、区位、经济和文化等因素所构成的功能，突出其区域优势和特色，建立起与区域功能相吻合的服务业产业体系，从而与周边地区错位竞争，增强服务业的辐射效应。另外，现代服务业集聚区是实施城市新一轮产业布局调整的有效动力，也是提升城市综合功能的载体和改善城市形象的新亮点。因此，现代服务业布局要依托于城乡功能体系。

二 产业布局框架

（一）战略新兴产业与先进制造业布局

战略新兴产业与先进制造业的总体布局向沿江地区集中，构筑"一带、两区、六园、多点"的发展格局。"一带"是指沿江经济带；"两区"是指枝城以北及局部为战略新兴产业区和枝城主体为先进制造业区；"六园"是指：（1）精细化工材料产业园：位于枝城，侧重精细磷化材料、高档涂漆材料等；（2）电子光伏材料产业园：一园两区，即东阳光、红花套；（3）生物制药产业园：即东阳光、陆城；（4）生物农业产业园：一园两区，即红花套（水产、果蔬），姚家店（茶叶、果蔬）；（5）化工建材产业园：位于枝城，侧重发展基础化工、水泥、建材；（6）先进加工制造产业园：位于陆城，侧重发展陶瓷、纺织、装备等。"多点"指在陆城、高坝洲、五眼泉、聂家河、红花套随机适度布局机械、机电、建筑建材、油漆涂料等普通加工制造业。

（二）现代服务业布局

现代服务业的总体布局要围绕物流、旅游、科教、商贸，打造"一心、两园、三区"的现代服务业发展格局。"一心"是指陆城综合性服务中心，涵盖商贸、旅游、科教、地产、金融等产业；"两园"是指枝城和红花套物流园区；"三区"是指东部历史人文与现代农业旅游区、北部清江山水旅游区以及南部地质公园与土家风情旅游区。

（三）现代农林业生产区布局

1. 现代种植业生产区布局

坚持用生产标准化、经营规模化、管理企业化的理念推进农业结构调整，提升农业生产的规模化水平，提高农产品的经济效益。积极推进农村土地流转，加快农业和农村劳动力转移，集中大规模的土地进行生产经营建设。

重点建设以红花套、高坝洲、聂家河为核心的北部优质柑橘示范区，以五眼泉、姚家店为核心的中部优质高效农产品示范区，以松木坪、枝城为核心的南部优质粮油现代化农业示范区，以潘家湾、王家畈为核心的西部高效茶叶示范区，将宜都市建设成为宜昌市的柑橘、茶叶、粮油产业化生产基地。

2. 现代养殖业生产区布局

建设枝城、红花套、高坝洲现代规模化养殖基地，走培育养殖龙头企业和发展养殖合作社结合的道路，培育知名品牌，建设产品质量追溯体系，重点发展肉猪、畜禽、淡水渔业，形成具有区际竞争力的现代养殖产业。

建设姚家店、五眼泉、聂家河都市农业生产基地，服务中心城区和沿江城镇带"菜篮子"市场需求，大力发展无公害农产品、反季节蔬菜、绿色奶业、花卉苗木、休闲农业，满足城乡居民日益提高的食品安全需求和多样化农业消费需求。

建设王家畈、潘家湾、松木坪农户生态养殖区，加强乡镇良种繁育、动物检疫、沼气利用等设施建设，支持山区乡镇农村居民大力发展农户生态化养殖，重点发展生猪、鸡鸭、山羊以及田园果蔬种植。

3. 现代林业生产区布局

沿江地区以特色经济林和工业原料林为主，巩固沿江柑橘、桑蚕等传统优势林业，大力发展五眼泉花椒、枝城冬枣黄桃、聂家河枇杷等特色小水果生产，以杨树、枹桐、杉木等树种为主，壮大速生丰产用材林规模。

山区乡镇以茶叶、核桃、楠竹以及生物质能源林等为主，巩固提升王家畈、潘家湾等地茶叶生产，大力发展王家畈良种油茶、潘家湾核桃基地、宋山楠竹产业基地。

三 小结

综上所述，根据以新兴产业为主导统筹产业布局、传统产业改造升级立足更新替换、现代服务业布局依托城乡功能体系这三大原则，宜都市不同类型的产业布局如下：战略新兴产业与先进制造业总体上沿江地区集中，构筑"一带、两区、六园、多点"的发展格局；现代服务业围绕物流、旅游、科教、商贸，打造"一心、两园、三区"的发展格局；现代农业与农副产品，根据农业资源分布和农业产业优势的特点分别打造现代种植业、现代养殖业和现代林业生产区域体系。

第五节 宜都市产业发展策略

一 现代农业发展策略

从发达国家的传统农业向现代农业转变的过程看，实现农业现代化的过程包括农业生产的物质条件和技术的现代化，以及农业组织管理的现代化。近些年来，宜都市委、市政府立足本地实际，坚持不懈地加强农业基础地位，不断深化结构调整，基本上构建了现代的农业体系。今后，为顺应发展的趋势，宜都市应该继续努力建设现代农业，不断提高农民收入水平。

（一）规模化、企业化是根本出路

目前，宜都市的农业正逐步走向规模化，农副产品的深加工产业链不断延伸，推动了现代农业的发展。为了更好地促进经济发展，必须坚持用生产标准化、经营规模化、管理企业化的理念推进农业结构调整，提升农业专业化水平和集约化程度，提高农业生产的质量和效益，以现代农业生产、农产品研究开发、农产品加工、农产品储藏、保鲜和交易等一条龙农业生产服务为主，推进农副产品生产的基地化、规模化、集约化和农工贸一体化经营。

（二）农业和农村人口转移是关键

加快农业和农村人口转移，是推进农业生产规模经营、改造传统农业、发展现代农业的关键。2011年，宜都市总人口39.5万，其中，农业人口29.2万，耕地面积34.2万亩，农村人口数量多，在发展现代农业的过程中，传统的小农经营方式过于分散，无法带来规模效益，只有将大量的农村人口转移出来，通过提高农村产业机械化水平，提高经营者的文化素质，集中和扩大土地面积和种植规模，才可以不断提高规模经营效益。农业和农村人口的转移同时带动了土地流转，促进了农村劳动力转移和就业，对优化宜都市产业结构也有重要意义。

(三) 土地流转与集中是主要途径

宜都市农民收入来自非农产业的比重不断加大，引导农民流转土地、发展适度规模经营时机已经成熟。在保障农村土地基本经营制度不变的基础上，要加快土地流转步伐，促进农村土地规模化经营。具体来讲，要加强土地流转服务平台建设，建立完善市土地承包经营权流转服务中心、乡镇土地流转交易中心等平台，进一步完善土地流转中介服务体制、价格形成机制和纠纷调处机制，积极探索土地流转有效途径和方法，鼓励龙头企业和农民专业合作社按照承包权和经营权分离的原则，采取土地股权集中、分户种植管理方式，建设特色农产品生产基地，积极推进农村土地流转，促进农业生产经营的专业化、标准化、规模化、集约化。

(四) 农业服务与设施是重要支撑

建设现代农业，离不开相关服务体系与设施建设。要加强农业科研和技术推广体系建设，建立完善种养业良种繁育、农业科技创新技术应用、农产品质量安全、农产品市场信息等社会化服务体系。抓好市农产品监督检测中心、市场监测点建设，逐步建立农产品质量安全可追溯制度，不断提升农产品质量安全水平。大力推广有机栽培、病虫害生物防治、测土配方施肥、农产品包装等提质增效升值技术。加强病虫害和疫病监测防控体系建设，建立动植物产品安全网络。实施农业机械化推进工程，发展农机服务组织，推广先进适用农机技术装备，提高农机化整体水平。全面整合农村信息资源，加强农业信息化建设，加快构建农业信息共建共享平台。

综上所述，为建设现代农业，宜都市必须从多方面入手，在立足本地发展实际的基础上，以提升农业规模化、企业化经营为目的，不断促进农村劳动力的转移，开展土地流转，不断为建设现代农业提供人力资源支持、技术支持，加强相关基础设施建设。

二 战略新兴产业与先进制造业发展策略

宜都市充分发挥科技的支撑与引领作用，大力发展低碳、绿色、循环经济，经济结构正在发生质的变化。战略性新兴产业作为"调结构"的重大举措，取得明显成效，生物与新医药产业、新材料、新能源产业等已初具规模。在未来，宜都市应继续大力进行经济结构的调整，发展战略性新兴产业与先进制造业。

（一）提高产业发展准入门槛

发展战略性新兴产业，必须提高产业发展准入门槛。针对宜都市目前产业发展面临的突出问题，要选择符合新型工业化道路的新兴产业来发展。具体来讲，在行业门类选择上，要选择低污染、低排放、低能耗的行业类型，避免继续采用宜都市现有的传统的增长模式，走"资源节约型、环境友好型"的发展道路。从技术水平上，选择具有高科技含量的行业企业，用先进科技武装企业，使产业具备国际国内双重竞争力。从产业规模上来看，宜都市重化工业适合大规模经营以减少资源浪费，实现集约效应，农副食品加工业可立足于民营经济，进行小规模经营。因此要根据不同的行业类型选择不同规模的行业企业。总之，只有提高了产业发展的准入门槛，才可以保证宜都市的新兴产业的发展质量和效益。

（二）专注细化分工细化市场

专注细化分工细化市场是将战略新兴产业做精做强的关键，将有限的资源投放于特定的行业，保证其深层次的发展。宜都市可根据自身资源优势条件及产业发展基础，立足于那些经营效益好、符合未来市场发展需求的行业企业，专注于这些特定行业的发展，通过不断细化分工，不断延伸产业链，研发出更多的产品，提高产品的附加值。通过不断细化市场，寻求更广阔的市场，以此提高产业的经济效益。专注于特定行业的发展并不断提高行业的技术管理水平、生产力水平，使产品具备足够的市场竞争力并逐步走向国际市场。

（三）支持地方民营经济成长

近年来，民营经济的崛起和迅速发展成为推动宜都市经济体制改革和经济快速发展的强大动力，民营经济逐步成为全市电子、建材和医药化工三大支柱产业的主体。过分依赖区外资本只能加大宜都市产业面临的风险，在发展新兴产业的过程中，宜都市要立足于宜都市区域内部，应继续壮大民营经济，找准支撑点，以项目兴民营，通过借外力、引品牌，促进产业结构的战略性调整，强化产业的根植性，不断提高宜都市在战略性产业方面的自主创新能力与科技研发能力，只有立足于自身才可以取得长远的发展。

（四）统筹沿江产业空间布局

沿江产业带具有发展新兴产业的良好条件，是发展新兴产业的主力军。目前，宜都市提出了以城镇带建设、工业园区建设和发展现代物流业为主，规划把沿江产业带建成宜都市经济社会发展的主轴，成为相对完善的城镇群体空间单元。重点发展工业和服务业，发展方向与建设任务是强化长江沿岸的陆城、枝城、红花套和高坝洲镇的产业、功能、空间、交通的优化整合；调整产业结构，优化城镇、产业布局；增加城市服务职能，提高工业化水平，加快实施城市化战略；通过产业分工合作与功能协作联系，集合开发优势产业和生产性服务职能，建设新型工业园区、现代物流园区和休闲旅游服务区，构筑一体化的交通设施和市政设施，合力打造沿江都市带，成为全市核心竞争力的空间发展平台，增强向外联动、向内辐射的能力。

（五）提高园区土地集约利用

宜都市发展战略型新兴产业立足于工业园区，但必须提高土地利用。按照"设施共建、产业共育、资源共享、生态共创"的发展思路，实行园区开发与城乡产业发展、基础设施建设、生态环保共建并举，推动企业向园区集中、要素向园区集聚，促进产业合理布局、资源集约利用。首先，要改善布局，改变小型工业园区数量过多而大中型工业园区过少的现状，园区的建设要符合环境生态的要求，要符合城市规划的原则。就同一区域内的每一工业园区而言，应注重园区的形象定位，包括对产业特色、技术层次、服务功能、建设风格、引资对象的选择以及营造独特的园区文化等，避免园区的同质化和低层次恶性竞争。

（六）强化污染排放综合治理

发展战略性新兴产业就是基于保护环境，减少污染浪费，促进资源综合和利用。为此，必须强化污染排放综合治理，构建良好的环境。

大气污染、水污染和固体废弃物是构成城市环境污染的最大源头，宜都市的污染类型以粉尘、大气污染、水污染为主，为此，宜都市应重点加强这三个领域的环保产品的研制和开发。其中在大气污染领域，重点是解决烟尘治理、有害气体等方面的问题；在水环境污染领域，重点是解决城市污水处理和工业废水处理两大问题；在固体废弃物处理领域，主要是解决宜都市农产品养殖的废弃物垃圾处理和有害物质处理问题。同时，加快四类专业性环保技术和设备的开发，即节水技术及相关设备、清洁生产技术及相关设备、环保材料与药剂、环境检测仪器仪表四类环保技术和设备，这些专业技术设备对宜都市的环境保护而言同样具有重大意义。

三 现代服务业发展策略

现代服务业主要是指与现代技术变革、产业分工深化和经济社会发展过程相伴随而发展起来的新型服务业。目前，宜都市产业发展面临的问题之一就是服务业行业结构较单一，金融、地产等现代服务业所占比重较低。宜都市在第十二个五年规划建议中提出坚持市场化、产业化、社会化方向，加快发展现代服务业，改造提升传统服务业，构建生产性服务业体系完备、生活性服务业日益繁荣、公共服务业作用突出的服务业发展新格局，通过不断提高服务业的水平，优化宜都市的产业结构，促进剩余劳动力的转移，带动宜都市经济的发展。

（一）确立服务业主导产业地位

服务业需求潜力大，资源消耗少，环境污染小，附加值高，并具有吸纳就业能力强等显著特点。长期以来，宜都市坚持"工业立市"的发展战略，工业居于主导地位，服务业所占比重相对比较低，发展较缓慢。从宜都市的现实情况看，加快服务业发展是转变经济增长方式、调整优化产业结构的迫切需要，是提高人民生活水平的必然选择。在未来，为优化产业结构，顺应发展的潮流，宜都市应确立好服务业的主导产业地位，把发展服务业放在突出重要的位置。抓住鄂西生态文化旅游圈建设的机遇，坚持"工业强市、旅游活市"发展战略，建设完备的服务行业体系。

（二）推进人口与产业集中分布

国内外现代服务业发展的规律表明，现代服务业的集聚发展比传统服务也更加明显，特别是商贸、物流、休闲娱乐、金融等产业。发展现代服务业，如果人口、产业的分布涣散，必将不能形成整体优势，造成资源的浪费。为此必须推进人口与产业集中分布，形成集聚优势，集中效益，共享基础设施、资源信息，形成产业集群，形成一个庞大的服务体系，集聚可以提供品种齐全的有形产品和无形劳务，具有更强的市场适应能力。要不断加强配套设施建设，形成一条龙建设，构建良好的产业体系。

（三）积极引进科技与教育资源

现代服务业的发展本质上来自社会进步、经济发展、社会分工的专业化等需求，是伴随着现代技术变革发展起来的，具有智力要素密集度高、产出附加值高、资源消耗少、环境污染少等特点。现代服务业既包括新兴服务业，也包括对传统服务业的技术改造和升级，因此必须积极引进科技与教育资源，用现代化的新技术、新业态和新服务方式改造传统服务业，创造需求，引导消费，向社会提供高附加值、高层次、高知识型的生产服务和生活服务的服务业。通过引进教育资源，发展职业教育与专业培训，不断提升从事现代服务业的人群的素质，提升其服务水平。

（四）统筹利用交通与物流资源

现代物流发展水平是衡量一个国家或地区综合竞争力的重要标志。宜都市具备良好的区位交通优势，在发展现代物流行业时应充分利用交通、区位和产业基础，把扩大物流业总量与经济转型升级、优化运输结构、提高行业增加值紧密结合起来，用现代物流理念、组织方式、技术改造提升传统运输业，培育具有较强竞争力的区域交通物流产业，实现交通运输业由传统产业向现代服务业转型，努力建立起货畅其流、快捷经济的现代物流体系。加快物流设施平台、信息平台和政策平台建设，构建独具特色、有竞争力的综合物流体系。积极规划实施红花套物流中心和枝城集装箱码头建设，发展水陆联运、江海直达。

（五）发展"大旅游""大商贸"

宜都市处在鄂西山区向江汉平原的过渡地带，旅游资源丰富，具有发展旅游、商贸业的优越条件。构建现代服务业体系，必须树立全局观念，发展"大旅游""大商贸"。具体来讲，发展旅游产业，就是构建完备的旅游服务体系，促进宜都市旅游产业的协调发展，同时通过旅游产业与农业、工业、服务业等大产业的相互协调与共同发展，形成大旅游产业对要素、其他产业的带动作用，发挥旅游业对相关产业带动作用，并在一定程度上促进劳动力就业。发展商贸业，也要树立全局观念，充分利用宜都市的产业基础与区位条件，重点培育形成在本市及周边有较大影响的重点专业市场、特色商业街、社区商业服务中心、商贸龙头企业、仓储物流配送中心，将宜都市打造成为鄂西南的商贸、物流和信息中心。

四 小结

综上所述，宜都市在产业发展策略选择上要树立现代化的理念，积极适应国内产业结构改造升级的趋势，根据宜都市目前发展中存在的问题，采取具体的发展策略来促进宜都市经济的转型。具体来讲，就是大力发展现代农业，改造传统农业，实现规模化、企业化、机械化。积极进行产业结构调整，大力发展战略性新兴产业和先进制造业，提高产业发展的科技水平。构建完备的现代服务业体系，利用资源优势并创造条件发展现代服务业，将宜都市建设成为一个现代化的文明城市。

第六节 突破产业转移依赖的"地方化"发展路径

在当前第四次产业转移大背景下，县域承接国内外产业转移的趋势越来越明显，探索县域"地方化"发展道路具有重大意义。宜都市在承接产业过程中受益较多，但也出现了一系列问题，因此需要探索突破产业转移依赖的"地方化"发展路径，真正形成县域"地方化"的发展优势，文章从区域联动、产业提升、城乡统筹、空间优化、政策机制等方面来探索宜都市突破产业转移依赖的"地方化"发展路径。

一 区域联动

地方是区域环境中的地方，地方性只有在区域中才能得到充分体现，县域"地方化"的发展离不开与区域的联系与协作。宜都市作为湖北省、长江经济带、宜昌市重要的支撑点，与周边城市协作发展，互相补充、互为合作，资源优势共享，是未来提升综合竞争力的重要战略手段。宜都市应充分发挥自身的区位优势和资源优势，与周边区域开展基础设施、产业、劳动力、环境保护等方面的协作，充分利用区际资源，有利于提高宜都市"地方化"发展能力。

（一）北联宜昌市中心城区

宜都市的发展与宜昌市有密不可分的关系，今后发展过程中要积极与宜昌市对接，承接宜昌市"省域副中心"的辐射。宜都市依照作为宜昌市重要的产业支撑点和先导先行区明确定位，在沿江地区形成的两大产业集群有红花套、高坝洲、陆城与对岸的猇亭共同组成的食品和装备制造业集群；南部的枝城与对岸宜昌市白洋、顾家店为主体共同组成的化工和新材料产业集群，在今后产业布局中均需进一步深化与宜昌市产业对接发展，融合发展。以宜昌市域及规划区规划为前提，在对外交通设施、岸线布局、产业与职能分工等方面进行统一规划布局。

（二）西南连五峰、长阳

宜都市要加强与西南部五峰、长阳的联系，增强对其辐射作用。应充分利用飞地经济的政策，吸引长阳、五峰的大型工业在宜都市沿江地区，优化地区产业布局，强化发展极核；加强宜都市中心城区的建设，增强城市吸引力，为长阳、五峰提供高端服务。在生态控制、领域功能、交通设施、产业园区布局等方面进行重点衔接，强化对这些地区剩余劳动力的吸引力。同时抢抓建设鄂西生态文化旅游圈的机遇，加强三地旅游在资源互享、客源互送、线路互推、信息互通、节庆互动、宣传互联、交通互惠等方面的合作，联合打造旅游精品线路，进一步推动宜都市旅游业发展。

（三）东接松滋

宜都市与松滋在产业布局、人口吸引、环境保护等方面重点进行协调。通过紧邻宜都的临港工业园、车阳河深水码头、江南高速公路荆松宜一级公路等园区和基础设施的建设，松滋沿江区域紧密对接宜都市、积极承接辐射，更好地融入整个长江带的产业集群，发挥规模效益，延伸产业链条，成为沿江产业带不可分割的一部分；同时大量的外出务工人口为宜都市经济发展提供相应的劳动力支持。

（四）下承枝江

与枝江市在产业集群建设、水环境监测、大气环境治理等方面进行重点衔接。推动与枝江之间产业联动发展，制定错位发展、互惠互利的招商引资政策，打破区域间恶性竞争模式，共同推动与宜昌市之间相对接产业板块发展；联合加强水环境污染监测，共同打造清洁、健康的长江水域环境；发展循环经济，降低对大气环境污染，共享可持续发展空间。

二　产业提升

要突破产业转移依赖，优化地方产业结构，提升县域产业"地方化"发展能力至关重要。宜都市在今后承接产业转移过程中，要注重科学有选择地承接相关产业，提高产业准入门槛，优化产业结构，提升产业结构层次；加强科技创新，注重本地根植性产业的培育与发展，走新型工业化道路；科学规划产业园区，创新园区开发与管理机制。

（一）优化产业结构

1. 科学承接产业转移

承接产业转移要坚持可持续发展的原则，注重生态环境的保护。在充分发掘地方优势积极承接产业转移的同时，要避免一味地以本地廉价的自然资源、劳动力、土地价格等要素作为吸引外来投资的诱饵来大量承接劳动密集型、资源密集型产业，坚决杜绝增加经济总量不加选择地承接东部地区转移出来的高资源消耗、高污染企业。

2. 提升产业结构层次

针对宜都市目前产业发展面临的突出问题，承接产业转移要选择符合新型工业化发展要求的新兴产业。具体来讲，在行业门类选择上，要选择低污染、低排放、低能耗的行业类型，避免继续采用宜都市现有的传统的增长模式，走资源节约、环境友好型的发展道路，逐步限制煤电、化工等产业的落户。从技术水平上看，选择具有高科技含量的行业企业，用先进科技武装企业，使产业具备国际国内双重竞争力，大力发展生物医药、高端装备制造等新兴产业。从产业规模上看，宜都市重化工业适合大规模经营以减少资源浪费，实现集约效应，农副食品加工业可立足于民营经济，进行小规模经营。因此要根据不同的行业类型选择不同规模的行业企业。

根据宜都市产业发展现状特点和未来经济发展趋势，今后宜都市应积极调整产业结构，改造提升传统产业，壮大发展主导产业，大力培育新兴产业和现代服务业，确立科学的产业发展战略。宜都市今后要大力培育发展新材料、高端装备制造等新兴产业，积极发展物流、旅游、科教等现代服务业，壮大县域医药、化工、农副产品生产和加工、物流业等优势产业，改造提升基础化工、建材、纺织等传统产业，争取在未来形成以战略性新兴产业为主体，改造升级的先进制造业为辅助，现代服务业为支撑，先进、清洁、高效的产业结构体系。

3. 大力发展第三产业

宜都市一直以来坚持"工业立市"的发展战略，工业居于主导地位，第三产业发展严重滞后，这种局面长期持续下去不利于县域产业结构的优化升级，不利于地方剩余劳动力就业问题的解决，不利于地方综合竞争能力的提高。宜都市今后应进一步调整优化产业结构，大力发展第三产业，增强吸纳就业能力。把发展服务业放在突出重要的位置，重点培育形成在本市及周边有较大影响的专业市场、特色商业街、社区商业服务中心、商贸龙头企业、仓储物流配送中心，将宜都市打造成为鄂西南的商贸、物流和信息中心。抓住鄂西生态文化旅游圈建设的机遇，充分发挥宜都市旅游资源优势，同时通过旅游产业与农业、工业、服务业等大产业的相互协调与共同发展，发挥旅游业对相关产业带动作用，并在一定程度上促进劳动力就业。

宜都市第三产业发展应总体上围绕物流、旅游、科教、商贸，打造"一心、两园、三区"的现代服务业发展格局。"一心"：陆城综合性服务中心，涵盖商贸、旅游、科教、地产、金融等；"两园"：枝城和红花套物流园区；"三区"：东部历史人文与现代农业旅游区，北部清江山水旅游区，南部地质公园与土家风情旅游区。

（二）走新型工业化道路

强化科技支撑。增强科技创新，积极回应社会经济发展对科技发展提出的新要求，通过科技引领走出更好的产业发展之路。宜都市在承接产业转移过程中，要注重企业对外来新技术的引进、吸收、消化及再创新能力，提高自主创新能力，形成宜都市的"地方化"技术生产能力。鼓励本地科技创新行为，加大对科学研究、专利发明等奖励力度。通过科技创新，提高产业的科技含量，逐步淘汰落后产能，推动本地产业向高、精、尖方向发展，努力形成本地以新能源、新材料、新医药、智能装备制造、现代服务业等新兴产业为主的产业结构。

打造内生优势。宜都市在承接产业转移过程中，大量引入外来大型企业，对外生植入型的产业依赖程度高。过分依赖区外资本、技术等只能加大宜都市产业面临的风险，宜都市今后要立足于区域内部，注重对内生型企业的扶持，继续壮大电子、建材、医药化工等民营经济，找准支撑点，以项目兴民营，通过借外力、引品牌，促进产业结构的战略性调整，强化产业的根植性，打造宜都市地方内生优势，在充分利用国内外资源与市场的同时，尽可能规避外部发展环境变化的风险。

发展战略性新兴产业与先进制造业。要立足于宜都市区域内部，不断强化产业的根植性以减少宜都市面临的区外环境波动的风险。在产业门类选择上，提高产业发展准入门槛，选择那些符合新型工业化发展要求的新兴产业，以提升产业发展的质量和效益。根据宜都市的资源优势条件与产业基础专注于特定行业的发展，不断细化分工细化市场，将特定产业做精做强。不断提高产业园区土地的集约利用，通过统筹沿江产业空间布局，提升产业用地集约度，并构建良好的沿江产业发展体系。另外，要强化污染排放综合治理，减少资源浪费、减轻环境污染。

(三) 加强产业园区建设

产业园区是中西部县域承接东部沿海发达地区产业转移的最佳平台和载体。加强产业园区的建设有利于实现资源配置的优化、基础设施的共享、环境的综合保护、土地资源的集约利用。

1. 科学规划园区发展

要根据产业园区内各要素集中、集聚的要求和节约集约利用的原则，以产业的发展定位、功能分区、空间布局等方面为重点。另外，兼顾企业集群的发展与生态环境的保护，统一制订产业园区的近期发展规划与长远发展规划，并注意日后根据地方具体发展情况做出调整、完善。宜都市现有工业园区主要位于沿江城镇带，今后产业园区的打造应主要依托沿江，充分利用现有产业，壮大产业集群效应。在对宜都市产业园区进行规划时，应使其进一步向沿江地区集中，对接宜昌市长江产业带，融入长江万亿经济走廊的建设。门类上注重板块集聚，空间布局上注重两岸协调、下游延伸，最终构筑沿江产业带上六园区的格局，由北向南依次为新型能源产业园、绿色农产品加工园、新型装备制造产业园、高新科技产业园、东阳光产业园、精细化工建材产业园。

2. 创新园区开发机制与管理体制

通过开发废弃闲置土地盘活土地存量，如采取开发荒地、平整土地、迁村腾地等措施实行占补平衡，提高投资强度，实现节约集约用地，探索"少地招商"的内涵式增长道路。在宜都市积极发展"飞地园区"模式，对于本地无条件承接的产业，将其资金和项目放到其他工业园区，通过规划、建设、管理和税收分配等合作机制，实现两地资源互补、互利共赢的良好的合作局面。

三　城乡统筹

城乡统筹城市是重点，农村是支撑，两者相互推动，共同发展。宜都市城乡统筹发展已取得一定的成绩，今后应在发展基础之上，充分利用湖北省城乡统筹试点政策支持，探索适合宜都市"地方化"的城镇化道路。积极推动工业化带动农业化、农业化反哺工业化的和谐局面。在统筹城乡发展与建设中，通盘考虑城乡规划与布局，集约利用城乡资源，完善农村合作组织，加快农业产业化经营；推动人口向集中居民点集中，加快城镇化进程；推动城乡公共服务设施建设一体化。最终形成成熟的城乡互助模式，推动城乡统筹发展。

（一）城乡产业联动

沿江乡镇要充分利用山区乡镇农副产品的支持，调整产业结构，优化产业的空间布局，提高生产效益。优化发展第二产业，加快传统产业的优化升级，加快发展战略新兴产业，走新型工业化道路。壮大发展第三产业，依托城乡功能布局加快现代服务业的发展。集约发展第一产业，加快与山区乡镇的产业互助，通过农业产业化、规模化经营，释放农村劳动力，促进农村人口向城镇转移。

第五章　宜都市：内陆工业强县的结构优化

山区乡镇保持与沿江城镇产业的良性互动，加快发展现代农业与农副产品加工业，在沿江第二、第三产业的带动下实现第一产业规模化、标准化、集约化发展，利用本地的资源优势，突出地方特色发展第二产业，立足本土发展第三产业。加快现代农业示范区的建设，进一步打造目前已初具规模的柑橘、茶叶、畜牧和水产养殖四大农业品牌，通过多元化营销渠道，增加市场占有份额，提升品牌影响力。促进农民专业合作社建设，提高农民组织化程度，应对山区老龄化带来的农民土地经营困难问题。

（二）人口城镇化

合理引导劳动力转移，集中居民点空间布局，分类引导城乡集聚，集约利用空间资源。沿江乡镇的城镇化发展需要不断集聚人口，促进人口城镇化，合理转化本地农村人口，承接山区乡镇的人口转移，优化发展环境吸纳周边县市的流动人口。山区乡镇要加快推进镇区城镇化进程，山区实行集中居民点建设，按城镇水平建设公共服务设施，散居村落要提高生活水平，达到城镇化生活水平。

随着宜都市域经济的发展以及城镇化建设中的人口向城镇居民点的集中，越来越多的农村人口流入城镇，解决城乡人口转换的问题至关重要。建立合理的成本分担机制，明确政府、企业和农民的各自责任。加大对农民公共卫生、计划生育、子女义务教育、就业扶持以及住房保障等方面的支出补助力度，并且应更多地以常住人口而不是户籍人口作为财政分成和转移支付依据，健全财政对农民工集中地区稳定、长效的转移支付制度。

着力打造跨地区性区域中心，进一步完善交通网络，加强基础设施建设，增强吸纳外来劳动力的能力。加大经济适用房、限价房等政策保障房的配套以及良性发展的低价优质的商品房供给，给外来人口提供更多的落户、居住条件，通过切实的社会保障留住人，努力实现外来人口在宜都市的城镇化，提高宜都市城镇化发展水平。

（三）公共服务均等化

沿江地区都市化，山区城乡一体化。沿江地区要加快经济发展，扩展城市规模，完善基础设施建设，提高公共服务水平，完善社会保障和社会公共服务职能，实现沿江都市化。山区乡镇加快新农村建设，高标准高效率地推进项目建设，加强与沿江乡镇的经济联系和互助发展，加快山区乡镇文化建设，提高居民素质，推动城乡一体化发展。

1. 城乡便捷流通

通过与区域中心城市、周边市县之间，市内各级城镇、农村之间的道路系统完善、升级以及公共交通系统的建设，实现居民的便捷出行化和提高可达性；通过城乡间信息网络系统的建设，实现城乡信息共享。促进城乡之间各类要素自由与公平的流动。

2. 公共服务设施优化与均等配置

统筹考虑城乡公共服务需求，建立"中心城区—街道/镇区—新型社区"的层级公共服务设施系统。优化与升级中心城区—街道/镇区的公共配套服务水平，完善街道/镇区—新型社区的基本服务系统，提高乡村各类设施配置标准，实现公共服务的均等化布局。

3. 城乡基础设施建设

城乡供水与排水系统以安全和环保为前提，采取分区处置的方式进行建设；城乡供电、通信等系统基本实现城乡一体化的建设；城乡环卫、燃气等设施，根据实际情况与需求，以城镇为重点进行统筹规划与配置。

四 空间优化

近年来，宜都市承接产业转移的步伐较快，县域经济发展势头迅猛。县域城乡空间发展差异较大，不利于区域整体竞争力的提高，因此需要科学规划城乡总体空间布局；沿江地区作为宜都市经济发展的重点区域，应重点对其空间结构进行统筹规划；为避免资源的浪费与产业结构的地区类同，应加强对宜都市域产业空间布局的优化，促进承接的产业科学有序的布局，促进资源的集中集约与产业集聚效应的发挥，促进地方产业整体功能的发挥与各地区特色优势产业的发展。

（一）城乡空间结构优化

未来宜都市域应结合自身的发展趋势和结构要求，结合现状自然环境、城镇布局和交通条件，引导区域城镇空间结构的进一步优化，形成"一主、双区、四轴"的区域空间结构框架，实施以中心城区为主导、沿江乡镇为基础，主要交通干线为城镇发展轴，带动山区城镇发展的城乡空间的非均衡发展战略。

"一主"是指陆城主城区，是宜都市政治、经济、文化、居住中心。范围包括陆城街道办事处、五眼泉镇部分行政村和姚店镇部分村，是整个宜都市社会经济发展的主中心，区位条件优越，交通便利，资源丰富，三产业较为发达，是宜都市域城镇及人口密度集中的区域，城镇化水平相对较高。

"双区"是指沿江城镇与山区乡镇两大分区。（1）沿江城镇：包括红花套、高坝洲、陆城、姚家店、枝城。该区域是宜都市经济社会发展的主体区域，城镇规模相对集中，产业基础良好。应充分利用良好的区位优势、优越的交通条件、丰富的资源以及良好的工农业发展基础，加强各乡镇之间的经济联系，加快城镇化建设的步伐，从区域的角度统筹安排经济社会发展，最终将本区域打造为完全城市化的区域。（2）山区乡镇：潘家湾、王家畈、松木坪、聂家河、五眼泉。区位优势不明显、经济发展基础较薄弱，但是，该区域的自然资源丰富，有利于特色农业以及旅游业的发展。该区域未来应依靠资源优势，加强与中心城区的联系，自身应加强集中居民点的建设，强化基础设施建设。

"四轴"是指市域内四条发展的主要轴线。（1）沿江发展主轴，联系红花套、高坝洲、陆城、枝城，沿江地区是宜都市主要的人口和经济的集中区域，以一级公路为依托串联的主要的城镇和工业园区形成的沿江经济发展轴，对接江北，共谋发展。（2）陆渔联系轴，联系陆城、五眼泉、聂家河、潘家湾。（3）陆畈联系轴，联系陆城、王家畈。（4）松枝联系轴，联系枝城、松木坪，强化了沿江地区对山区的带动作用。随着宜都市经济的发展，沿江区域发展将带动山区乡镇发展，区域内四条轴线发挥越来越重要的作用，以这四条轴线为依托，承担沿线山区乡镇与中心城区之间的人流、物流，组织镇区以及集中居民的分布，同时依托交通优势，协调产业发展，加快乡镇的城镇化发展。

（二）沿江地区空间结构

沿江城镇带是宜昌大都市区的重要组成部分，是长江经济带轴线开发、产业转移的重要载体，是宜昌市长江经济走廊重要的制造业基地，是宜都市城镇发展的主要依托。今后沿江地区应打破行政体制的束缚，从区域的角度统筹布局、协调城乡关系，以主要水陆交通干线带为重点，积极培育新的带动整个沿江发展的经济增长点，以联结增长点的多条交通线路为发展轴线，形成沿江城镇发展带，最终实现整个宜都市的快速发展。

沿江地区空间布局应坚持沿江发展区—设施廊道区—山林生态区三个条状分区，城市的发展主要在沿江地区展开，形成"一主、二新、三组团"的空间布局结构，最终形成"以陆城为发展主核，红花套、高坝洲、清江新城、枝城等多个服务节点，南北两翼产业沿江展开、三大组团共同发展的沿江带状点轴式"的南北共进的发展体系。

"一主"：陆城主城区，是整个沿江地区的服务核心，重点强化提升地区性中心职能。

"二新"：未来城市发展的两大重点区域，包含外围的红花套镇区、高坝洲镇区、清江新城、枝城镇区等多个服务节点及南北两大产业带。规划重点打造北部的红高沿江产业带和南部的枝城沿江产业带，北部重点发展光伏等新兴产业、装备制造业及现代农业，南部以化工、建材为主要发展方向。

"三组团"：北部红高组团、中部陆城组团、南部枝城组团，沿江城镇带根据发展现状和自然山水的分隔，形成三大相对独立的日常功能联系组团；三大组团之间以商务、政务、文化联系等非日常功能联系为主，尽量减少组团间的远距离通勤交通；各组团内部实现居住和就业的组团内相对平衡。

（三）城乡产业空间布局

统筹城乡，构建城乡一体化的产业空间布局，可以促进地方产业健康可持续发展。根据宜都市地形条件，产业发展总体格局主要分为沿江平原产业发展带和中南山区产业发展带，优化空间结构要从两个发展带来进行统筹布局。

沿江平原产业发展带：连接陆城、红花套、高坝洲、姚家店、枝城等城镇，是支撑宜都市向内辐射、对外开放的重要战略空间；重点发展综合服务、第二产业及现代物流等。

中南山区产业发展带：连接各山区乡镇，依托丰富的丘陵、山水、田园和风景资源，组成一条具有生态资源绿廊、乡村景观画廊和绿色经济走廊三大功能的创新发展带。综合发展休闲旅游业、生态农业、农副产品加工业、面向乡村的服务业等，成为宜都市由沿江向中南腹地辐射并提高内陆发展水平的重要轴带。

在统筹全市工业布局安排下，未来工业项目宜向陆城、姚家店、枝城沿江地区集中，侧重布局生物医药、光伏电子、化工建材等产业；红花套、五眼泉、高坝洲等北部沿江地区，侧重布局机电装备、农产品加工等产业，形成沿江新型产业带。其余乡镇结合农业资源，布局各类农副产品初加工和简单包装产业。

五 政策机制

（一）优化投资环境

地方良好的投资环境是承接产业转移的必要条件和重要保障，包括硬环境和软环境两方面。

一方面，"硬"环境要"硬"。要加快推进县域基础设施建设，对城镇和农村地区的道路交通、通信、通电、通气、供水等工程建设加大投资力度，努力使地方的经济发展有一个良好的环境，增加地方承接产业转移的机会。加快产业园区的基础设施、生产性服务设施以及生活服务设施等功能建设，促进与产业相配套的金融、科技、信息、物流等服务业的发展，完善园区的经济结构。

另一方面，"软"环境要"软"。创造商务成本低、服务良好、法制严明的发展环境，提高政府的行政效能。转变政府职能，把管理型政府转变为服务型政府。制定制度化、程序化、便捷化的办事流程，简化行政审批程序，以提高政府服务效率和行政水平，使地方承接产业转移的进程更加顺利。注重健全社会主义市场经济体制，以达到降低企业的融资、信息、营销等环节的成本的目标。县域政府在打造承接产业转移的软环境中作用举足轻重，政府要为吸引外资努力做到切实提供良好的行政服务、创造适宜的投资环境、提供宽松的投资政策，努力形成政府创造环境、企业创造财富的良性互动格局。

（二）健全人才培养机制

培育高素质劳动力，既是加快承接产业转移的重要基础，又是提高地方产业自主创新能力、突破产业转移依赖的重要举措。县域劳动力资源的质量普遍较低，因此今后要抓好人才的教育培养和储备，为承接产业转移打下深厚的人才基础。

首先，努力创造优厚的条件吸引高层次人才，对于这类高层次人才要针对其收入问题、户籍问题、家庭问题、社保问题、就医问题等提供特殊的优惠政策，解决其为县域发展做贡献的后顾之忧，为长期留住人才，县域政府必须下大力气创造优越的环境。另外，也要注重对引进的高技术人才进行再培养、再改造，使其更适应县域实现发展的要求。

其次，加大职业技术培训力度，积极发展各类职业教育，建设一批综合性职业教育培训基地，大量培养熟练技术工人，提高应用型人才的素质和比例。对县域适龄劳动力进行从业前的职业技术培训，使其更能适合企业的生产要求，为企业解决劳动力需求问题；对于企业中的熟练劳动力，根据企业用工要求与产业工人的特长开展技能强化培训，努力提高劳动力的职业素养与技术水平。

此外，针对当前劳动力大量回流的趋势，大力推进外出务工人员的"回流工程"的建设，对人口回流情况作详细的调查研究，充分利用外出务工、经商人员所带来的资金、技术、项目等先进要素，促进本地企业创新能力的提高，防止高度依赖外来企业的技术而使地方产业经济陷入依附地位的陷阱。

（三）加强制度建设

演化经济地理学家认为，企业根植于本地环境文化和区域制度之中，同时又受到长期以来形成的固定思维约束，从而必定产生锁定效应。因此，宜都市在承接产业转移过程中，要建立、健全正式制度，优化非正式制度，突破制度依赖，更好地承接产业转移。

第一，建立、健全正式制度。首先，作为产业承接地要吸收、消化、转化产业转出区域的先进制度，对地方现有制度缺失弥补与完善，提出更加合理、完善的制度安排与政策设计。其次，在承接产业转移初期，政府要通过强制性制度变迁促进地方承接产业转移，而后要逐渐退出制度创新的主体地位，促进以社会团体、行业组织、企业等为主体造成的诱致性制度变迁，从而形成新的创新机制。最后，针对宜都市的具体情况，努力在正式制度方面实现创新的突破，如城乡户籍制度、土地流转制度等。

第二，优化非正式制度。优化非正式制度对于促进正式制度的创新具有重要的影响。首先，要最大程度减小非正式制度如传统思维、风俗习惯等因素对外来投资的制约，包括对集体和政府严重的依赖意识、传统市场观、本土利益观等狭隘观念，努力促进包容开放的价值观念的形成。其次，努力营造良好的社会文化环境，在县域范围内对吸引投资、筑巢引凤等对地方产生的积极效应进行大力宣传，努力使地方呈现出一种浓厚的亲商氛围。最后，创造县域承接产业转移的科技支撑环境，促进技术吸收、消化与创新，使企业与企业家成为自主创新的主体，形成一个鼓励、支持与保护创新的社会文化环境。

第三篇　典型发达县域的产业转型升级

第六章　莱州市：镇村支撑型县域的产业升级

莱州市作为一个资源型城市，资源优势独特，黄金储量居全国县级市首位，卤水、菱镁矿、大理石、滑石储量居全国前列，莱州湾是中国最富饶的海湾之一，盛产多种海产品，依托丰厚的资源优势，莱州市不断加强第二产业的发展，处于工业化中期阶段，目前莱州市已形成了黄金、机电、建材和化工四大支柱产业，其产值比重较高，对经济的贡献率较高，发展基础较好。近年来，莱州市的地区生产总值不断增加，尤其是 2000 年以来生产总值的增长速度较快，在烟台市、青烟潍地区以及黄色经济区的排名都比较靠前，总体来说，莱州市的经济发展地位较高，属于较发达县域。莱州市实现县域产业升级主要是利用镇村相关产业支撑，通过镇村的发展实现县域的转型升级。

第一节　莱州市产业发展的主要问题

莱州市自然资源丰富，工业经济发展比较快，目前已进入工业化中期发展阶段。莱州市在环渤海与"蓝黄"经济区的经济地位排名比较靠前，属于较发达县域，但总体来说，近年来，经济发展地位下降；产业结构老化，资源型特征突出，产业链条较短，产品结构层次较低，需要摆脱对资源的高度依赖，借助先进生产技术实现优化升级；产业集群不明显，小企业和内资私营企业较多，缺乏龙头企业的带动；新兴产业发展不突出，现代服务业发展比较落后，急需壮大传统产业，明确新兴产业发展目标；产业外向化程度比较高，资源型产品出口较多，国际市场风险影响大。

但是，莱州市产业发展也存在一些突出问题，迫切需要提升优化。

一　产业总量地位下降

尽管莱州市的 GDP 在烟台市、青烟潍地区以及黄色经济区的排名较靠前，但在环渤海和山东半岛蓝色经济区内地位有所下降，GDP 等总量经济下降明显，第三产业也发展不足。

二　产业结构单一、资源型特征突出，产业链条短，层次低，有待继续优化

莱州市经济增长主要依赖本地丰富的黄金、石材和卤水资源，但是资源储量有限，高度依赖资源型产业不利于经济的长期发展。附加值高、竞争力强的下游产业少、弱，资源型特征日益突出，重工业比例过高，轻重工业比例失调。

三　"小微集群"特征明显，缺乏龙头企业带动

小企业从数量和产值上都占据绝对优势，大中型企业数量少、规模较小、增长慢，缺大型企业、央企省企。内资私企比重大，产值高，外资企业较少，产业发展的活力较差。

四　外向化程度高，国际市场风险影响大

出口产品高度集中于机电、石材等资源型和初级加工型产品，高新技术产品出口较少，受国际市场风险影响较大。

五　新兴产业重点不突出，发展不鲜明

"十二五"拟投资的项目面面俱到，没有依托莱州市的资源优势进行发展。

六　现代服务业发展落后

批发零售、交通、邮政仓储等传统型、低级的服务业类型占较大比重，金融、信息、文化创意等高级的现代服务业比重较小。

总体来说，莱州市资源优势独特，工业经济发展基础较好，且独享山东半岛蓝色经济区和黄河三角洲高效生态经济区两大国家战略叠加优势，发展机遇得天独厚，但在发展过程中存在许多问题，制约了经济的进一步发展。

第二节 农业产业发展趋势

一 农业各产业发展情况

莱州市种植业在烟台市发展总体较好,但种植业中主要农产品发展不均衡,呈现出玉米等粮食作物"一枝独秀"的发展态势,种植业逐步走向专业化。莱州市作为全省粮食生产大县,粮食作物发展基础较好,2004年粮食作物产量占烟台比重为18.47%,之后不断增长,到2010年,粮食作物产量达到了63万吨,在烟台市比重达到了24.26%,比重增加了5.79%,依托良好的发展基础和有利机遇,粮食作物发展较快。而油料作物、蔬菜以及瓜类等发展较慢,近年来,产量比重都有所下降,其中瓜类产量在烟台市比重下降了6.84%,蔬菜产量比重下降了4.47%,油料作物比重下降了1.37%。看似不均衡的发展趋势也正体现了莱州市种植业正逐步走向专业化生产,玉米等粮食作物今后都将稳定在较高的发展水平。但总体来说,莱州市现在的种植业结构还有待调整优化,未来在稳定发展玉米等粮食生产的同时,应大力发展种苗、瓜菜等高效特色主导产业,不断调整优化种植业结构,逐步形成特色产业优势和规模。

(一) 渔业

莱州市濒临渤海莱州湾,沿海滩涂总面积4.02万公顷,境内河流众多,适合淡水养殖的面积为609公顷,且水文气候条件适宜,发展渔业养殖具有得天独厚的优势。近年来,莱州市立足资源优势,不断优化渔业养殖结构,开展科技创新,合理利用水域滩涂资源,水产养殖业实现快速、持续、稳定发展,在烟台市域范围内居于前列。在主要水产品中,海水鱼类近年来发展较快,2004年产量占烟台市比重为9.68%,2010年产量比重为12.9%,比重增加了3.22%,海水鱼类养殖规模不断扩大;虾蟹类和贝类在烟台发展基础较好,2004年产量比重分别达到烟台的27.54%和22.99%,但增长较为缓慢,2010年占烟台的产值比重分别下降了0.79%和1.08%,但优势地位依然存在;莱州市淡水鱼类发展较为滞后,在烟台产量比重较低且有所下降。

总的来说，莱州市渔业发展势头较好，要继续保持虾蟹类、贝类等海产品的优势地位，逐步推广多品种、立体化、生态型养殖模式，使渔业发展逐步走向专业化和高效化。同时，继续做大做强海水养殖，提高海水鱼类产量，建设"海上莱州"，最后也要兼顾淡水鱼类的发展，以补充支撑主导海产品的发展。

（二）畜牧业

莱州市是全省畜牧强市，国家首批瘦肉猪基地市，烟台黑猪繁育基地。近年来，全市逐步形成了以生猪、肉（蛋）鸡、牛、羊为主导品种的畜牧业生产格局，并逐步走向精深加工、专业化发展道路。莱州市主要畜牧产品中，肉类发展优势明显，发展情况较好，产量不断提高，2004年肉类产量为7.4万吨，之后逐年提高，到2010年肉类产量达到了9万吨，居烟台市第一位，占据畜牧产品的主导地位。而其他畜牧产品产量都有所下降，其中牛羊奶产量下降了1.6万吨，禽蛋产量下降了0.3万吨，毛绒和蚕茧产量也都不同程度的下降。由此可见，莱州市畜牧业由"小而全"逐步走向了"大而精"，重点发展肉类产品。

依托良好的发展基础和优势，莱州市要继续保持在畜牧肉类生产和加工方面的优势，重点扶持肉鸡、生猪和肉牛龙头加工企业，加快推进畜产品深加工，延长产业链条，形成龙头企业+基地的生产模式，向规模化、标准化方向发展，不断提高畜产品市场竞争力，努力建设成为黄三角地区畜牧业生产、高端畜产品加工出口和良种繁育基地，黄三角地区现代畜牧业强市。

（三）林业

莱州市林业发展总体较为稳定，林业经济已成为全市经济的重要组成部分。近年来，莱州市突出抓好沿海防护林、速生丰产林、平原绿化、荒山造林、绿色通道和绿化示范村镇等重点工程建设。全市森林面积51922公顷，森林覆盖率为34%，其中，防护林20796公顷，用材林12523公顷，经济林18603公顷。2004—2010年，莱州市主要森林面积在烟台县域排名保持稳定，用材林面积上升为全市第一位，经济林面积和防护林面积分别居烟台市第四位、第五位。莱州市在建设生态城市的同时必须要大力推进林业重点工程建设，大力发展林业产业，把兴林和富民紧密结合起来，在努力改善生态的同时，促进农民增收和农村发展。

（四）小结

莱州市农林牧渔各产业发展基础较好，在烟台市占据了重要地位，其中玉米、肉类和渔业更是成为区域优势产业。各类农业生产中的少数品种地位在提升：种植业地位在提升，并逐步做大做强玉米等粮食作物；渔业中虾蟹类和贝类是优势产品，海水鱼类发展较快；畜牧肉类增长较快，畜牧业逐步走向专业化。综上，莱州市农业区域化和专门化程度在不断提高，莱州市的现代农业发展正在从"小而全"向玉米、鱼类、肉类等优势农产品生产集中，从而更加有力地促进农业增效、农民增收和农村经济快速发展。

二 农业机械化、规模化和产业化

农业机械化是农业现代化的基本内容之一，运用先进适用的农业机械装备，可以改善农业生产经营条件，不断提高农业的生产技术水平和经济效益、生态效益的过程。总的来说，莱州市机械化程度不断提高，总体机械化水平在烟台居于前列。2000—2010年，农业机械总动力不断提升，2010年农业机械总动力达到了134.97万千瓦。在烟台县域范围内，2004年莱州市机播率和机收率都居烟台第二位，机耕率居第四位，2010年机播率跃居烟台第一位，机收率稳居第二位，而机耕率排名下降，为第七位。

总体来看，机耕率变化较大，机耕地占总耕地比重稍有下降，由2000年的83.86%降为2010年的82.7%。大型机械使用增多，大型机械动力占总动力比重持续增加，由2004年的30.1%增加到2010年的34.82%，但是增长较为缓慢，比重依然较低。可以说，莱州市要发展粮食、鱼、肉等大宗农产品，离不开机械化的支撑，所以，未来要加大农业机械特别是大型机械的投资力度，在农业生产中逐步普及机械流水化生产，努力提高农业机械化水平。

一般来说，耕地面积和人均耕地面积可以体现农业规模化程度，人均耕地面积越高，农业规模化程度越高。总的来说，莱州市农业规模化发展不足。首先是耕地萎缩明显，2000年耕地面积为106.49万亩，2010年下降为102.5万亩；随着农村人口的减少，人均耕地面积有所增长，2000年为1.44亩，2010年为1.49亩，但是，人均耕地1.49亩的现状与农业规模化经营要求的差距仍然是非常大的，因此，莱州市未来还要继续加强农业规模化发展。

总的来说，莱州市农业产业化经营步伐慢，农副产品加工企业数量少、规模小、实力弱，行业单一，有较大影响和带动力的龙头企业不多。2000年规模以上农副产品加工企业仅有12个，企业平均产值为0.25亿元，可见，农副产品加工业发展不足，企业规模普遍较小，没有龙头企业带动；2007—2010年，规模以上农副产品加工企业数目逐步增加，工业总产值也随之增加，到2010年，企业为32家，工业总产值为59.66亿元，企业平均产值达到1.86亿元，尽管十年来规模以上农副产品加工业企业数量和产值都有所提高，但规模依旧较小，发展也较为缓慢。可以说，莱州市农业产业化经营仍处于起步和发展阶段，与先进地区和当前农业发展形势相比，还存有很多不足，未来要优化环境，培育壮大农业产业化龙头企业，引导企业加快科技和管理体制创新，不断增强辐射带动能力，依托龙头企业不断提升农业产业化水平。

近些年，莱州市农业机械化、规模化和产业化都在不断提升，但发展程度都不高，仍有较大的提升空间和潜力。未来莱州市要发展优势农业，特别是发展粮鱼肉等大宗农产品的生产，需要机械化、规模化和产业化的支持。莱州市农业机械化程度较高，但是，仍以小型机械为主，需要进一步推进土地流转促进规模化、机械化经营，农产品加工也需要壮大龙头企业。

三 农村土地流转与人口转移

农村土地流转是进行城镇化的必要手段和支撑，农村家庭承包的土地通过合法的形式，保留承包权，可以将经营权转让给其他农户或其他经济组织。农村土地流转是农村经济发展到一定阶段的产物，通过土地流转，可以开展规模化、集约化、现代化的农业经营模式。近年来，在稳定完善二轮土地承包的基础上，莱州市积极引导指导农民群众按照"依法、自愿、有偿"的原则，采取转包、出租、互换、转让等多种方式流转土地承包经营权。其中利用转包和出租成为土地流转的最主要方式,在全部流转土地中,转包22550亩,占土地流转总数的37%,出租18563亩,占土地流转总数的31.1%。目前,全市进行土地承包经营权流转的土地达到59791亩,占耕地总面积的5.7%,涉及流出土地农户17318户,占农户总数的7%,可以看到,莱州市土地流转还处于初级发展阶段,土地流转力度还不够,还有较大的发展空间。开展土地承包经营权流转,可以促进农业适度规模经营,提高农业整体经济效益,未来莱州市要进一步推进土地流转。

总的来说,莱州市农村就业结构已经出现根本性转变,大部分劳动力从事非农产业。全市农村劳动力39.14万人,完全从事非农产业户、农业非农业兼营户、完全农业户的分别为15.5624万人、11.13万人、12.4476万人,其中,完全农业户仅占农村劳动力的31.8%,而完全从事非农产业户比重接近40%,农村人口逐步转移到非农产业上,农村城镇化水平不断提高。从年龄结构上看,40岁以下的劳动力占29.5%,40—45岁的占8.8%,45岁以上的占61.7%,农业劳动力以中老年劳动力为主。按文化程度分,初中以下学历(含初中)占66.8%,高中学历占17.6%,中专学历占11.9%,大专以上学历占3.7%,农村劳动力受教育程度普遍较低,不利于农业现代化发展。莱州市农村就业结构的根本性转变也体现了农村城镇化的不断提高,但是,青壮劳动力不足以及劳动力教育素质偏低等问题也会阻碍城镇化的长足发展。

农村劳动力的转移是城镇化进程的重要标志。莱州市村镇工业发达,农民非农化就业以"离土不离乡"为主,离乡外出务工人员较少。外出务工的农村劳动力为4.67万人,占11.9%,常年外出务工农村劳动力为3.19万人,其中,乡外县内1.3万人,约占35%,县外省内1.7万人,占总外出务工人员的45%,农村人口到外务工主要是在省市范围内。可以说,莱州市域范围内可以容纳大部分农村劳动力就业,促进了农村人口向城镇的转移,也加速了城镇化的进程。未来既要在县域空间尺度内加速工商业的集中布局,壮大中心城区和重点城镇人口规模,发挥规模集聚效应。另外,也要结合当前实际,在乡镇空间尺度上发挥产业的人口吸纳作用,建设宜居小城镇。

城镇化进程中大量农村劳动力向城镇的转移,必然会引起农村土地流转的问题。目前，莱州市农村土地流转尚处于初级阶段，集体土地有偿流转需突破"瓶颈"，农村劳动力会加速转移，城镇化推进速度和效率有望大幅提高。另外，莱州市农业机械化、规模化、产业化发展都需要减少农村人口、加速人口向城镇的转移。目前，莱州市乡村就业已经以非农就业为主，城镇化动力充足。

四 农业生产布局变化

总的来说，莱州市农业生产布局体现了区域特色。农业生产按照区域化布局、规模化生产的发展方向，大力发展种苗、水果、瓜菜等高效特色主导产业，逐步形成特色产业优势和规模。由莱州市各镇街农产品产量占全市的比重，可看出文昌街办、永昌街办等作为城镇化核心地区，逐步成为全市政治商业文化区，其农业生产职能已经无足轻重，文昌、永昌等街办各主要农产品产量比重都很小，农业生产活动逐渐由市区向周边街镇转移。莱州市农产品分布广泛但又体现很强的区域特色，玉米、花生、苹果等优势农产品在各镇街均有分布，区域化布局明显，而蔬菜及特种作物分布较为集中，逐步走向专门化，例如生姜主要集中在驿道镇和程郭镇，驿道镇生姜产量占总产量的50%。草莓主要集中在平里店镇，产量占总数的86.3%。马铃薯主要集中在平里店镇和朱桥镇，平里店镇马铃薯产量占总产量的41.5%。而西瓜集中在城港街办和郭家店镇。

五 小结

莱州市农业发展基础较好，农林牧副渔各产值在烟台都位居前列，农业现代化潜力巨大，城镇化动力充足。近年来，农业发展总体较为平稳，种植业发展较快，玉米、小麦等粮食作物的高产也稳固了莱州市"粮仓"地位。渔业、牧业和林业发展缓慢，在烟台地位有所下降，莱州市要在稳定粮食生产的同时兼顾其他产业，依托区域特色，有重点地发展渔牧林业，走专业化生产道路，支撑现代农业发展大计。

莱州市农业区域化和专门化程度在不断提高，一方面，农、林、牧、渔中的种植业地位在提升，稳居烟台乃至山东省前列；另一方面，各类农业生产中的少数品种地位在提升，渔业中虾蟹类和贝类优势明显，海水鱼类发展潜力较大，畜牧业中肉类等增长较快，居烟台第一位，林业基本稳定。再有，莱州市农业生产布局逐步走向专业化，中心市区农业职能逐步退化，优势农产品分布广泛，蔬菜及特种作物较为集中，逐步走向专门化。可以说，莱州市的现代农业发展正逐步从"小而全"向玉米、鱼类、肉类等优势农产品生产集中。

莱州市农业机械化程度较高，总体机械化水平在烟台居于前列，但是仍以小型机械为主；耕地萎缩明显，人均耕地较小，与农业规模化经营差距较大；农业加工业缺乏龙头企业。要发展优势农业，特别是发展粮鱼肉等大宗农产品的生产，需要机械化、规模化和产业化的支持。莱州市目前土地流转尚处初级阶段，需要进一步推进土地流转促进规模化、机械化经营，农产品加工也需要壮大龙头企业。

另外，农业机械化、规模化、产业化都需要减少农村人口、加速人口向城镇的转移，即城镇化。莱州市乡村就业已经以非农就业为主，城镇化动力充足。莱州市村镇工业发达，农民非农化就业大部分位于省内，离乡外出务工人员较少，未来要在县域空间尺度内加速工商业的集中布局，对口接纳农村劳动力就业，壮大中心城区和重点城镇人口规模，发挥规模集聚效应。

第三节 优势产业开发

一 石材产业

（一）产业发展基础好但市场竞争加剧

莱州市境内石材资源储量丰富，是国内最大的花岗石、大理石产地之一。据专家勘测，莱州市境内可供开采的石材总储量达30多亿立方米，品种繁多，质地优良，主产20多个石材品种，以花岗石为主，主要有山东白麻、樱花红、晶白玉、黑白花、莱州红、莱州青、黄金麻。山东省内石材产业分布较广，除莱州市之外，平邑、五莲、嘉祥、泗水、汶上、平度、荣成、招远等地都有石材产业分布。莱州市作为中国主要的石材基地之一，其石材产业开发处于山东石材产业带的前列，开发历史悠久，发展基础较好。但是，莱州市石材资源储量逐渐减少，五莲、泗水、荣成等地石材资源超过莱州市，莱州市石材产业面临省内其他城市的石材产业的竞争。

莱州市是中国13个重要的石材工贸基地之一，是中国北方最大的石材基地。全市拥有石材企业近3000家，年加工板材近6000万平方米、雕刻品及异型石材20余万件。产品主要出口日本、韩国、美国、意大利、西班牙、土耳其、俄罗斯、德国、埃及、印度、中国香港、中国台湾等26个国家和地区。但是，与中国南方相比，莱州市的石材年产量较少。

自2005年以来，中国就一直占据着世界最大的石材生产、消费和出口大国的地位，2007年中国石材销售收入达到顶峰，为45.02亿元。但是，自2008年以来，受世界金融危机的影响，中国国内石材行业销售收入和出口额大幅下滑，石材产业市场环境恶化，竞争加剧，莱州市的石材产业也受到一定的影响，因此，莱州市石材产业面临大环境恶化的危机。

(二) 石材产业产品结构低端

莱州市石材企业数量多、规模小，企业平均规模为570万元，与福建水头893万元相比，差距较大。莱州市石材企业普遍规模较小，大多以小企业和个体私营业户为主，而且很大一部分企业还是处于作坊式的生产阶段，矿山开采技术落后，矿山开采缺少规划，资源综合利用率低，造成资源浪费和环境的破坏。莱州市石材资源可开采储量萎缩明显，剩余储量仅能维持10—20年的规模开采。本地开采荒料占加工荒料的80%以上，石材行业造成的环境问题突出，简单粗放的采掘方式，造成山体和植被破坏严重，石材加工过程中产生严重的粉尘污染、噪声污染，以及含有毒素的废水、废渣，污染周边的水源和土壤。

企业规模小造成资金投入较少，没有长期的发展规划，单纯依靠数量取胜，这就造成了整个莱州市石材产业现代化程度低，加工技术相对落后，石材产品以初级单一产品为主，石材产业链纵向发展不足，主要以荒料、初级板材、简单异型加工为主，产业链横向方向石材机械、磨具磨料、人造石、复合材料等产业欠缺，产品档次低、附加值低、企业效益低、资源大量流失。由此导致多数小企业无力开拓国际市场，在激烈国内市场竞争中也往往处于劣势，直接影响了企业的发展壮大和莱州市石材产业整体水平的提升。

(三) 石材产业发展方向

莱州市石材企业数量多,规模小,资源破坏与浪费严重,产业整体水平低,产业链条短,以石材产品基础加工为主,产品附加值低,石材开采加工过程中造成的环境问题突出。莱州市石材产业急需改造提升,提高本地石材产业竞争力,应借鉴国内石材行业发展较好的福建水头的市场、产业与基地良性互动的产业发展道路与广东云浮打造千亿产业集群的发展途径,促进莱州市石材产业转型升级。

1. 延伸产业链条

莱州市石材产业链条短,以石材产品基础加工为主,产品附加值低,因此,要借鉴福建水头与广州云浮石材产业发展,进行产业链纵向延伸,发展异型加工、新型材料、石材安装与护理等深加工、高附加值产业,石材产品由粗糙传统型向"新、精、特、尖、巧"特色方向发展。在石材产业链横向方向进行扩张,发展石材机械、人造石、复合材料等产业。要大力扶持发展相关产品配套,集中研究配套零部件产业的培育和发展问题。应制定扶持配套企业的优惠政策,设立研发配套产业发展基金。借鉴云浮石材产业发展,大力发展与石材加工业相关的机械设备、金刚石锯片、磨具磨料、钢砂、锯条的生产与销售,提高技术含量,降低生产成本。

2. 加快产业综合化

福建水头石材商贸城占地1300亩,吸纳国内外企业上千家,出租率达100%,年交易额达到50多亿元,是目前我国最大的石材加工贸易、原材料集散、物流贸易中心。广州云浮正在打造千亿级产业集群,中国·云浮国际石材产业城总规划占地为3000亩,总投资额达50亿元。项目总体规划,分期建设,建成后将容纳石材企业3000家以上,力争实现年石材贸易总额突破千亿元。产业城共涵盖国际石材会展中心、云浮石材博物馆、石材产业文化广场、荒料展示区、石材加工区、石材大板展示区、石材成品展示区、石材精品品牌区、物流仓储区、配件配套区、创意研发中心和综合商务区十二大功能区。莱州市应加快石材产业综合化步伐,借鉴福建水头与广州云浮,加快莱州市石材工贸城的建设,由政府支持引导,对入驻企业实行"统一规划、统一供地、统一建设、统一治理"的管理模式。发展石材商贸、物流、展示，完善配套设施，吸引外商投资，实现莱州市石材产业定位由资源开采加工向资源开采、来料加工和贸易集散转型。

3. 原料多元化

随着莱州市石材资源的逐渐萎缩，为促进石材产业可持续发展，应促进石材原材料来源的多元化，减少对本地石材资源的依赖度。莱州市石材加工能力较强，已初步形成一定规模的石材加工集群，莱州市区位优势突出，公路、铁路、港口运输便利，莱州市港腹地广阔，陆海交通便利，是鲁中、鲁西北地区物流成本较低的深水出海通道，是山东对外交流的重要海上窗口。莱州市石材产业应充分利用良好的产业基础与区位优势，积极提高从国内其他地区和国外进口石材荒料的比重，逐步替代当地石材资源，保护生态环境，实现产业可持续发展。

此外，莱州市石材原材料多元化顺应了全国石材行业的发展规律。意大利有着几百年开采加工荒料经验，曾经是最大的石材原材料进口国，从世界各国进口大量的原材料到国内进行加工，然后再出口到其他各国，但如今中国却已取代意大利成为世界上最大的石材原材料进口国，进口原材料是意大利的两倍。在如此的大背景下，莱州市应大力促进石材荒料的进口，在本地进行加工，然后出口制成品，提高整个石材行业的经济效益。

4. 壮大企业规模

培育、引进龙头企业，加大对大型企业的支持力度，积极引进大企业落户本地，如水头吸引环球石材、高时石材、康利石材等大型企业入驻，本地企业如东升股份、华辉股份、溪石集团、恒隆石业等也发展迅猛。莱州市应借鉴水头石材产业发展道路，鼓励企业兼并重组，压缩企业数量，整合莱州市规模小、发展后劲不足的小企业，支持大型企业对小企业的兼并。

在空间布局上，使石材企业集中分布，以便共享基础设施、市场信息等资源，此外，集中布局便于统一管理、统一治理污染。莱州市石材产业地方根植性很强，对当地生产技术、社会网络、产业基础依赖性大，而且企业规模普遍较小、调整适应能力弱，对于本地绝大多数企业宜采取提高环境门槛前提下的就地集中方式,不宜异地集中。引进和培育的大中型加工企业,可以选择生态敏感性较弱和建设用地供给较充足的沙河——土山地区布局,利用进口荒料建设大型的石材加工贸易园区,逐渐替代开发当地资源的发展模式。全面提高石材企业管理水平、加工技术和服务能力,使石材产业健康可持续发展。

二 黄金产业

(一) 黄金加工产业发展前景有限

莱州市黄金矿产资源丰富,已探明黄金储量360吨,黄金总储量占全国储量的1/6,居全国县级市首位。莱州市最主要的黄金企业为山东黄金矿业有限公司,其生产经营主体为新城金矿、焦家金矿、玲珑金矿、三山岛金矿、沂南金矿、平度鑫汇金矿等,山东黄金主体金矿分布在莱州境内。2005年以来,莱州市黄金产量持续增长,由2005年的30052千克的黄金年产量增长到2010年的120135千克的年产量,但是增幅自2007年以来快速下滑,产量增长缓慢。

莱州市黄金产业链条短,主要为开采、洗选、冶炼,对当地产业带动较小。目前,莱州市黄金对当地的贡献主要为税收,需要延伸产业链条,带动当地相关产业发展,可借鉴招远黄金产业,延伸产业链条,大力发展黄金珠宝饰品提纯、加工、生产、销售、旅游,开展黄金矿山专用设备及物资、建筑材料的生产、销售等。招远黄金加工销售企业90余家,培育出了"招金""卢金匠"等首饰品牌。此外,招远黄金珠宝首饰城被评为"国家AAA级旅游景区"。

山东黄金集团加工业布局重点不在莱州市,莱州市黄金加工产业发展前景不容乐观。山东黄金集团在黄金深加工方面起步较早,发展势头良好,现拥有国内长江以北规模最大的黄金深加工基地——山东黄金鑫意首饰有限公司。山东黄金集团近期在青海成立了山金西部地质矿产勘查有限公司暨山东黄金西北勘查基地,以打造山东黄金集团在西部勘查、开发、加工完整产业链条为目标。可见山东黄金集团无意在莱州市布局黄金加工产业,莱州市黄金加工业发展前景不太乐观。

(二) 黄金开采造成的环境问题需要重视

黄金矿山生产过程中,不可避免地会对环境造成一定的大气污染、水污染、固体废弃物污染甚至引发地质灾害。由于大量使用炸药、柴油机作为设备动力等，产生大量的有毒有害气体，矿山废水含有大量的重金属离子、酸碱、固体悬浮物等有害物质，矿山固体废弃物的危害突出表现在对土地的占用和破坏上，矿山开采还易引起地面沉降、滑坡、泥石流、海水倒灌等地质问题。莱州市金矿开采过程中对环境的破坏主要为尾矿问题以及海水倒灌问题。

莱州市共有 16 家金矿开采企业，主要分布在金城、三山岛和朱桥等镇，有新城金矿、焦家金矿、三山岛金矿、新立金矿、仓上金矿、寺庄金矿，各个金矿点的尾矿库主要分布在矿区附近的沿海空地以及山区沟谷中，尾矿处理不当会造成污染、植被破坏、滑坡等环境问题。对于尾矿库问题的治理可以采取尾矿库整治恢复，以三山岛金矿尾矿库改造为黄金海岸生态旅游项目的恢复整治方式为典范。此外，尾矿生态处理及综合利用方面，可以对尾矿库变废为宝，进行资源回收再利用，利用金矿尾矿废渣制造水泥、砖瓦等建筑材料。

由于莱州市地处沿海，金矿生产需要大量水资源，大量地下水的抽取造成了海水倒灌，海水入侵污染陆地淡水，将会破坏地下水资源，使农田盐碱化，导致工农业及人畜缺水，阻碍经济发展。因此，黄金产业带来的以上环境问题需要高度重视，应减少抽取地下水，节约淡水资源，以新城金矿为典范，将生活污水回收利用，实现污水零排放；以焦家金矿为典范，将矿坑废水变废为宝，推广矿坑废水循环利用，解决了用水不足问题。

三　物流业——莱州港

（一）港口在黄三角内竞争力强

莱州港地处渤海莱州湾的东岸，处于环渤海经济圈的黄金地带。港口资源条件良好，港口所处海岸为黄骅以东至龙口以西唯一可建 10 万吨级深水泊位的岸线。港口设施齐全，黄河三角洲高效生态经济区唯一集疏港高速、公路、铁路、输油管线为一体的疏港大通道，同时也是黄河三角洲地区货物吞吐量最大的港口，港口年吞吐量 2500 万吨。相比于东营港、滨州港和潍坊港，莱州市在黄河三角洲高效生态经济区中的竞争力较强。

莱州港自营运以来，大量的进出口物资如盐、粮食、木材、建材、石材、矿石、液体货物、鲜活鱼、虾、蛤苗等通过烟台市莱州港抵达国内各地和日本、韩国、菲律宾等国家。从 2011 年莱州港货类吞吐量可以看出，莱州港主要运营液体石油制品、非金属矿石、盐、化学原料、粮食等散杂货，货物来源地区主要为外地，港口是以服务周边液体石油化工品需求以及出口盐、建材、粮食等本地初级资源品为主，对莱州市的产业升级带动作用有限，对于本地经济的贡献度较小。

（二）在山东及环渤海区域竞争力弱

环渤海三大港口群包括以大连港为核心港，以葫芦岛港、锦州港、营口港、丹东港等为支线港的东北港口群；以天津港为核心港，以秦皇岛港、唐山港、黄骅港等为主支线港的津冀港口群；以青岛港为核心港，以日照港、烟台港、威海港、龙头港为主支线港的山东港口群。莱州港在山东港口群中地位较低，相对于山东省以及环渤海区域的其他主要港口，莱州港规模小，竞争力非常弱。

莱州港主要业务类型为液体油品中转、石材、盐、粮食等散杂货运输，港口群中其他大型港口主要优势业务为煤炭、集装箱等，莱州港在业务方面与区域港口群优势业务差别较大，不利于分享港口集群效应。因此，环渤海三大港口群对于莱州港的辐射带动作用十分有限，莱州港的发展面临较大的挑战。

（三）港口未来发展方向

莱州港发展集装箱运输前景渺茫。集装箱运输投资多、周期长、风险大，需要庞大的工业制品进出口支撑，且集装箱港口建设趋向深水化、大型化、集团化。莱州港自然条件以及经济环境无法支撑集装箱运输的运营。莱州港进口的液体化工、矿石主要定向输送其他地区，盐、粮食、建材等散杂货的区内加工基地已经形成，莱州市发展临港加工业前景不乐观。

莱州港具备煤电产业发展的条件，今后应大力发展港口煤电产业。煤电产业对 GDP、地方财政收入和耗能型工业带动作用明显，煤电产业及其相关产业将会对莱州市有较大经济贡献。山东省 2012 年、2015 年、2020 年电力缺额预计分别为 6840 百万千瓦、23564 百万千瓦、54459 百万千瓦，电力需求旺盛。莱州港发展煤电产业可以补充山东电力能源，山东省的电力缺口也为将来莱州市煤电产业发展提供了市场需求。

蓝色经济区的青岛、威海、日照港都是大型煤炭运输港口，未来莱州港可以作为黄三角的主要煤炭运输港口。莱州市位于山东省北部渤海之滨，水资源利用、交通运输、土地利用等条件，符合山东省电源建设原则。华电公司在莱州市投资的意愿强烈，并已规划煤炭基地（蒙煤）和供应港口（曹妃甸、秦皇岛）。

莱州市电力能源产业发展基础较好，今后应借临海、临港的资源优势，积极发展海上和陆地风电，建设风电示范工程。2012年莱州市重点投资项目中对于风电项目投资力度较大，其中华电国际各项建设内容总投资87.4亿元，大唐风电总投资14亿元。莱州市应大力推进华电国际莱州电厂项目、大唐百万千瓦级海上风电场项目、华能、华电等陆上风电项目建设，把莱州市建设为山东省乃至全国重要的风力发电基地。

四 旅游产业

（一）旅游业发展较为落后

莱州市旅游产业起步较晚，处于刚起步阶段，发展较为落后。莱州市境内旅游资源类型多样，有地景、水景、生景、石刻、碑刻、古墓葬、古遗址、寺观、石窟、历史名人、现代城市风貌、海岸及渔家风情等，主要旅游资源为山海风光和文化资源。但旅游资源的品质普遍偏低，无四级、五级旅游资源，大多为普通级别资源。莱州市主要景区有"AAA"级景区大基山、"AA"级景区云峰山和"A"级景区千佛阁，但是现状开发模式仍是以观光为主，景区开发状况落后，文化内涵体现不够充分。莱州市旅游业发展在烟台市域地位较低，与其他旅游城市蓬莱、龙口等相比有较大差距，2005年以来，莱州市旅游总收入和接待人数占烟台的比重仅为5%左右，并且发展滞缓甚至呈现下降的趋势。

莱州市旅游资源开发主要依托山、海、文化等，与山东半岛其他沿海地区相比，莱州市旅游资源品质较低，与周边雷同度高，特色不突出，不利于莱州市旅游业发展。莱州市属暖温带季风区半湿润大陆性气候，四季分明，旅游资源受气候因素的影响，季节性变化比较明显，滨海旅游度假地受水温影响，文峰山、大基山等自然风光受季节影响，旅游效益冬半年与夏半年存在较大差距。旅游产品单一，多样性不足，重点旅游资源之间缺乏有机联系，莱州市西部的滨海旅游与东部的山区文化旅游之间联系较少，另外大基山、文峰山、寒同山等旅游道路不同，交通联系不便，使景区的可进入性降低。莱州市旅游产品与资源对接不足，旅游产品的知名度较小，缺乏具有号召力的品牌。

环渤海地区旅游资源丰富，自然风光休闲旅游资源、人文旅游资源与度假旅游资源品种繁多，旅游资源的品质较高。环渤海经济圈的强大经济基础为旅游业发展提供了强大的基础支撑，交通条件、旅游设施、旅游客源等为旅游业发展提供了重要保障。环渤海16个港口城市之间展开旅游合作，打造旅游集群产业带，将进一步提升各城市旅游业的发展。而莱州市旅游产业起步晚，发展相对落后，莱州市旅游业占GDP的比重不足3%，与环渤海其他旅游城市相比，差距较大。

(二) 旅游业发展方向

旅游特色是旅游业的基础，具有地方特色的旅游区才具有生命力与竞争力，才能吸引更多的游客。环渤海地区旅游业比较发达的城市旅游特色都比较鲜明，如秦皇岛依托本地良好的生态条件打造的疗养之旅，盘锦市利用独特的红海滩资源打造红海滩之旅，潍坊市为世界著名的风筝之都，蓬莱仙境之旅品牌响亮，招远市依托本地黄金资源开发黄金旅游业。因此，莱州市要发展壮大旅游业，必须深挖特色，提出具有号召力的旅游品牌。

莱州市旅游资源丰富，优势旅游资源有特色海岸、特色文化与特色工艺品，莱州市旅游业发展应以三个特色为着力打造点。

1. 特色海岸

108公里海岸。莱州市拥有108公里的海岸线，自然条件良好。其中三山岛沿海一带和金城海北嘴—石虎嘴一带，为沙质海滩，沙滩呈金黄色，纯度高，泥土含量少；海湾风平浪静；以及绵延百里的黑松林为海滨旅游打下了基础，具有较大的开发价值。莱州市境内的海岸线与周边相比具有独特优势，是渤海湾及莱州湾内唯一的、距离黄三角各地最近的沙砾质海岸。优质的海岸资源，为莱州市滨海旅游开发打下良好的基础。莱州市滨海旅游开发潜力较大，未来应大力开发旅游产品，完善旅游设施，加大旅游宣传度。

2. 特色文化

东海神庙、道教玄修、长寿之乡。位于市区西北9公里、海庙姜家滨海处的海神庙遗址，曾是历史上皇家祭祀海神的处所，文化底蕴深厚，信仰地位较高，每年的四月初三、六月十三、十月初三为"东海神庙祭海庙会"，前来敬香祈祷的沿岸居民、渔民络绎不绝，是莱州市海文化的重要载体。莱州市是道教文化的发祥地，大基山、云峰山、寒同山道教文化丰厚，石刻、书法、洞窟等具有很高的文化价值和道教研究价值。莱州市生态环境良好，为全国著名的宜居城市，盛产百岁老人，是全国著名的长寿之乡。

3. 特色工艺品

石材、石雕、草编、玉雕等。莱州市土特产品有浓郁的地方特色。莱州市生产的花岗石和大理石为莱州石雕、玉雕提供了丰富的原材料，特别是以毛公石为原料制作的玉雕更为其中的精品。其中，莱州草编已有一千五百多年的历史，以其精细的做工、丰富的色彩、多样的造型成为环保实用而又极其美观的工艺品，成为国际市场上惹人喜爱的佳品；经过百余道工序，手工精制而成的莱州毛笔，曾为清代的贡品，书写流利、经久耐磨。以上特色工艺品都可开发为旅游商品。

莱州市旅游业应以打造祭海之旅为发展主题，开发山海石等旅游产品。为莱州市独一无二的具有垄断性的旅游资源，要抓好这一大资源优势，作为旅游资源的龙头加快开发，加大宣传力度，打造品牌优势。以"东海神庙"祭海之旅为龙头带动云峰山、大基山等道教玄修养生旅游，对景区进行修护、环境整治、完善基础设施，增强景区的吸引力；联动黄金海岸休闲养生旅游，依托优质的沙砾质海岸，开发滨海旅游产品，完善旅游设施；依托莱州市工艺品优良传统基础，利用石材、草编、玉石等开发道教祭海文化主题特色的石刻、石雕、草编、玉雕等工艺品，丰富祭海之旅旅游资源。

五　盐及盐化工产业

(一) 盐化工业发展现状

盐化工产业为莱州市四大支柱产业之一，莱州市制盐业发展历史悠久，基础较好。当前制盐业以卤水制盐为主，主要依托地下丰富的卤水资源。莱州市沿海地下卤水资源可开采储量6.6亿立方米，原盐年产量200万吨，可长期支撑盐化工业发展。目前国内盐化工产业发展比较成熟，产业链条完善，利用原盐可以生产氯碱、纯碱以及食用盐，氯碱方向下游产品有无机氯（液氯、盐酸、氯化钡等）和有机氯（精细化工氯产品），纯碱可以用来制造化工原料（烧碱、洁碱、泡花碱等）和工业用原料（玻璃、冶金、纺织等），食用盐中可以提取金属钠。莱州市盐化工产业主要以卤水制原盐为主，产品结构低端，产业链条短。产业横向延伸不足，仅存在少量小规模的化工原料企业如泡花碱制造企业，氯碱、纯碱等精深加工欠缺；产业链纵向发展不足，没有对卤水进一步提取溴、钾、镁等微量元素进一步发展精细化工，造成了资源的浪费。

（二）需以精细化工引领发展

莱州市卤水资源丰富，可以借鉴潍坊市山东海化集团发展卤水综合利用。山东海化集团有限公司以发展海洋化工新兴产业为主导的现代化特大型企业，主要产品有40多种，其中，合成纯碱、硝盐、固体氯化钙三种产品产量居世界第一，原盐、溴素、溴化物、水玻璃、白炭黑等八种产品产量居全国第一，是全国最大的海洋化工生产和出口创汇基地。山东海化集团开发了"一水六用"的卤水综合利用模式，用海水放养贝类、鱼虾等海产品；海水蒸发后的初级卤水放牧卤虫；中级卤水先送纯碱厂、硫酸钾厂供工艺冷却；在工艺冷却过程中吸收了化工废热的中级卤水送溴素厂吹溴；吹溴后的卤水送盐场晒盐；晒盐后的老卤用来生产硫酸钾、氯化镁等产品。

山东海化集团盐化工产业发达，莱州市可以借鉴其产业发展，延长产业链条，发展基础化工和精细化工。海化集团充分发挥得天独厚的卤水资源优势，立足就地精深加工、滚动增值，已成功开发出盐、碱、溴、苦卤化工等产品系列，形成了一个区域以上下游产品接续成链、资源循环综合利用、人与自然协调发展为特色的生态工业"互联网"。该企业盐化工产业链条较为完善，利用卤水制盐，产业链横向氯碱、纯碱下游产品丰富，利用氯碱生产氯气、甲烷氯化物、溴素（氢溴酸、十溴联苯醚等）等精细化工产品，以纯碱为原料制硝酸钠、亚硝酸钠、小苏打、白炭黑等基础化工产品，另外对纯碱生产终端的盐泥、废液进行综合利用；产业链纵向主要以卤水为原料生产硫酸钾、氯化镁等。氯碱、纯碱属高耗能高排放行业，且国内产能严重过剩，莱州市发展盐化工产业需要建设基础化工和精细化工一体化项目。

六 海洋渔业

（一）莱州市海洋渔业发展现状

莱州湾位于渤海南部山东半岛的北侧，海湾面积6966平方公里，海岸线长319.06公里，是渤海内三大海湾之一，是山东省最大海湾，是我国北方的重要渔场之一。莱州市地处美丽的莱州湾畔，由于得天独厚的地理位置和气候原因，莱州湾饵料丰富，被誉为渤海的"母亲湾"，为众多海珍品的生活繁衍提供了良好场所，几乎全部海洋经济生物都在此产卵，盛产鱼、虾、蟹、贝、参等300多种海产品。莱州湾名贵鱼类品种繁多，近期评出了包括梭子蟹、对虾、大竹蛏、花蛤、鳎米鱼、针良鱼、海参、多宝鱼、桃花虾、海湾扇贝在内的"十大海鲜"。

莱州市海洋渔业资源丰富，滩涂养殖业发展历史悠久、发展基础较好，但是，滩涂养殖业大都为个体户经营模式，企业规模较小，布局分散，资源利用率低，增长方式较为粗放。莱州市规模化滩涂养殖很难实现，根据海洋渔业发展规律，莱州市海洋渔业今后应逐渐减少滩涂养殖，替换为规模化、专业化的名贵鱼繁育以及海洋牧场等高效渔业的发展方式。

水产品加工业占海洋渔业比重太小，海洋渔业企业以小企业为主，缺乏龙头企业，发展后劲不足。海产品深加工所占比例小，莱州市最大的水产品企业明波水产公司较小，公司员工数量、销售收入、总资产与京鲁渔业差距较大，养殖水体面积较大但产值小，经济增长方式粗放，水产品加工能力不足，产品结构单一、层次较低。

莱州市"十二五"期间拟规划建设的高效生态农业重点工程中，渔业项目较多，有莱州湾海上牧场项目、东方海洋规模化海参养殖项目、朱旺渔港经济区和海庙渔港经济区建设项目、莱州市浅滩海洋资源特别保护区建设、莱州市比目鱼优良品种繁育养殖工程中心项目等，但是，渔业项目建设比较分散，重点不突出，发展方向不明确。

（二）莱州市海洋渔业发展方向

莱州市海洋渔业应以规模化、立体化、现代化的高效渔业为发展方向，可以借鉴獐子岛渔业的发展模式。獐子岛集团股份有限公司是一家以水产增养殖为主，集海珍品育苗、增养殖、加工、贸易、海上运输于一体的综合性海洋食品企业。獐子岛集团系农业产业化国家重点龙头企业，以虾夷扇贝、海参、皱纹盘鲍、海胆、海螺等海珍品为主要产品，拥有国内唯一的国家级虾夷扇贝原良种场和国内一流的海参、鲍鱼等海珍品育苗基地。公司通过自主研发和与国内外科研院所合作研发相结合的方式，开展"良种工程"，提高公司育苗的技术水平和苗种的质量。海水增养殖业推行生态养殖模式、集约化经营模式，大大提高了经济效益。大力发展水产品加工业，公司旗下有永祥水产品公司等5座水产品加工厂，主要加工虾夷贝柱、半壳贝、盐渍海参、淡干海参、原味鲍鱼等几十种产品。

莱州市应依据自己的资源特点，借鉴獐子岛渔业发展模式，发展高效渔业。扩大渔业企业规模，扶持大企业集团提高技术水平、采用先进经营方式，进行集约化生产。采用立体化海水养殖模式，在养殖渔排上，上层挂绳养海带，中间挂笼养鲍鱼和放置深水网箱，水下淤泥中用来养殖海参等，这样，海区上中下层存在的物种形成了一个完整的食物链，在保持生态平衡中提高了复养指数和单位经济效益。莱州市应大力推进海上牧场项目建设进程，大力发展海珍品育苗业，对名贵鱼繁育加大科研投入。以明波国家级半滑舌鳎原种场等三大技术研发中心为主体，发挥苗种繁育的科技优势，将莱州市建设成为水产苗种输出大市；积极转变渔业增长方式，着力建设标准化养殖基地；延伸产业链条，开展水产品深加工，提高附加值，实现高效优质渔业上档次、上水平，努力构建高素质的现代渔业产业体系。

七 小结

莱州市资源丰富，工业发展基础较好，目前莱州市已形成了机电、黄金、石材、盐化工四大支柱产业，海洋渔业、育种业、旅游业等产业都有一定发展基础。但是，目前各个行业发展也存在一些突出问题。首先，产业结构层次低，各行业产品处在产业链的低端，附加值不高，对能源的消耗大，技术含量低。其次，产业链条短，产业停留在上游的初级加工上，下游产品类型较少，产品的深加工不足。最后，产业的龙头企业带动作用不强，和国内其他同类企业相比，莱州市缺乏大型企业，竞争力不足。莱州市要想实现经济的进一步发展，必须解决这些问题。

从莱州市的优势资源和主要产业的发展潜力来看，产业未来发展应从四方面着手。

第一，优势资源和产业需要深挖资源潜力、延伸产业链条，发展新兴产业。依托莱州市丰富的石材、黄金、卤水等资源优势及产业基础，需要延伸产业链条，采用先进生产技术，减少资源浪费，提升产品的附加值。对石材行业进行整合提升，增加高附加值产品类型；黄金产业生产过程中注重环境的保护；盐化工产业开展卤水综合利用，大力发展精细化工。

第二，传统产业需要应用先进适用技术。石材产业发展方式较为粗放，对资源的破坏与浪费较为严重，必须采用先进的技术进行改造提升，提高资源利用率；黄金采选业对能源、水资源的耗费较高，未来要借用先进技术减少资源消耗、大规模开展废水综合利用技术；莱州市海洋渔业基础较好，但是发展较缓慢，必须加大科研开发力度，做大做强海珍品育苗，发展海产品加工业，提升海产品的附加值。

第三，需要积极引进重大项目，提升产业结构层次，带动产业升级。莱州市黄金、石材、盐化工、海洋渔业、育种业等产业产品结构单一，产业层次较低，产业发展缺乏后劲，企业规模较小，带动产业升级的能力有限，必须大力引进重大项目，优化产业结构。积极引进大型石材企业、石材机械企业等，提升石材产业的层次；引进盐化工为主体的化工新材料、特色化学品等精细化工项目；海洋渔业以及育种业引进重大项目发展现代农业，扩大农产业品深加工、海产品深加工规模；基础设施建设要稳步推进，港口、铁路、公路等交通设施，防潮堤、水库等水利设施及城市基础设施和能源基础设施建设为产业发展提供保障。

第四，需要降低对资源性产业的依赖度，限制部分规模小、污染重的产业。莱州市石材、黄金、盐化工行业发展都为资源依赖性产业，对资源环境的压力较大，随着资源的逐渐减少，对莱州市经济长远发展不利，需要降低对资源的依赖程度。莱州市企业规模普遍偏小，未来要壮大企业规模，提升行业整体水平，必须限制部分资源依赖度高、污染严重的小建材、小化工、小食品等小型企业，发展环境友好型工业。

第四节 宏观区位与产业利用前景

莱州市是全国的较发达县域，经济、工业实力很强，但相较于周边地区，其总体地位正在下降。这就需要我们深入地对莱州市发展有较大影响的各个方面在宏观区域内的现状及前景进行分析研究，以求突破莱州市将来发展中的"瓶颈"，破解产业难题，促进莱州市产业及经济的又好又快发展。为此，本节选择了对莱州市经济发展有重大影响的港口、旅游、机械制造、物流商贸等几个方面进行分析。

一 港口腹地前景分析

莱州港位于莱州湾东南岸、黄蓝交接的黄三角区域，是黄三角区域货物吞吐量最大的深水良港。莱州港建港条件良好，是黄骅以东至龙口以西唯一可建10万吨级深水泊位的岸线；基础设施健全，有着黄三角唯一集疏港高速、公路、铁路、输油管线于一体的疏港大通道。莱州港自身优势十分明显，但同时又面临一系列的区域挑战。莱州港位于环黄渤海地区，该地区港口密集、腹地交叉、货类相近、重复建设、竞争激烈。山东半岛有占全国1/6的大陆海岸线，有丰富的港口资源和良好的建港条件，可建深水泊位的天然良港居全国第一，拥有青岛、烟台、日照、威海等大型港口和一系列中小港口，港口体系健全，莱州港在其中地位较低，有被边缘化趋势。黄三角区域虽然大港稀少，莱州港在其中优势突出，但东营、滨州、潍坊港口群正在崛起，所面临东营、潍坊等港口的竞争压力加大。

环黄渤海各港口腹地内陆十分相似，例如，秦皇岛、京唐、天津、黄骅港等港口的腹地都在河北、山西等省；烟台、青岛、威海、日照、东营、潍坊等港口的腹地都主要在山东、河南等省；大连、营口、丹东等港口的腹地都在辽宁、吉林、黑龙江和内蒙古等地区。从山东省内来看，除青岛、日照等大型港口直接腹地超出山东省域范围之外，其他中小型港口直接腹地基本上以省内部分地区为主，竞争激烈，尤其是莱州湾沿岸的东营、潍坊和莱州港都以黄三角为主，腹地叠加严重。港口好比龙头，腹地好比龙身。龙头要发展，腹地必须宽广、货源必须充足。如果各港口的腹地相似，势必会造成各港口彼此对货源的争夺，产生巨大的竞争压力，形成恶性竞争的局面。另外，山东半岛各大港口都以煤炭、原油、矿石、钢材、集装箱作为自己的主导业务，结果导致各港口之间纷纷以出台各种优惠措施、降低价格为手段，争夺货源，争夺轮船公司停靠，造成港口之间的恶性竞争。

莱州港相对山东省域、环渤海区域，天津港、青岛港、大连港等综合性大港，规模太小，相对日照港、东营港、黄骅港等专门化港口，又缺乏特色。其东侧的烟台港、威海港、青岛港、日照港都是大型综合性港口，东、南方向拓展腹地难度很大；西侧的东营、滨州、潍坊等港口发展迅速，货类相近，腹地交叉，不过，港口条件和基础弱于莱州市。从黄三角区域的潍坊市、东营市、滨州市、莱州市等地来看，莱州港和东营、滨州、潍坊等港同为最近港口，但其发展现状、建港条件、港口基础设施建设等方面优势明显，有很强的竞争力。从山东省中西部的济南都市圈等地来看，莱州港距离较近、吞吐能力较大、水陆交通方便、公路网络四通八达、集疏运条件较好，综合优势强。因此，莱州港直接腹地应定位为莱州市及莱州湾沿岸的潍坊、东营、滨州等地的部分地区，拓展腹地为黄三角全境与济南都市圈等山东中西部地区，远期腹地可达冀南、豫北等地区。

二 旅游市场前景分析

莱州市靠山面海、历史悠久、文化多元、资源多样。旅游资源总体来说相对丰富，自然景观与人文景观兼具。黄金海岸、东海神庙、大基山、云峰山等作为该市最具特色和最有影响力的旅游资源，具有极大的现实与潜在的知名度及开发潜力。莱州草编、莱州玉雕、石材、石雕以及海草房等是莱州民俗文化和历史文化的重要载体，有较大的挖掘潜力。另外，莱州市旅游资源的空间分布比较紧凑，主要集中分布在市中心、东莱山和滨海地带。但同时莱州市旅游资源存在比较优势差、缺乏垄断性资源、各旅游资源缺乏有效联系、资源利用率不高、开发档次较低、季节性突出等问题。

从莱州市所在的环渤海区域来看，其所涵盖的京津冀都市圈、辽东半岛、山东半岛这三大部分之间经济发展保持着相对独立，都有自己较为完整的旅游服务体系，都相对独立地形成了旅游产业开发、营销、接待体系，缺乏有效的沟通和协调机制，所以关联度比较低，对区域经济依存度不高，造成资源重复开发建设、资源浪费、信息流通不畅等问题。这对区域旅游发展的产业化、集群化、规模化十分不利。从莱州市周边区域来看，各地旅游产品同质化现象严重，旅游线路以中、短程居多，区域内旅游产品开发、营销协作偏少，彼此间信息沟通不畅，造成区域旅游合作的障碍。

从环渤海地区各城市客源市场来看，辽东半岛国内以东北、京津唐、山东、港澳台等为主，国际以日本、韩国等为主，津冀地区国内以京津冀、东北、晋豫、港澳台等为主，国际以日本、韩国、东南亚为主，山东半岛国内以山东、京津冀、东北、珠三角、长三角、港澳台等为主，国际以韩国、日本、俄罗斯及东南亚为主。从莱州市周边地区各城市客源市场来看，青岛、威海、蓬莱等地国内以胶东地区为主、覆盖国内沿海发达地区，国际以韩国、日本为主，客源市场广阔多元，潍坊、日照、龙口等地以山东全部或部分及周边为主，客源市场相对狭窄。虽然各城市旅游市场主体结构不同，但国内都以环渤海地区（或山东省）及周边，国外都以日本、韩国等为主，市场叠合程度高，竞争激烈。

因此，莱州市一级旅游市场应定位为黄三角地区和济南都市圈，二级旅游市场定位为环渤海的山东半岛、京津冀地区和辽东半岛，环渤海周边地区和日本、韩国、俄罗斯构成莱州市的三级和海外旅游市场。莱州市位于鲁西山水圣人旅游带（泰山、黄河、孔子）和鲁东滨海旅游带（青岛、烟台、威海等）的北部衔接区及渤海湾泥质海岸和砂质海岸的南部过渡区，区位优势良好、资源条件优越。其旅游市场可定位为"高端化"、"特色化"和"错位化"。走"高端化"发展道路，东海神庙是历代王朝祭祀东海之神的特定场所，历史悠久、文化底蕴深厚、祭海文化全国独特，可与东岳泰山、曲阜三孔联合打造

"莱州祭海、泰山封禅、曲阜祭孔"之旅，对接山水圣人品牌，开发国内外观光市场（三级客源市场）；走"特色化"发展道路，文峰山、大基山、寒同山等名胜古迹众多、郑文公碑等碑刻遗存丰富，文峰山是全国第二座"中国书法名山"，可以此打造"道家山海玄修"之旅，开发环渤海地区都市精英旅游市场（二级客源市场）；走"错位化"发展道路，莱州市沿海是环黄渤海地区泥质海岸和砂质海岸的过渡地区，海滩砂质优良，黄金海岸是黄三角唯一金沙海岸，可借此开发黄三角与济南都市圈休闲旅游市场（一级客源市场）。

三 机械设备产业前景分析

莱州市机械设备产业属内生型产业，大多由个体企业沿镇街发展壮大而成，数量众多，基础雄厚。目前，莱州市机械设备产业已经有一定的实力，如刹车盘出口量占北美市场的70%、农机液压提升器占全国的80%、小型工程机械占全国的70%，长期以来都是莱州市的传统支柱产业。但是，莱州市机械产业也存在着企业规模小、产品结构单一、关联度低、科技含量低、整体实力弱、分布零散等现实问题，迫切需要解决。从大的区域来看，莱州市处于青岛、济南、烟台、潍坊、威海等全省机械及汽车零部件重点布局区域和烟台、潍坊、青岛三大整车及核心零部件集聚区的边缘地区，竞争十分激烈。

机械设备产业是莱州市也是我国的传统产业。从国内外机械设备产业所面临的形势来看，国际上，国际金融危机对我国机械设备产业发展带来深刻影响，使我国以出口为主的机械设备产业把市场逐步转向国内，继续以出口为主的产品不得不增加科技含量，提高产品附加值，维持并拓展国际市场，国际经济形势恶化对以出口为主的莱州市机械设备产业提出严峻挑战，同时孕育着新的机遇。国内机械设备行业在规模扩张的同时，产品质量和水平的竞争更加激烈，整个行业正在走向规模化、智能化、多元化、国际化，对产业链条短、产品附加值低、出口比重大的莱州市机械设备行业造成很大压力。

莱州市机械设备产业需要提高产品附加值、走高端化之路。近期立足引进外部新兴装备制造产业、构筑高端装备制造产业集群寻求突破，提升带动机械设备产业的转型发展。跳出莱州，放眼全国甚至全球，引进山东及国内外高端装备制造方向的重大项目，争取在汽车核心零部件、智能工程机械或高效农业机械等领域实现突破，带动本地中小型机械设备企业，提升莱州市在烟台—潍坊—青岛机械设备产业集聚区中的地位。这样做很有必要，因为仅依靠自身传统产业的改造升级来带动莱州市机械设备产业的整体提升难度很大，莱州市主要机械设备企业规模较小且实力相当，区内外竞争激烈，很难发展成实力雄厚的大型龙头企业，实现成本控制和产品转型。这样做又有可行性，从大的区域来看，高端装备制造业属国家与山东省重点发展的战略性新兴产业，机械产业在2012年山东省重点投资行业中列第三位，烟台地区汽车及零部件等装备制造产业高级化步伐迅速，拟建一系列汽车及零部件等机械设备行业重点项目，莱州市正面临优厚的产业政策与产业转移机遇。

四　物流商贸前景分析

莱州市历史上长期是胶东地区重要的政治、经济、文化中心，古代的商贸重镇，但随着当今社会物流商贸业日益与生产基地和交通区位相结合，莱州市逐渐地被边缘化。莱州市近年来商贸业发展与龙口市差距越来越大（从限额以上批发零售贸易业商品销售总额来看，在2006年以前莱州市与龙口市虽有一定的差距，但差距不是很大，从2006年开始，莱州市零售商贸业的发展与龙口差距越来越大，2007年龙口市的零售贸易业销售总额是莱州市的将近3倍），并且逐渐被招远赶上并超过。

莱州市商贸物流业存在着整体规模不足、物流企业数量不多、缺乏专业化市场、大型商贸企业较少、分布不集中、区域商贸地位下降等问题，这些客观现实迫切需要莱州市采取有效措施、加快商贸业发展步伐。"不谋全局者，不足谋一域"。发展商贸物流业，既要推进向专业化、信息化、规模化转变，也要从战略发展的高度，跳出就商贸而发展商贸的格局，注重谋求与其他相关产业的协作发展。要坚持"人无我有、人有我优、人优我精"的思路，在兴建各类专业化市场的同时，突破常规模式，扩展发展领域，加快产业配套，从而提升发展的整体优势、竞争优势。要加快推进现代商贸物流产业的发展，必须立足现有优势和基础，在做大、做强、做优、做活上下功夫。

对此，应对策略是"外拓内联"。一方面向外向型产业方向拓展市场范围，莱州市产业的外向性强，向外输出的商品主要为机械设备和汽车零部件（刹车盘、轮胎、农业机械液压提升器、小型工程机械等）以及石材、电力等，莱州市可围绕机械及汽车零部件、石材等外向型产业大力发展专业物流，寻求莱州市机械、石材等产业对物流商贸业的支撑，同时加强物流公司与当地企业合作，扶持大型物流企业做大做强。另一方面物流商贸行业内部联合发展，莱州市大型百货商店、宾馆、金融保险公司主要分布在莱州路、文化路与光州路，辐射范围主要为莱州市区，未来应扩大莱州市物流商贸企业的辐射半径，同时加强与各乡镇的商贸流通联系。

五 小结

莱州市位于烟台地区的最西端和黄三角经济区的最东端，被边缘化特征明显，与青岛、烟台、潍坊等地有一定距离，因此莱州市很难依靠接受周边经济核心的辐射来带动自身发展，只能以内生发展为主，周边经济核心辐射带动为辅。莱州市边缘化的区位条件给产业发展带来很大的弊端，如企业规模小、产业关联度低、科技含量低、分布零散等问题。同时，莱州市的区位也有明显的优势，如"滨海临山、黄蓝交接"等，这使得莱州市可以同时享受"黄蓝"政策、利用海内外市场，造就了莱州市相较其他县级城市产业结构较为多元、工业水平较高的事实。莱州市区位条件利弊兼有，可根据市场竞争规律与产业集聚规律趋利避害，实现科学利用。据此，我们提出莱州港口腹地、旅游市场、机械设备和物流商贸业等方面的发展策略。

莱州港口腹地定位为以莱州市及莱州湾沿岸的潍坊、东营、滨州等地的部分地区为直接腹地，同时近期向黄三角全境与济南都市圈等山东中西部地区、远期向冀南、豫北等地区拓展。

旅游市场定位为"错位化"发展一级旅游市场——黄三角地区和济南都市圈，"特色化"发展二级旅游市场——环渤海的山东半岛、京津冀地区和辽东半岛，"高端化"发展海内外三级市场——环渤海周边地区和日本、韩国及俄罗斯。机械产业跳出莱州，放眼全国甚至全球，引进山东及国内外高端装备制造方向的重大项目，走高端化之路。物流商贸业"外拓内联"，向相关产业方向拓展市场范围，物流商贸业内部联合。

第五节 产业选择与空间布局

一 产业发展策略

加快莱州市产业发展是贯彻落实科学发展观、推进新型工业化进程、实现科学发展跨越发展的客观要求，是转变发展方式、优化经济结构、实现产业升级的必然选择，也是建设产业发达、城乡秀美、文化繁荣、民生殷实、社会和谐新莱州的重要保证。莱州市产业发展必须要立足当地优势产业，整合提升传统产业，扩大引强新兴产业，大力发展先进制造业、战略性新兴产业以及现代服务业。

（一）整合提升传统产业

积极培育龙头企业，扶持中小企业，推进产业园区化，促进产业升级，提高资源开采加工门槛，发展生产规模化、产品多元化、环境友好型的先进制造业。莱州市机电、石材、黄金、盐化工、滩涂养殖等传统优势产业，产业规模较大，但是，面临技术、市场、环境"瓶颈"，需要集聚、整合、改造、提升。其中，机械设备产业平均规模小，面临的市场风险较大，产品结构低端，科技含量低，产品附加值低，今后应推动企业规模化发展，提高科技含量，生产高附加值、市场潜力大的重要汽车零部件、通用设备、铸件类机电设备、小型工程机械等；石材行业进行优化整合，推进石材资源市场化，推动石材产业综合化发展，延伸产业链，发展高附加值石材产品，加快石材工贸区建设步伐，把莱州市打造为世界知名的石材贸易集散地；黄金产业提高探矿能力和采矿科技水平，延伸黄金产业链，发展黄金深加工，金矿区发展黄金旅游业，提高黄金产业对当地相关产业的带动能力；依托莱州市丰富的卤水资源与制盐业基础，大力发展卤水综合利用，提高资源利用率与资源的产业转化能力；莱州市沿海滩涂养殖业发展历史悠久，但是，经营者多为规模较小的个体户，增长方式粗放，造成资源浪费、企业经济效益较低，今后应大力推进海洋牧场建设步伐，大力发展海产品深加工，打造高效海洋渔业区。大力推进农业机械化、规模化、产业化进程，发展现代农业，促进城镇化发展步伐。

(二) 招大引强新兴产业

引进高端、大型、新兴产业项目,提升产业层次,带动传统产业发展。依托莱州市资源基础与优势产业,大力引进和培育新兴产业和现代服务业,使新兴产业和现代服务业逐渐成为莱州市主导产业,引领莱州市产业发展与整合,面向世界市场和资源,占领区域产业竞争制高点。

战略性新兴产业是指建立在重大前沿科技突破基础上,代表未来科技和产业发展新方向,体现当今世界知识经济、循环经济、低碳经济发展潮流,目前尚处于成长初期、未来发展潜力巨大,对经济社会具有全局带动和重大引领作用的产业。战略性新兴产业的选择要以国际视野和战略思维来选择和发展,同时要依据当地的传统产业和优势产业。莱州市战略性新兴产业的选择应该指向面临重大发展机遇,能够迅速优化地区产业结构、带动产业升级、显著提升地区竞争力的主导产业。莱州市风电产业、机械装备制造业、盐化工、生物育种业等产业基础较好,应根据以上产业优势重点发展经济效益好、环境污染少、资源消耗低的符合未来发展方向的电力能源产业、高端装备制造业、精细化工、生物育种业等新兴产业。

现代服务业是伴随着信息技术和知识经济的发展产生,用现代化的新技术、新业态和新服务方式改造传统服务业,创造需求,引导消费,向社会提供高附加值、高层次、知识型的生产服务和生活服务的服务业。现代服务业有别于商贸、住宿、餐饮、仓储、交通运输等传统服务业,以金融保险业、信息传输和计算机软件业、租赁和商务服务业、科研技术服务和地质勘查业、文化体育和娱乐业、房地产业及居民社区服务业等为代表。莱州市文化旅游资源与滨海旅游资源价值较高、港口物流业发展优势突出、科技人才资源丰富,应依托以上产业基础及发展潜力优先培育旅游养生、仓储物流、科技研发(R&D)等现代服务业。

(三) 限制污染型小型加工业

逐渐降低对于资源采掘业的依赖程度,限制污染型小型加工业。莱州市石材产业、黄金产业对当地资源依赖程度高,人地矛盾逐渐突出,环境污染问题与生态破坏问题突出,应逐渐降低对资源采掘业的依存度，调整优化资源结构，鼓励石材资源的原材料进口，加大金矿勘查能力，提高采矿技术水平，提高资源利用率，增强黄金加工能力。对于高耗能、高污染、产出效率低、技术含量低、经济效益不理想的小建材、小化工、小食品等不适宜发展的污染型小型加工企业，要加以限制甚至淘汰。按对环境污染程度，从行业生产水平最低、经济效益最差、环境污染最严重的落后工艺入手，实施末位淘汰制度。按照突出重点、分步实施、一次推进、限期淘汰、逾期关闭的步骤，每年淘汰关闭一批严重污染的设施和落后的生产工艺、设备，提升各行业的工艺水平，减少污染排放总量。通过对污染型小型加工业的治理，改善莱州产业环境以及人居环境，促进莱州市又好又快可持续发展。

二 主要产业布局

依据莱州市现有产业基础和发展潜力，提出如下布局建议。

煤电产业布局在金城、三山岛北部沿海交界地区。该地既临海又靠近莱州港，有充足的煤源和水源，山东省未来十年电力需求旺盛，且华电国际一期、二期，进展顺利、效果良好，进一步投资意愿强烈。

风电产业布局在土山、虎头崖、金城、金仓等沿海镇街以及驿道、郭家店等内陆丘陵地带，采取"海陆并进"方针。沿海地带有着丰富的风能资源，适宜发展风电；驿道、郭家店低山丘陵较多，有着众多适宜风电场建设的土地，且与其"绿色环保"的产业定位吻合。

黄金产业布局在金城、三山岛、朱桥。莱州市金矿资源集中在东北部，金城、三山岛有较好的产业基础，可向黄金精深加工方向延伸，朱桥金矿储量丰富，应加强黄金的勘探开发。

生物育种、海洋渔业布局在三山岛等地。莱州市的生物育种产业实力强劲，位于三山岛及其附近登海种业、金海种业、明波水产实力雄厚，莱州市现有海水养殖业也主要分布在三山岛、金城等地，因此，在三山岛等地布局生物育种、海洋渔业符合产业布局规律。

高端装备制造业布局在开发区北部延展至金仓南部。该地装备制造产业基础较好，且有着优越的区位条件，依托莱州开发区、紧邻中心城区、临港临海、交通便捷，适合装备制造业的集聚化、高端化发展。

汽车零部件布局在开发区、朱桥、虎头崖等，园区化发展。莱州市现有汽车零部件企业主要分布在开发区及朱桥、虎头崖等一些乡镇，形成一定的产业基础，所以，近期应立足现有基础布局。其中，汽车核心零部件布局在开发区北部延展至金仓南部。

小型工程机械布局在沙河等地，园区化发展。沙河靠自身形成了数量众多的小型工程机械企业，装载机、翻斗车等产品在全国占有很大份额，基础雄厚，进一步园区化发展潜力大。

机械加工业布局在朱桥、平里店、城郭、虎头崖、沙河等地。莱州市机械加工业大多内生形成，分布较为零散，这种状况在短期内难以改变，朱桥、平里店、城郭、虎头崖、沙河等地基础相对较好，近期发展充分考虑产业布局现状，并促其向园区集聚发展。

石材加工贸易产业布局在柞村和夏邱。莱州市石材产业基本上分布在石材资源较为丰富的柞村和夏邱，两地对石材产业的依赖严重，布局大幅调整难度大，未来仍以两地为主，鼓励石材企业向石材产业园区的集聚。

盐及精细化工业布局在土山。产业发展的资源基础卤水集中在土山北部沿海地区，土山以此形成较好的产业基础，该产业属资源指向型产业，应靠近资源地集中布局。

资源再生产业布局在土山、沙河。土山已经初步形成了以卤水的综合利用为主的循环产业链条，依托银海工业园进一步做大的潜力巨大，沙河的再生塑料加工业有一定的产业基础，优势可进一步发挥，两地可携手打造再生资源产业群。

农产品加工业布局在金仓南部、驿道、郭家店等。莱州市基本农田主要分布在从郭家店经驿道等至金仓南部的平原地带，承担着"保粮"任务，在此基础上布局农产品加工业"合情合理"。

旅游业布局在莱北滨海和莱南低山地区。东海神庙、黄金海岸、云峰山、大基山等是莱州市的特色优势旅游资源，有很好的开发基础，且靠近基础设施健全的中心城区等地。

物流产业布局在中心城区、三山岛、柞村、夏邱。中心城区作为莱州市高端要素的集聚地，可发展商贸物流、三山岛依托莱州港可发展临港物流，柞村和夏邱依托石材产业基础发展石材贸易物流。

科技研发（R&D）以金仓为主。莱州市科技研发实力较强，生物育种、机械设计等技术先进，金仓是省级滨海旅游度假区，将来承担着旅游、居住等功能，因此促进莱州市现有科技研发企业向此集聚、打造科研高地的潜力巨大。

三 产业功能区划

基于对莱州市产业发展现状的认识和对莱州市产业发展趋势的预判，提出如下产业功能区划建议。

1个高科技农业示范区：种业硅谷核心示范区，在苏郭河和王河之间形成以登海种业为龙头的农业高新技术企业密集区，保护良种育苗基地，搞好玉米、蔬菜等农作物新品种的选育、引进和示范展示，建设技术含量高、竞争力强的科研育种基地。

2个现代服务业集聚区：中心城区现代服务业集聚区、沙河区域商贸物流区。中心城区现代服务业集聚区，立足莱州市中心城区，保护和恢复历史文化，重塑古韵莱州，集聚莱州市域服务性要素，发展科技、教育、文化、商贸、物流等行业，服务莱州市域及周边地区。沙河区域商贸物流区，依托沙河位于莱州、平度、昌邑三市交接地区的区位优势和现有产业、人口的规模优势，抓住区域交通网络改善的机遇，大力发展区域性的商贸物流业，力争成为辐射三市的区域物流节点。

3个旅游区：滨海旅游度假区、山海文化旅游区、云峰山大基山生态旅游区。滨海旅游度假区，依托省级滨海旅游度假区，发展滨海旅游、休闲度假、商务居住，打造全省重要的滨海休闲旅游目的地。城西山海文化旅游区，近期启动东海神庙部分，恢复重建东海神庙，重点发展海洋文化、民俗旅游等产业，打造"莱州祭海"之旅；远期待粉子山至虎头崖一带环境治理后，启动粉子山部分，发展滨海旅游、居住疗养等产业。云峰山大基山生态旅游区，整体规划建设，以云峰山、大基山为中心，在云峰山南侧、临潼河水库保护区以外建设云峰山部分旅游区；保护云峰山与中心城区的文脉联系，严格控制云峰山北侧开发建设强度；挖掘云峰山、大基山、寒同山书法、道教、碑刻等文化，发展旅游、养生产业和教育、居住产业。

5个工业集聚区（2个综合3个专业）：临港临电产业区、高新产业集聚区（经济技术开发区）（综合）、海洋经济产业区（综合）、先进制造业集聚区和国际石材产业集聚区。临港临电产业区，依托莱州港、华电国际和省级莱州工业园，重点发展临港物流、临港装备制造、临电建材等循环经济产业及能源、黄金洗选冶炼等产业，建设全省重要的能源、黄金基地和黄三角重要临港物流基地。高新产业集聚区（经济技术开发区），依托省级莱州市开发区，积极争取新上项目的落地，加大资金扶持力度，提高科技水平，发展电子信息、生物技术、都市型工业、汽车零部件、机械加工制造等产业，打造青烟潍地区综合性高新产业集聚区。海洋经济产业区，依托土山卤水资源和沿海滩涂未利用地的空间优势，发展盐化工、废旧资源回收（废旧塑料、电子信息产品拆解、报废汽车拆解、废旧机电产品等，由沙河向此转移）、国际石材加工（由土山向此转移）、临港物流、临港装备制造等产业，打造黄三角经济区重要的以海洋经济和循环经济为主的综合性产业高地。先进制造业集聚区，依托沙河现有产业基础，发展智能工程机械、高效农业机械、小型装备制造、汽车零部件等相关产业，鼓励相关企业向园区集聚，使其成为黄三角经济区重要的特色装备制造业基地。国际石材产业集聚区，整合柞村、夏邱两镇石材产业，建成集国际石材展示、贸易、海关保税、研发质检、物流仓储等功能于一体的国际石材产业集聚区；依托柞村石材会展中心，建设石材批发交易市场；规划在夏邱建设石材加工园区，限制柞村石材加工项目，逐步向夏邱和土山海洋经济产业区集中。

四 镇街产业定位

莱州市整体发展的同时，需注重各镇街的特色化发展，以实现莱州市域产业布局的协调发展。基于对莱州市整体产业发展特征和各镇街自身特色的充分认识，提出如下布局建议。

中心城区布局高端装备、汽车零部件、科技研发、商贸物流、科教文化、信息金融等产业。作为莱州市的中心和各种要素的聚集地，中心城区应合理地引导科技研发、商贸物流、科教文化、信息金融等服务性产业在此集聚，同时在开发区布局设备制造、汽车零部件等高端装备制造业。

金城布局黄金、电力（煤电和风电）、养殖、林果等产业。金矿资源丰富、产业基础较好，依托山东黄金向黄金精炼方向延伸；华电国际莱州市电厂位于金城和三山岛北部沿海交界地区，华电专用码头大部分位于金城，可结合华电金城风电项目，进一步做大电力产业；养殖以海参和扇贝等海产品和生猪、肉牛等畜产品为主，林果以苹果、西瓜等为主。

三山岛布局临港物流、黄金、海洋渔业、生物育种、果蔬等产业。莱州港和莱州工业园位于此，可借此发展临港物流和临港型产业；黄金资源丰富，有很好的产业基础，可向黄金精深加工延伸；生物育种及海洋渔业有较好的基础，规模化养殖空间大；果蔬以苹果、梨、西瓜、草莓等为主。

金仓布局旅游度假、商务居住、高端装备、科技研发、海产品加工等产业。金仓海岸线较长，有一定的养殖基础，位置优越，发展海产品加工有较大潜力；黄金海岸是黄三角经济区第一个也是目前唯一一个省级滨海旅游度假区，可借此发展旅游度假、商务居住、科技研发等服务产业。

朱桥布局机械、汽车零部件、黄金、农产品加工、高效农业。朱桥有一定的机械和汽车零部件基础，需进一步园区化发展，形成集聚效应；黄金储量丰富，应加强金矿的勘探开发，发展黄金产业；走高效农业的路子，发展玉米、花生、马铃薯、桃、芹菜、生猪、肉鸡等多种粮、果、蔬、肉产品的生产、加工产业。

平里店布局机械、农产品加工、高效农业。平里店的机械产业有一定基础，但整体弱、分布散，需引导其向园区集聚化发展；玉米、草莓、生姜、洋葱、白菜、马铃薯等特色林、果、蔬基础好，进一步向农产品加工、高效农业方向发展。

城郭布局机械、农产品加工、高效农业。城郭有一定的机械产业基础，可充分发挥地缘优势，与莱州开发区分工合作发展；以梨、桃、苹果、大姜、越夏芸豆、肉鸡等农产品为主，发展果品、蔬菜、制种、养殖等农产品加工业。

驿道布局特色果蔬、高效农业、农产品加工、风电等产业。农业应是驿道发展重点，依托花生、大姜、白菜、越夏芸豆、生猪、肉鸡、牛肉等优势农产品打造果、蔬、畜产品基地，延伸食品加工链条，依靠良好的生态环境发展旅游业，并积极布局风电产业。

郭家店布局特色林果蔬、高效农业、旅游、风电等产业。苹果、西瓜、花生、葡萄、越夏芸豆、生猪、肉鸡、牛肉、苗木等林果蔬产品丰富多样，未来仍以农业为主，重点发展果蔬、苗木、大型禽畜养殖等的生产、加工产业，同时保护生态，积极发展旅游和风电产业。

柞村布局石材加工贸易、林果、高效农业。继续发展石材产业，由石材的开采和加工向石材商贸和物流转变，延伸产业链条，做大龙头企业，注重山体的保护和旅游开发（云峰山南麓、寒同山等），并发展葡萄、花生、林业等林果业。

夏邱布局石材加工贸易、林果、高效农业。综合发展石材产业，由石材资源开采向来料加工和贸易集散转型，空间集中布局，保护山体，发展大姜等蔬果业和生态旅游，北部平原地带建设优质粮食基地。

虎头崖布局机械、机电、汽车零部件、旅游、养殖、风电等产业。继续发展家电、机电、汽车零部件、包装等优势产业，沿园区集中布局，规模化发展，临海发展养殖、育种等海洋渔业和滨海旅游业，积极发展风电产业。

沙河布局小型装备制造、再生资源利用、商贸等产业。未来以小型装备制造、再生资源利用、商贸流通等优势产业为主，要注重园区化发展，形成集聚和规模效应，农业以玉米、小麦、白菜、渔产品等为主。

土山布局盐及盐精细化工、卤水养殖、再生资源、风电、智能工程机械、高效农业机械等产业。综合利用卤水资源、卤水养殖、提溴、制盐等同步发展，打造精细化工基地，注重园区化发展，结合再生资源产业，打造生态型、循环型产业链条；依托丰富的风能资源和未利用地资源，大力发展风电产业；继续发展智能工程机械、高效农业机械等。

第七章 兖州市：交通枢纽型县域的物流突破

兖州市位于山东省济宁市，济宁市地处苏鲁豫皖四省接合部，交通便利，各种运输方式齐全。铁路有京沪、京九、新石线及京沪高速铁路在境内穿越，构成济宁两横两纵铁路物流通道网络；公路有京福、日东高速公路和4条国道、8条省级干线公路纵横境内，公路交通货运量达1.4亿吨；济宁曲阜机场先后开通了6条国内重要航线，旅客及货邮吞吐量均呈快速增长势头；航运有京杭大运河贯穿南北，运河济宁段主要航道已达到三级航道标准，万吨级船队可直达苏、沪、浙及长江中下游沿线地区，共有港口码头11处，81个作业区，290个泊位，吞吐能力达到2200多万吨，发达的交通运输使济宁成为全省交通物流网络的重要环节之一。因此，兖州市可以利用其交通枢纽的区位优势来实现县域产业转型升级。

第一节 宏观环境与发展条件

从物流资源方面分析，济宁市煤电化工、机械制造、医药食品、纺织服装、新型建材及造纸等产业日渐壮大，雄厚的产业基础和综合经济实力为济宁发展现代物流提供了强有力的货源支撑。济宁市自然资源丰富，境内有煤、稀土、石灰石、铁矿等70多种矿产资源，矿产品种多且储量大，煤炭资源在全国占有重要地位，为全国重点开发的八大煤炭基地之一，开采能力已达8000万吨，其中已探明煤炭储量260亿吨，占山东省的50%以上；稀土储量1275万吨，居全国第二。农畜渔资源丰富，盛产小麦、玉米、棉花和渔业产品，是山东省重要的农副产品生产基地，丰富的资源及大量的农业、工业产品为物流业发展提供了良好的基础。

兖州市拥有得天独厚的工业优势，经过 30 多年的快速发展，建立了较为雄厚的工业经济基础。区内现有企业 400 余家，其中规模以上企业 81 家，形成了以轻工造纸、橡胶化工、食品加工、机械制造等为主的七大产业集群，为城市的发展奠定了坚实基础，也为兖北物流园区的繁荣发展提供了有力的支撑。

兖州煤田是全国八大煤炭基地之一，探明储量 200 多亿吨，有特大型现代化矿井 6 对，年开采量 3500 多万吨。煤质为低磷、低硫、低灰分、高发热值的优质气煤和炼焦配煤，也可作为动力煤。2008 年 10 月，山东省地矿局物化探勘查院在济宁新发现一处特大型铁矿，其中兖州市颜店矿段资源量达 10 亿吨，潜在经济价值达 1500 亿元。

兖北物流园区的发展不仅拥有良好的基础条件和先天优势，同时还拥有国家级、省级的多项政策的大力支持。

一　国家层面

2009 年，国务院《关于物流业调整和振兴规划》（以下简称《规划》）提出，要大力调整和振兴物流业，促使其自身平稳发展和产业调整升级，以达到服务和支撑其他产业发展、扩大消费并促进就业的要求。《规划》明确指出了实施物流业的调整和振兴、实现传统物流业向现代物流业的转变，不仅是物流业自身结构调整和产业升级的需要，也是整个国民经济发展的必然要求；同时，国家在"十二五"规划中也提出要"大力发展现代物流业"，并系统地阐述了现代物流服务体系的建设要求，从体系建设、发展方向、基础设施、主要产品专业物流到区域发展、管理与技术等诸多方面，提出了明确的指导和规定，对我国物流业的持续健康发展具有重要意义。

从现实看，《规划》在优化物流业发展区域布局中提出了十大物流通道的概念，即东北地区与关内地区物流通道、东部地区南北物流通道、中部地区南北物流通道、东部沿海与西北地区物流通道、东部沿海与西南地区物流通道、西北与西南地区物流通道、西南地区出海物流通道、长江与运河物流通道、煤炭物流通道和出口物流通道，而济宁市同时处于"东部地区南北物流通道""东部沿海与西北地区物流通道""长江与运河物流通道""煤炭物流通道"和"进出口物流通道"五大物流通道之中,足见济宁市在全国现代物流发展大格局中的优越条件和重要地位。

为物流业的健康发展,国务院制定了八项完善配套措施,提出要减轻物流企业税收负担,完善物流企业营业税差额纳税试点和大宗商品仓储设施用地的土地使用税政策;要加大土地政策支持力度,对纳入规划的物流园区用地给予重点保障;要促进物流车辆便利通行,大力推行不停车收费系统、加强城市配送管理;要改进对物流企业的管理,放宽对物流企业资质的行政许可和审批条件;要鼓励整合物流设施资源,对分散的物流设施资源进行整合,鼓励中小物流企业加强联盟合作;要推进物流技术创新和应用,加强技术自主研发和物流信息资源开放共享;要加大对物流业的投入,拓宽物流业融资渠道;最后还提出要促进农产品物流业发展,大力发展农超对接、农校对接、农企对接等。这八项政策对物流业的发展繁荣,切实而中肯地提出了正确的发展方针,为促进现代物流业的发展,开辟了一条绿色通道。

从宏观层面来看,如今物流业发展却受到铁路运输地位不断下降、公路运输地位上升、国家铁路管理体制改革带来新变局的影响。20世纪90年代以来,以高速公路为主的公路体系与市场经济相适应,得到迅速发展并逐步完善,而铁路运输受计划经济影响严重,发展的局限性逐渐暴露,导致了铁路运输市场份额下降,而公路运输市场份额大幅度提升的局面。据统计,1991—2011年,公路运输占全社会货运量的比重始终在70%以上,并由1991年的74.4%提高到了2011年的76.3%,铁路运输货运量比重则始终在20%以下,由15.5%下降到10.6%。从货运周转量来看,铁路地位下降十分明显,从1991年的39.2%下降到2011年的18.5%,公路运输占全社会的货运周转量则由12.2%上升到了32.2%。可见,物流业发展虽受到国家政策的有力支持,但现实变化因素仍不容忽视,兖北物流园区建设应不断适应新的环境,在运输方式上进行调整升级,重视公路运输与铁路及其他运输方式的相互融合、优势互补。

二 山东省域层面

从山东省域层面来看,省内也日益重视物流业发展,为兖北物流园区发展提供了良好的政策环境。山东省已将济宁市规划为全省五大物流区域之一，即鲁西南物流区域的核心和六大省级物流节点城市，重点是利用京杭运河"黄金水道"，发展公铁水多式联运，通过运河连接长江三角洲，发展建立以煤炭、建材、粮食、工程机械为主的专业化综合型物流园区，为全省西进东出、南北内河通道建设发挥枢纽作用。为推进山东省各区域经济社会的协调发展，省委省政府还提出"一体两翼"经济发展总体格局，将从多个方面加大对鲁南经济带和黄河三角洲生态经济区发展的支持力度，济宁作为鲁南经济带的中心城市之一，其物流业发展面临许多新的机遇。同时，鲁南五市在实施资源整合、错位发展过程中，拥有更为突出的区位交通优势济宁市，其现代物流业将获得更大的发展机遇。

《山东省现代物流业"十二五"发展规划》（以下简称《规划》）中提出要把山东省建设成为全国九大物流区域之一，建设一批物流节点城市和物流基地，培育一批物流名牌企业的目标，指出，兖州市及济宁市在全省物流业发展中承担了重大发展责任，面临重大发展机遇的形势。《规划》明确指示，要以市场为导向，以企业为主体，以服务经济和社会发展为主线，以改革创新为动力，以先进技术和信息化为支撑，按照整合、改造、提升、发展的基本思路，建立工农商贸企业与物流企业联动发展机制；同时还要整合物流资源，加快物流园区（中心）等基础设施建设，培育物流龙头企业，提升物流企业整体水平，加快多式联运工程建设，努力构建高效生态节能的现代物流服务体系。

《规划》中还具体提出：重点发展6大物流区域，重点建设2个全国性物流节点城市、7个省级节点城市、8个地区性节点城市、29个县级节点城市的发展要求和目标，明确将鲁西南物流区域建设成为全省6大物流区域之一，将济宁建设成为7个省级节点城市之一，也将兖州市建设成为29个县级节点城市之一。

三　鲁西南区域层面

鲁西南区域物流是以济宁为核心，以枣庄、菏泽为重点，利用京杭运河水运成本较低的优势，大力发展内河水运物流，推进公铁水联运物流项目建设，建立和完善以煤炭、矿石、石膏等大宗物资为主的转运型物流中心；规划建设专业物流配送中心，搞好化肥、农药、种子、塑料薄膜等农资物流配送，做好种植、饲养、加工、销售等环节物流衔接，为建设农业、林业、牲畜业基地服务。在鲁西南地区，进一步推广现代物流管理理念和技术，推进传统物流向现代物流转型升级，缩小鲁西南物流业与东部地区之间的差距。

相对于济宁市在鲁西南的经济产业地位，济宁市物流业发展显著落后，拥有很大提升潜力。2011年，济宁市拥有货运车辆62502辆，仅低于临沂市，从货运量、周转量来看，济宁市货运量为23796万吨，周转量56846百万吨/公里，低于临沂（31210万吨、89415百万吨/公里）和菏泽（27803万吨、72424百万吨/公里），总体排名较为靠前。

从物流总额看，2012年济宁市实现物流总额7547.3亿元，在山东省排名第十一，但在鲁西南排名第三，比较靠前；且农产品物流具有很大优势，2012年实现物流总额599.3亿元，全省排名第一；外地货物、进口货物流入和单位与居民物品物流业也有较强的竞争优势，在鲁西南地区处于领先地位。

物流业增加值是反映物流业发展的核心指标，物流业也是发展第三产业的重要组成部分和支撑力量。2012年济宁市物流业增加值207亿元，鲁西南地区低于临沂市，位于前列，物流业增加值占GDP和第三产业比重分别为6.5%和18.1%，在鲁西南仅高于莱芜市，排名偏后，这说明济宁市的物流业发展仍有很大提升空间。

从固定资产投资分析，济宁市2012年完成物流相关产业固定资产投资额179.3亿元，占全省物流投资比重的6.2%，占济宁市全部投资比重的9.9%，位于山东省第七位，鲁西南排名第三，投资力度相对较低，投资强度有待于提高。

总之，相对于济宁市在鲁西南的经济产业地位，济宁市物流业发展显著落后，拥有较大的提升空间和发展潜力，物流业作为第三产业的重要衡量指标，今后应提高对其相关行业的投资力度，在农产品物流领先的基础上，充分挖掘利用工业优势，着重发展工业物流产业，在济宁市建设一个融合工矿物流、商贸物流等功能于一体的综合服务型物流园区。

四 市（县）域层面

济宁市委、市政府高度重视包括现代物流业在内的现代服务业的发展，连续多次制定和颁布实施加快发展服务业和生产性服务业的意见和配套政策。确定了主管领导和主管部门，组建了多部门参加的现代物流业协调推进机构，明确了各自的职责，建立了相应的工作制度；在市场准入、财政税费、就业再就业、融资担保、土地供应、项目投资等诸多方面制定实施相应的扶持和优惠政策，现代物流业发展的政策环境不断改善，为其加快发展营造了颇为有利的条件。

济宁市和兖州市工业实力较强，工业对经济发展的贡献度较高，第三产业也较为发达，这为发展现代物流提供了强有力的支撑。2012年兖州市工业总产值1150.2亿元，是2005年的5.5倍，济宁市工业总产值4569.4亿元，是2005年的3倍多，兖州市工业总产值占济宁市的比重由2005年的14.4%增加到了25.2%，上升幅度较大。

从第三产业增加值来看，2012年兖州市第三产业增加值为167.5亿元，是2005年的3.3倍，济宁市第三产业增加值1143.9亿元，是2005年的2.9倍，兖州市占济宁市的比重由2005年的13%增加到了14.6%，也取得一定进步。

物流业是个复合型产业，其相关行业不仅涉及交通运输，还包括仓储、邮政、批发、零售、进出口、对外贸易等多种行业，因此，在考量物流业发展的过程中，应综合考虑各个指标因素，在规划中也要进行多方位分析，统筹全局。

与兖州市和济宁市物流业相关的交通运输业、仓储邮政业、批发零售业、对外贸易近年来均得到一定发展，增长势头良好。从济宁市来看，2011年交通运输、仓储和邮政业，批发和零售业，外贸进口额，外贸出口额分别为144.48亿元、288.12亿元、26.8亿美元、30.7亿美元，分别是2005年的2.2倍、3倍、3.8倍、2.6倍；兖州市2012年交通运输、仓储和邮政业，批发和零售业，外贸进口额，外贸出口额分别为18.24亿元、52.37亿元、11.36亿美元、7.88亿美元，分别是2005年的1.6倍、4.6倍、3倍、11倍，与物流业有直接关联的行业都取得了长足进展。

物流业的发展与交通运输业息息相关，货物运输的交通方式既包括铁路、公路，还有空运、航运、海运等。目前，国内最为常见的运输方式仍是公路和铁路运输，而在汽运过程中，最能反映货运强度的指标是货运量和货运周转量。

从济宁市和兖州市的公路货运量和周转量来看，两者皆逐步增长，有着稳健的发展态势，公路货运发展前景较好。其中，济宁市公路运输货运量和周转量稳步上升，2012年货运量为2.3亿吨，货物周转量496.8亿吨/公里，分别是2008年的1.77倍和1.81倍；兖州市公路货运近两年发展迅速，2011—2012年上升幅度较大，2012年完成货运量2721万吨，同比增长25.1%，实现货物周转量82577万吨/公里，同比增长25.6%，货运量和周转量分别是2008年的1.37倍和1.48倍。

同时，兖州市公路货运的地位在济宁市也有明显上升，2008年兖州市货运量占整个济宁市的比重为6.6%，到2012年，该比例上升到12%，提高了5.4个百分点，公路货运枢纽地位日益凸显。

铁路货物运输是现代主要的运输方式之一，由于受气候和自然条件影响较小，且运输能力及单车装载量大，其运输成本低而安全性较高，这些都是公路和航空运输方式所不能比拟的。兖州市在铁路运输上就具有得天独厚的优势，兖州市交通便利，是山东省重要的铁路枢纽之一，设有16股铁路专用线，是全国一等货运站和山东境内最大的铁路货运编组站之一。另外，还有三处小型货运站，是鲁西南地区最大的物资集散地和货运中转站，年货物吞吐量达1000万吨。

兖州车务段位于兖州市内，管辖位于京沪、菏兖日两条铁路干线和磁莱、辛泰、东平、薛枣四条铁路支线的46个车站，而兖州北站就是其中唯一一个一等站场。

兖州市发展铁路货运应是优势明显，但近年来却因公路运输的崛起而面临强大竞争。在铁路货物发送方面，2007—2012年，兖州车务段总体下降明显，期间波动较大，2012年发送量为3663万吨，为历年最低，表明铁路货运地位在整体下滑。

但是，兖州北站货物发送量却呈上升趋势，占兖州车务段的比重正逐年增加。2007年北站货物发送量为289.3万吨，2008年达到315.8万吨，受经济危机影响，2009年和2010年货运发展低迷，但从 2009 年起，货运发送量逐步回升并超过先前记录，2012 年达到 325.8 万吨，兖州北站货物发送量占整个车务段的比例也由 2007 年的 7.2% 上升到了 2012 年的 8.9%，可以看出，虽然铁路货运面临着公路运输的强势竞争，但兖州北站铁路货运在兖州车务段的地位反而在上升，足以见其发展铁路货运的优势和重要地位。

第二节　兖州市铁路物流发展现状

一　兖州北站沿革与现状

兖州市交通枢纽地位突出，素有"九州通衢，齐鲁咽喉"之美誉，公路交通四通八达，京福、京沪、日东高速在附近相互交叉联通，日菏高速在兖州市设有两个出入口，327 国道及 3 条省道交织，对外联系便捷通畅，市域公路密度是全国平均水平的 3 倍。兖州市东距日照港 210 公里，西距京杭大运河 30 公里，水运年货运量达 3000 万吨；距曲阜机场 60 公里，距济南机场 150 公里，空运也十分便利，具有水陆空兼备的综合交通优势。

兖州站建于 1911 年，是鲁西南最大的物资集散地和客运中转站。2004 年 11 月 28 日车务段将兖州站划分为兖州北站和兖州站，货运、运转、后勤车间归兖州北站管理，客运车间归兖州站管理。兖州北站坐落于兖州市大安镇，因位于城区北部而得名，京沪铁路、新兖铁路和兖日铁路在此交会，兖州北站中心里程位于京沪线自北京站起 636 公里 +100 米处，新兖线自新乡站起 307 公里 +861 米处，兖南线自本站起 5 公里 +977 米，车站按技术性质为区段站，业务性质为货运站，车站等级为货运一等站，兖州北站站场为二级五场，主要办理济南、徐州、菏泽、日照四个方向货物列车的列车编组、解体、改编等作业，以及货运、军运、装卸和列车到发、会让等工作，在鲁西南铁路交通体系中发挥着极其重要的枢纽作用。

兖州北站在 1985 年、1988 年、1993 年、2000 年先后进行了四次改扩建，经改扩建和驼峰自动化改造后，日均接发列车能力由原来的 450 列提高至 484 列，日均解体编组列车由原来的 32 列提高至 41 列，货运能力得到极大提升。

目前，兖州北站已成为鲁西南地区最大的货运编组站，设有9股货运线及6条铁路专用线，是全国八大铁路货物运输中转站之一，也是山东省最大的货车编组站和重要的物流集散区，京沪铁路和新兖—兖日铁路在此交会，在鲁西南铁路交通中起着枢纽作用。

二 兖州北站物流特征

（一）服务鲁西南，辐射范围广

兖州北站货品来源以兖州市为中心，涵盖鲁西南济宁市、枣庄市、菏泽市3地市的所有县市区，总面积27473平方公里，人口为2037万人，服务鲁西南的特征显著，货物去向则遍及全国各地，如北京、上海、青岛、济南、西南及沿海一带等，辐射范围广，有一定的市场优势。

北站货运服务的企业主要是古城煤矿、青钢焦化、益海嘉里、太阳纸业、万国纸业、小松山推、山东临工等大型工矿企业，运输货品主要是煤炭、粮食、纸制品、工程机械等大宗物资，需求比较稳定，与兖州北站形成了长期稳固的合作关系。

（二）货品种类多，但货源分散

北站货场办理的货物品类有煤炭、粮食、农副、文教类、工业机械及集装箱货物等，种类繁多，但货品来源分散，除本地外，还有山西、河南等周边省区。其中，煤炭货物主要来源于临沂，货物发往上海、南昌、成都、北京等地；焦炭来源于山西、河南，主要发往青岛；粮食来源于山东省、河南省，济南市、青岛市是其主要发送去向；而纸及文教类、麸皮、饲料粉、集装箱货物主要来源于兖州市，货物发往全国各地。

（三）企业物流以自营为主

兖北物流企业主要有益海嘉里物流、广场商厦物流、北站储运、亿金物流、中石油油库、东宇经贸等，企业物流以自营为主，多设有自营仓库、自属车队等，专业性的第三方物流发展不足，物流服务外包发展水平较低。

（四）铁路货运量波动增长

近年来，北站货物发送量波动较大，受2008年经济危机影响，

2009年、2010年货物发送量明显下跌,在280万吨左右,2010年后又开始回升,近几年总体上增幅有限,2012年,兖州北站货场货物发送量为326万吨。

三 兖州北站货运现状

2011年,兖州北站货场货运收入较上年有所提升,为29376万元,但总发送量和总到达量较上年有所下降,分别是327万吨和120万吨。

从兖州北站分类货物发送数量看,首先,煤、焦炭、粮食、纸制用品、工业机械、医药用品是其主要运输货物,其中煤、焦炭、化工、纸制文教用品和医药产品近年发送数量上升显著,化工品和医药品上升的速度最快;其次,粮食运输较上年也有所回升,2012年发送数为3602车,共224199吨;而钢铁及有色金属、矿物性材料、化肥及农药、农副产品、棉花近几年的外运数量却呈下滑趋势,运输地位下降。另外,近年来兖北集装箱运输发展较快,呈持续上升趋势,目前已具有一定规模,2012年集装箱发送车数4282车,共计223021吨,在货运总量中占有相当大比例。

兖州北站现有的运输企业主要有6家,多是个体经营性质,运输产品主要有卷纸、板纸等纸制品、粮食、饲料粉、麸皮等农副产品和煤炭等大宗货物,企业经营方式单一,涉及领域狭窄,无法满足兖州北站货物综合运输需求。

四 兖北物流现状形成原因

近几年,兖州北站建设和发展成效不明显,铁路运输的优势难以凸显,资源利用分散从而导致生产效率不高。究其原因,主要由以下几个方面造成的。

(一)铁路运输地位下降

近年来,全国公路运输发展迅速。兖州市区位优势明显,拥有完善的对外公路交通网,加上公路运输灵活、快捷、直达性强的先天性优势,使得铁路运输在部分种类货品方面的地位下降,加剧了兖北货场物流中心地位的衰退。

(二)缺乏统筹规划

建设兖北物流园区是兖州市的重要工程项目,但是,一直缺乏统筹规划，针对物流园区的发展思路不明确，对其发展定位和目标没有很好的把握。再加上兖州北站物流园区范围内的企业及资源分散，物流基础设施有待提升，部分企业各自为营，使得物流运作效率低下。利用现有资源，剥离企业自有物流业务进行整合，既能提高企业生产效率，又为发展规模化物流、专业化物流、现代化物流提供市场基础。

（三）体制机制障碍

兖州市目前无海关，装运国际联运货物需要到济宁海关办理报关手续，影响国际联运货物的发运。另外，物流园区建设没有设立直接领导机构，建设物流园区涉及部门众多，如兖州市人民政府、海关、外经贸局、发改委、经贸委、规划局等，目前部门之间还未建立有效的协商机制，各部门分工还不明确，阻滞了园区的建设进程。

（四）土地盘活困难

据统计，目前驻兖州北站片区的国家、省、市企业共计有15家。企业的整体经营情况较差，正常生产经营的企业只有5家，分别是青钢集团兖州焦化厂、兖州市农业生产资料公司、兖州盐业站、兖州市宏达交通运输公司起重分公司和中铁十四局集团第五工程有限公司。维持生产经营的有2家，其余8家均靠租赁场地、仓库来勉强维持运转，并且有1家企业的房地产全部被济宁市中级人民法院查封，1家企业房地产全部被银行抵押，其余几家企业也都资不抵债，负债累累。而且这些企业场地、仓库租赁混乱，没有秩序，用地分属于不同部门，不利于统一规划、管理，土地盘活较为困难。

第三节 兖州市物流产业发展现状

我国加入世界贸易组织后，随着国民经济的快速发展，对社会物流需求明显增加，亟须推动物流产业保持持续、稳定、快速发展。党的十六大报告指出，要"深化流通体制改革，发展现代流通方式"。现在，许多地方政府正在积极筹划发展现代物流产业，把物流作为经济发展的支柱产业和新的经济增长点。但目前，我国物流业发展仍存在许多问题。

首先,纵观我国物流发展历程,物流市场的发展目前仍处于初级阶段。存在着严重的重复建设和地方割据现象,第三方物流企业也带有明显的地域特征,缺乏全国范围内的大型物资流通,同时,管理混乱、地方保护主义等因素,也导致了中国物流产业难以实现大规模的快速发展。

其次,物流外包积极性不高,物流企业增值服务不足。许多物流类型属于企业自营物流,而由于种种原因企业并不愿意把自身的物流业务外包出去,这必然会造成物流市场的有效需求不足,工商企业和物流企业各自为营,搞"大而全""小而全"物流经营模式,市场极度分散,难以产生能够提供综合服务的、规模化经营的物流大集团,既影响企业资源的有效利用和生产效益的提高,也使得物流业难以形成大规模的综合经营。同时,大部分物流企业服务功能少,只能承担运输、装卸、仓储等基本服务,保管、存货管理、分拨、分销、包装、流通加工等增值服务则力不能及,提供单项服务的物流企业,对客户的吸引力不大,而今还面临与国外大型综合型物流企业的激烈竞争,国内物流企业的生存和发展受到了挑战。

一 济宁市、兖州市物流企业(中心)发展现状

物流企业(中心)是物流业发展的载体。济宁市和兖州市已经和正在形成一系列专业性的物流中心和物流配送中心,但由于缺少有较高管理和服务水平的大型现代物流企业,济宁市物流作业和服务的整体组织化和集约化程度不够,物流信息化和标准化水平偏低,全社会物流运行效率低下而物流费用成本偏高。目前,济宁市拥有 1 家山东省重点物流中心——济宁交通物流中心,1 家山东省重点物流企业——济宁交运集团,培养了一批专业功能突出、有较强区域影响力的成长型物流企业(中心),如山推物流、曲阜保税仓、任城医药物流、世通物流、海天国际物流、豪德物流商贸等,同时第三方物流企业也获得了长足的发展,形成了交运物流、世通物流、恒良物流、新华物流、华能陆港等新型第三方物流企业。

兖州市的物流企业(中心)多数处在规划或者在建阶段,其中新规划物流企业(中心)的面积就超过 100 万平方米,共计划投资约

10亿元，以服务周边工业企业为主，提供配套物流服务。可以说，兖州市近几年第三方物流企业拥有一个较好的发展环境，但是，从目前的发展情况看，成熟的物流企业（中心）仍较少，已建成的仅有海天物流中心和广场商厦物流配送中心，物流中心主要集中建设在新兖镇，如恒良物流、海天物流等，但这些物流中心或多或少地存在后续建设动力不足的问题，如海天物流已建设施的高闲置率已经影响到其二期建设进度。

目前，兖州北站周边已经形成了包括益海嘉里物流、广场商厦物流、北站储运、亿金物流、爱密特物流、中石油油库、东宇经贸等物流企业，提供仓储、运输、流通加工、配送服务，主要服务于兖州工业园区及周边地区工商企业。

二 周边物流业发展现状与竞争态势

（一）徐州现代物流业发展（省外）

徐州市现代物流业的发展定位是充分发挥区位和港路综合优势，依托内河港口、铁路、公路网和机场构建综合物流枢纽；着力发展第三方物流，重点引进国内外知名物流企业；加快孟家沟港、万寨港、淮海综合物流园区、金山桥物流基地、香山物流中心、保税物流中心及各类专业物流中心等物流节点设施建设，加快形成区域性物流产业集群和物流品牌，将徐州建成全国知名的区域性物流枢纽城市。徐州市现代物流的大力度先行发展，会对济宁市现代物流业发展带来较大的竞争和挑战。

（二）鲁南地区其他城市现代物流发展（省内）

菏泽市经济发展总体水平偏低，现代物流发展滞后，应是济宁市现代物流体系辐射服务的主要腹地；枣庄市经济总体水平、产业体系发展及发展物流的区位交通优势明显优于菏泽市，且与徐州毗邻，在为枣庄提供物流辐射服务方面济宁市将面临来自徐州市的强烈竞争；临沂市经济发展水平与济宁市相当，但在商贸及物流发展方面具有一定的先行优势，应予以特别关注。临沂市现代物流业的发展定位是充分发挥临沂区位交通优势和物流需求丰富的优势，努力扩大现代物流市场需求，建设三大物流园区，构建三个物流平台，着力建设九处特色物流中心，大力培育骨干物流企业，积极推进物流信息化和标准化建设，加强物流基础管理工作，加快把临沂市建设成为连接南北、辐射中西部的全国重要物流枢纽和商贸物流中心城市，实现现代物流业的跨越式发展。临沂市现代物流业的先行发展，可为济宁市现代物流业发展提供有益的借鉴，并在其现代物流业发展定位中作为重要的比较和分析依据。

(三) 济宁市六大现代物流园区规划（市内）

在济宁市颁布的《现代物流发展规划》中，提出现代物流业要重点规划建设运河物流园区、综合物流园区、兖北物流园区、蒜都国际物流园区、空港物流园区、豪德商贸物流园区六大现代物流园区。其中，运河物流园区着力打造"物流运河"品牌，以煤炭等大宗物资集散功能为主，可能会分流未来兖北的煤炭输送；黄屯综合物流园区以济宁高新区及东部产业集聚区为依托，主要发展现代化综合物流、保税物流，与兖北物流园区存在一定竞争，但其主要方向还是面向高附加值工业制成品的保税物流中心，并且其不具备公铁联运优势。

蒜都国际物流园区、空港物流园区、豪德商贸物流园区以发展专业物流为主，专业特色较强，对兖北物流园区的竞争威胁较小。

因此，济宁物流园区发展各有所依，虽存在竞争但又有各自发展侧重点，兖北物流园区公铁联运优势明显，寻求错位发展空间大。

三　物流企业（中心、园区）发展存在的问题

总体来说，济宁市和兖州市物流业发展目前存在以下几个问题。

首先，济宁市和兖州市物流中心、企业大都处于快速成长阶段，处在发展路径的摸索过程，缺少支撑现代物流产业发展的成熟的大型物流园区、第三方龙头物流企业、专业物流中心，物流业集中度低，能提供一体化综合物流服务和增值物流服务的企业少，从而导致市场竞争力不强、服务范围局限、市场辐射服务能力较弱的现象。据统计，济宁市经工商注册登记的各类物流企业多达10390余家，但62.5%的企业其业务经营范围局限在济宁市本地，能够提供完整的一体化综合物流服务和增值物流服务功能的企业极少，特别需要在当地培养一批有潜力的物流企业，做大做强，引进省内外乃至国外先进的物流企业，加强彼此之间的合作互通，发挥优秀物流企业在

本地的集聚效应。

其次,大型现代物流园区建设推进力度不够。大型现代物流园区建设进展迟缓,布局合理、用地节约、功能集成、运作高效的物流节点设施体系未能形成,使得济宁市发展现代物流在区位、交通、产业、政策等各方面的优势未能得到充分发挥和利用。

再次,社会物流资源未能很好地整合。济宁市和兖州市企业自营物流比例较高,设施资源社会化公用程度低,各类物流资源普遍存在设置分散、设施设备陈旧落后、资源利用率不高、运作效率低等问题,如工商企业仓储设施利用率偏低而载运工具空驶率较高,道路运输的配货站、仓储点等物流设施数量多、规模小、很多设置在干线道路两侧或混杂在城市其他功能分区内,沿运河及其支流两侧设有数量极多的小型码头和货运堆场,多数无正规的营业许可证,设施简陋,等等,严重影响了物流效率。因此,特别需要企业剥离自营物流业务,外包自身物流业务,将生产环节和物流环节分开,并加强与第三方、第四方物流企业合作,这不仅能提高工商企业自身的物流速率、降低企业成本,也为企业集中力量发展生产提供了条件。

最后,从物流需求角度分析,社会化物流需求不足导致第三方物流不能快速成长。从济宁市和兖州市工商业发展程度看,应有较高的物流需求,而以企业自营为主的物流运作模式乃成为制约济宁市现代物流体系建设的重要"瓶颈",一方面导致物流资源利用和运作效率难以提高,另一方面释放给社会的有效物流需求不足,制约第三方物流企业的成长。虽然部分生产制造和商贸流通企业开始实施物流业务外包,但总体上说济宁市工商企业"大而全"、"小而全"的物流运作模式还相当普遍。

四 济宁市、兖州市物流需求分析

(一)货运量与货运周转量

市场源于需求,从上述对济宁市和兖州市物流业发展存在的问题中可以了解,兖州市物流业发展面临市场需求释放不足的情况,而实际上,济宁市和兖州市的物流需求却十分可观,物流业发展前景较好。

从2005—2011年济宁公路分货类运输量和周转量来看,煤炭及制品、轻工、医药产品、钢铁、机械设备、电器、水泥、粮食等产品的货运量和货运周转量比较高,且增长明显,表明济宁的煤炭、医药、钢铁、机械、粮食、水泥等产品的货运需求较大。2006年以来煤炭运输量稳步上升,是济宁公路运输最主要的对象,2011年已达4107万吨,而2006年济宁煤炭运输量仅为2818万吨;轻工、医药产品其次,2011年运输量突破2800万吨;钢铁、机械设备、粮食也是重要运输内容,2011年货运量分别达到2072万吨、1566万吨、1394万吨,且运量呈上升趋势。

从货运周转量来看,济宁各类货物周转量自2007年以后发展速度较快,其中以煤炭货运周转量最大,上升趋势十分显著,2006年煤炭周转量为108512万吨/公里,到2011年上升到959129万吨/公里,是2006年的8.4倍;轻工医药产品2005年周转量为17526万吨/公里,2011年上升到593579万吨/公里,2011年是2005年的33.9倍,其他货物周转量也都获得了较大提高,公路货运优势日益凸显。

(二)工农业物流需求潜力

兖州市整体综合实力在济宁位于前列,工农业发达,发展物流业潜力大。2012年,兖州市实现农业总产值65.51亿元,比上年增长5%。其中农业产值31.85亿元,增长4.7%,林业产值0.79亿元,增长2.1%;牧业产值31.1亿元,增长5.1%;渔业产值0.19亿元,增长8.2%;农林牧渔服务业产值1.58亿元,增长11.4%。2012年粮食产量52.8万吨,生产实现"十连增",总产量突破10亿吨,创历史新高;肉类产量10.7万吨,增长2.7%,全市肉猪出栏头数68万头,比上年增长5.6%;奶类产量0.8万吨,增长4%;蛋类产量3.8万吨,同比增长3.1%。总体上看,兖州市农业取得了一定发展,但除粮食外,其他产品产量增长率均在5%以下,有些年份甚至出现负增长的情况,说明兖州市农产品物流需求增长潜力仍然有限,需从工商业中挖掘更多潜力。

2012年,兖州市规模工业企业发展到149家,新增24家,全年实现工业总产值1124.9亿元,比上年增长26.2%,其中轻工业产值533.8亿元,增长29%,重工业产值591.1亿元,增长23.8%,提高幅度明显,工业发展势头强劲。工业产品中,大中型拖拉机、成品钢材、输送带、轮胎、纸制品等产量近几年增长速度较快,增长稳定。

其中，2012年大中型拖拉机生产16940台，比上年增长18.5%；成品钢材产量105.2万吨，比上年增长17.8%；输送带产量1659.2万平方米，同比增长8.7%；轮胎产量599万套，增长70.2%；机制纸及纸板产量268.8万吨，比上年增加10.9%；焦炭、方便面产品产量近两年波动幅度大，2012年产量分别是106.1万吨和14.1万吨；原煤产量趋稳，2012年绝对数为371.3万吨。

兖州市"十二五"规划中，提出要重点发展五大产业集群，到2015年达到造纸产业浆纸产量500万吨，行业总体收入500亿元；橡胶轮胎行业实现总体收入500亿元；机械装备制造行业总体收入300亿元；食品加工95万吨，产业收入达200亿元以及精细化工和煤炭深加工产业实现销售收入200亿元的产业发展目标；在产品产量上仍有很大的发展动力和进步空间，为兖北物流园区产业服务对象明确了前进的方向和目标。

总之，综合现状与未来产业发展规划，兖州市域的机械产品、输送带、轮胎、纸制品、粮食、钢铁、原煤、焦炭等产品的物流需求潜力较大，今后兖北物流园区产业发展可以此为方向和着力点，进行重点培育。

（三）商业物流需求潜力

济宁市"十二五"规划中提出以打造商贸重镇为目标，加大商贸业发展力度，近年来，兖州市商贸业也取得了快速的发展。兖州市立足区位交通优势，加快了现代物流中心建设的步伐，多种形式的社会商业蓬勃增长，建设各类批发市场28处，形成了具有较强辐射带动作用的市场群，占地30万平方米的息马地商城年交易额达到20亿元；富居家具城室内营业总面积达到20万平方米，客商发展到800多家；火车站小商品批发市场吸引了全国各地的1000多家批发商到此经营；永丰建材城营业面积达到40万平方米，400多家批发商汇集于此；建有木材、农机、农贸、辣椒等十多处专业批发市场和多处两万平方米以上的大型商场，全市社会消费品零售总额2011年达到30亿元，对全市经济发展起到了重要的推动作用。

兖州市商贸业具有代表性的企业有百意超市、贵和购物广场、大润发、富居家具城等大批城市商业体；其中以品牌连锁为主要竞争方式的商业形式较多，如银座、贵和、春天百货等；同时私营性质的商业发展较快，如长城家电、九彩家电有限公司等。

目前，兖州市重点发展的商贸流通业项目有山东金太阳投资有限公司财富新天地商业建设项目、恒茂商都工程、永丰国际商贸项目。其中，新天地项目总投资6亿元，规划占地600亩，一期建设综合商业区15万平方米；恒茂商都工程一期总投资6亿元，占地150亩。家装家居大卖场、六栋农机标准商铺主体已完工，综合消费品市场已开工，农机综合大楼、4S店进入开工前的准备工作。永丰国际商贸项目由五金机电、陶瓷建材、汽配及装饰、家具家居、灯饰五金、窗帘布艺、汽修汽配、农机机械等生产资料和生活资料十大超大规模的专业市场群组成，是集交易、仓储、商贸、生活服务于一体的大型现代商贸物流集群，总投资15亿元，一期工程投资3.4亿元，目前已建成投入使用。

现代商贸业的繁荣发展要求今后加快推进以连锁经营、物流配送和现代批发市场为代表的流通方式，积极发展商贸物流配送，把第三方物流作为招商引资的重点，吸引知名物流企业，加快构筑物流配送平台，集中力量建设一批特色鲜明、集散功能强、辐射市内外、联通全国的大型现代化批发市场，并逐步将其培育成一定区域的商品集散中心、加工贸易中心和信息发布中心。因此，从满足现代商业贸易流通的发展需求看，兖州市在商贸物流配送方面也有较大发展空间，未来，兖北物流园区规划可加大对商贸物流的投资力度，积极发展现代商贸物流。

五 小结

（一）兖州市典型工商企业物流需求

第一，兖州市工商企业货物运输方式多样化，以公路运输为主（省内），兼有铁路和港口集装箱运输（省外或国外），且多数企业的货运中至少使用了两种运输方式，体现了货物运输在物流中的重要地位。

第二，企业物流费用尤其是货物运输在支出中占有较大比重，企业物流成本高，亟须整合现有资源，提高效率以降低物流成本。

第三，企业物流多与第三方物流企业合作，自营物流范围较为局限，对外包物流依赖度较高，要求有专业化、多样化的优秀物流企业为其提供服务。

第四，工业企业物流需求大多来自原材料和产品的运输和仓储，商业企业则在商品的存储、配送上有更大需求空间。

第五，对化工产品、食品加工产品、出口货物和部分商品的物流服务较为特殊，需结合危化品、集装箱、冷链仓储和运输，要求对不同产品设计不同仓库和车辆，近年来集装箱运输上升空间较大。

总之，近年来，兖州市企业物流对货物运输需求大幅度增加，而且日益复杂化、精细化，运输方式涵盖公路、铁路、港口运输，不同货品对仓储、运输车辆要求不同，冷链、集装箱物流发展迅速，要求货物初加工、配送、出口等相关服务，需要引进先进的第三方、第四方物流企业。

（二）兖北物流园区发展方向

从兖州市、济宁市的物流需求和物流企业（中心、园区）等的发展现状看，当前的物流产业远不能满足发展需求，建设一个现代化的兖北物流园区具有比较好的发展空间。根据前述分析，兖北物流园区应重视下述方面的建设。

首先，物流园区今后要积极承接货物运输尤其是工业原材料和产品的运输，利用北站货场铁路运输优势和日益崛起的公路运输，以公铁联运为主，发展多式联运的综合物流园区；同时，结合企业进出口产品增多、对外贸易日益繁荣的发展态势，以及与主要港口战略合作关系的建立，积极发展集装箱运输，在园区内建设直通场站和保税仓库。

其次，积极发展粮食、农副产品、煤炭等大宗物资和制造业零部件的简单加工包装和分类仓储，还可结合大安镇精细化工园和周边焦化类化工企业，发展精细化工品的专用仓储和物流服务。

再次，要重点结合商贸业和冷链物流发展需求，提高园区内商贸物流地位，引入具有区域影响力的商贸企业，培育交易市场，积极发展商贸物流中心和配送中心。

最后，要大力引入第三方、第四方现代龙头物流企业，满足企业运输需求，为园区和服务企业提供便捷式、一体化、高标准的专业服务，以企业集聚效应扩大物流辐射范围。

第四节　兖州市物流产业发展战略

一　兖州物流园区定位

一般来说，物流园区的内涵是将众多物流企业聚集在一起，实行规模化和专业化经营，发挥整体优势，促进物流技术和服务水平的提高，共享相关设施，降低运营成本，提高规模效益。它一般具有以下几个特征。

（1）多模式运输手段的集合。即以公路、铁路、水运、空运等运输手段中的两种或两种以上方式相组合，联合开展国际、国内的中转物流，因此呈现一体化枢纽功能。

（2）多状态作业方式的集约。其功能包括仓储、配送、货物集散、集拼箱、包装、加工、商品的展示及交易等。

（3）多方面运行系统的协调。表现为对线路和进出量的调节上，体现其指挥、控制、管理、信息中心的功能，通过信息的集中、调配和传递，使园区各功能系统协调、高效运行。

（4）多角度城市需求的选择。物流园区与所在城市存在互动关系，满足城市的相应需求是其功能之一，园区的功能设定和设施配置应与其辐射区域和服务城市的现状及需求相一致，实现协同发展。

（5）多体系服务内容的配套。物流园区应具备综合的服务性功能，如结算功能、需求预测功能、物流方案设计咨询功能、专业教育与技能培训功能、共同配送功能等。

现代物流园区的功能，从大的方面讲主要有两种，即物流组织管理功能和依托物流服务的经济开发功能。作为城市物流功能区，物流园区包括物流中心、配送中心、运输枢纽设施、运输组织及管理中心、物流信息中心以及适应城市物流管理与运作需要的物流基础设施。作为经济功能区，其主要作用是开展满足城市居民消费、就近生产、区域生产组织所需要的生产经营活动。其内部功能可概括为综合功能、集约功能、信息交易功能、集中仓储功能、配送加工功能、多式联运功能、辅助服务功能和停车场功能8个方面。其中，综合功能的内容为综合各种物流方式和物流形态，全面处理储存、包装、装卸、流通加工、配送等作业方式以及不同作业方式之间的相互转换的需求。

根据前文对宏观环境及供需格局的分析，兖北物流园区的规划应顺应公路物流优势日益突出的趋势，突破铁路货运场站功能单一的限制，依托兖州经济开发区及周边工业、商贸业的繁荣发展，建立一个以济宁东部为核心服务区域，以济宁市域及周边县市为延伸服务区域，以鲁西南及周边省区为拓展服务区域，以多式联运为支撑，直通保税为特色，以货运服务为主，商贸服务、生产服务为辅的综合服务型物流园区。

具体来说，一要整合兖州北站货场资源与设施，发挥铁路传统货运优势，结合公路运输方便快捷的特点，突出园区的公铁联运特色和优势；二要依托兖州开发区和兖州工业园，提供煤炭、机械、化工、粮食、农副产品、文教产品等的一体化物流服务，强化园区的货运服务功能；三要依托园区周边大型商贸市场建设，提供商品的集散、运输、配送、仓储、展销、信息处理、流通加工等物流服务，培育园区的商贸服务功能；四要依托周边开发区的生产需求，满足精细化工品、焦化化工品等的储存和转运服务，拓展园区的生产服务功能；五要结合城市综合体的建设，大力发展依托于物流业的金融、商住、餐饮、娱乐等综合性服务业，从而最终将园区建设成为一个专业化、综合性、多功能的物流中心和服务平台。

二 兖州物流园区功能

（一）货运服务功能

货运是兖州北站的传统优势所在，也是今后兖北物流园区的核心业务。其服务范围以济宁东部各产业园区为核心，主要包括兖州开发区、兖州工业园、济宁高新区、任城开发区、曲阜开发区、邹城开发区、邹城工业园等，并覆盖鲁西南及周边省份，为该区域的工业产品和原材料以及粮食、煤炭等资源品提供简单加工、仓储、运输、保税、采购分销等服务。

兖州焦化、益海嘉里、太阳纸业、华勤橡胶、山推机械等大型工业企业是物流园区的主要服务对象，其产品门类主要包括粮油、煤炭、纸浆、纸制品、机械、轮胎、输送带等。今后应引导此类企业适当剥离内部物流业务，由物流园区内的各类专业化物流企业为其原料供应、产品销售提供加工、包装、仓储、装卸、运输、展示等服务，从而降低工业企业的物流成本，也为物流园区的发展提供更大的市场空间，实现规模效益。此外，园区应积极开展保税、进出口代理、检验检疫、报关、金融等服务，并逐渐发展服务周边企业的采购和分销物流平台。

（二）商贸服务功能

近年来，兖州市多种类型的商贸业发展势头强劲，对仓储、配送、初加工、冷链物流等服务需求量大，而目前鲁西南地区尚未有成规模的商贸物流基地，为兖北物流园区发展商贸物流提供了较大的市场空间。今后，商贸服务将成为园区公路物流的重要业务支撑，为以兖州市为核心的济宁市域及济宁周边县市范围内的商贸企业提供商品集散、配送、交易、储运等服务。

辐射范围内的批发、零售、住宿、餐饮等商贸企业（以商场、超市为主）和个体工商户是园区商贸服务的主要对象，为其商品（鲜活农产品、食品、日化、家电等）的集散、交易提供冷链储运、配送分拨等服务，以信息化、高效化、便捷化的物流服务满足客户需求，降低其运营成本。

（三）生产服务功能

物流园区的生产服务功能主要依托于制造产业园区，为制造型企业提供从物料供应到产品销售的一体化物流服务。兖州市境内的精细化工园内入驻企业，如青钢焦化、国际焦化等企业是其主要服务对象，产品门类涉及精细化工产品、焦化类化工品等。

生产服务功能的发挥，要依托于专业性的物流公司，需具备满足特殊货物要求的仓储设施、装卸设备以及专业运输车辆等。一方面要推进工业企业自有物流业务的剥离和整合，另一方面通过引入国内外大型专业化物流企业，针对不同行业和产品开展分工，提高物流服务的专业化水平，为兖州市工业的发展提供优质服务和强力支撑。

三 交通组织方式及物流主体结构

兖北物流园区的交通组织方式是以公铁联运为主的多式联运。兖州市是山东省乃至全国重要的铁路、公路枢纽，公铁运输具备传统优势，发展基础较好。要充分利用现有的铁路、公路等基础设施，发挥公路运输机动、灵活、便捷的优势和铁路运量大、成本低、全天候的特点，将两者优势相组合，并与城市道路运输、中转、储存、配送等功能结合起来，实现多种运输方式的无缝化联结，打造集约高效的物流体系。

在具体组织上，一是将铁路运往兖州市及周边的货物，化整为零，以公路运输方式分方向、分地区地运送到客户地点；二是对于兖州市及周边运往其他距离较远地区、批量较大的货物，先用公路运输集中到园区，集零为整，利用兖州北站集结、编组功能，以最快的速度、最少的停留时间运送到目的地。

另外，物流园区还可以为到达园区的货运车辆提供维修、加油等服务，为驾驶员提供休息、餐饮、生活娱乐等服务。随着园区规模的扩大和辐射力的增强，还要争取与周边的运河港口、航空港建立合作关系，开展公铁水空联运业务，以更多样式和便捷的服务满足客户不断变化的需求。

园区要以引进龙头性物流企业为主，为兖州市当地及周边工业企业和商贸企业提供产品物流和信息服务。另外，应鼓励兖州开发区和工业园大型企业剥离自营物流业务，整合培育当地物流企业，构建以第三方物流为主体的现代化专业性物流企业体系，推进社会产业分工更深入地发展；此外，要支持某些发展较成熟的企业自营物流走出"家门"，为相关企业提供物流服务，提高相关设施的利用率，实现企业物流业务的共建、共享。

作为服务社会经济发展的代表性第三产业，物流园区要以最大限度地提高流通效率、尽可能降低社会物流成本为目标，着力完善和提升服务功能，积极引入或建立商检、税务、海关、金融等机构，努力实现各类物流业务一站式办理，减小经济运行在流通方面的阻力。

四 直通保税功能建设

保税区亦称保税仓库区，是一国海关设立的或经海关批准注册、受海关监督和管理的可以较长时间存储外贸商品的区域。在中国，它是经国务院批准设立的，海关实施特殊监管的经济区域，具有进出口加工、国际贸易、保税仓储、商品展示等功能，享有"免证、免税、保税"优惠政策，实行"境内关外"运作模式。海关对保税区实行封闭管理，境内其他地区运入保税区的货物视同出口，但可以在海关监管范围内进行储存、改装、分类、混合、展览，以及加工制造；外国商品运入保税区，不必缴纳进口关税，仍可自由出口，只需缴纳存储费和少量费用，只有在进入关境时才需交纳关税，因而保税区能极大地便利转口贸易，是中国对外开放程度最高、运作机制最灵活、政策最优惠的经济区域之一。

（一）中国保税区体系

我国的保税区是伴随着改革开放的步伐而产生的，在长期的探索发展中，其数量不断增多，运作模式也日益多样化，目前已形成了"三个层次，七种模式"的保税体系，即"以保税港和区港联动的保税物流园区为龙头，以保税区、保税物流中心和出口加工区为枢纽，以优化的保税仓库和出口监管仓库为网点"的结构化体系。

为便利内陆地区企业办理进出口业务，减轻港口货物通关压力，在内陆海关辖区设立海关监管场站，开展口岸直通业务。进口货物到港后，将货物直接运至海关监管场站，并在内陆海关办理货物的所有通关手续，出口货物则先在场站办理通关手续，再运至港口直接装船运往国外市场，这种通关模式降低了货物在港口因压港、滞箱、过驳产生的时间和金钱成本，大大提高了货物进出口的效率。

（二）山东省保税区建设现状

目前，山东省比较成熟的保税区有青岛综合保税区和烟台综合保税区，济南也正在筹划综合保税区项目的建设。

济宁海关是鲁西南地区最大的一个海关，在曲阜设有办事处，办事处同时管理兖州市、邹城市、曲阜市和泗水市4个地方的相关进出口业务，其业务量约占济宁市总数的50%。济宁市目前在曲阜设有保税仓库，即曲阜华能陆港公用型保税仓库，该保税仓库有一半进出口业务量来源于兖州市。周边泰安市、莱芜市也建有保税仓库，但由于建设较晚，发展水平不及曲阜。目前，济宁正在积极筹划高新区黄屯保税物流中心（B型）和金乡出口直通场站项目的申建，目前，黄屯物流中心一期600亩用地规划已经完成。

曲阜华能陆港公用型保税仓库是鲁西南首家公用型保税仓库，占地17800平方米，已实际形成小型保税加工区，成为吸引外资企业、进出口企业降低成本，跨国公司全球采购仓储分拨的重要平台和窗口，在青岛关区20余个保税仓库中仓储量列第10名，建成的场站货场17000平方米，场站货仓2700平方米，年可吞吐5万国际标准集装箱次。

该保税仓库的主要功能是协调口岸海关，通过转关、直通、属地通关加快企业保税仓库货物的通关速度，济宁市进出口企业所经营的保税货物及来料加工的原材料，均可进入保税仓库存放。目前其涉及的商品已由单一的棉花发展到各种生产设备、化工原料、木浆、天然橡胶等50余种。它的设立运行大大降低了外贸企业的物流成本（滞港费、压箱费）和资金占用，并且减少运输费用和时间，降低通关成本，提高了通关效率。此外，也为外资企业进出口货物及简易加工提供了服务平台和场所，减少外资企业的通关费用，增强了济宁招商引资及参与国际竞争的能力。

（三）兖北物流园区直通保税功能

兖北物流园区开展直通保税业务具有经济、货源和交通三大优势。经济方面，兖州市的综合实力在济宁处于前列，保税区建设拥有较好的经济基础；货源方面，物流园位于兖州经济开发区，太阳纸业、华勤橡胶、联诚集团等大型工业企业聚集，大宗物资进出口数量大，对直通保税物流服务具有强烈需求；交通方面，临近鲁西南地区最大的铁路中转站兖州北站，铁路运输优势明显，区内公路交通四通八达，对货物运输吸引力较大，并可迅速通达日照、连云港、青岛等港口，对外联系亦很便捷。

但兖州市开展直通保税业务起步较晚，面临较大的周边竞争压力。济宁高新区已经申报建设保税物流中心，兖州市若跟进申报，短期内不太可能获得批准；如果通过济宁海关建设保税仓库，将与曲阜保税仓库在吸引货源上形成正面直接竞争，但兖州市本地货源充足，新建保税仓库也将具有较明显的竞争优势和发展潜力。

总体来看，在兖北物流园区建设海关直通监管场站和公用型保税仓库是最好的选择，主要立足于利用自身的交通和物流产业优势，满足兖州市及周边地区的进出口需求。

五　业务量预测及发展目标

（一）业务量预测：公、铁货运量

兖州市的公路货运量及周转量近年来稳步增加，在整个交通运输体系中的地位迅速提升，发展势头强劲。可以预见的是，随着我国工业化、城镇化的长期深入发展，在未来相当长时期内，国民经济还将保持较快的发展速度，同时，产业结构也将持续调整和优化，第三产业比重不断提高，物流业将保持较长期的繁荣发展局面，而公路运输得益于其灵活、便捷的优势，更适应现代社会发展的要求，市场空间依然广阔，发展前景更为良好。

设定公路货运量与时间大致呈线性关系，根据兖州市2008—2012年公路货运量，以2008年为基期，建立时间 x 与货运量 y 的二元一次方程式：$y = 154.5x + 1752.9$，从而用趋势外推法预测2017年、2020年货运量分别为3298万吨、3761万吨。根据经验，选定2017年、2020年兖州市适站类货物占货运量的比重分别为40%、50%，得到2017年、2020年兖州市适站类货物货运量，即公路货运需求量分别为1319.2万吨、1882.5万吨。

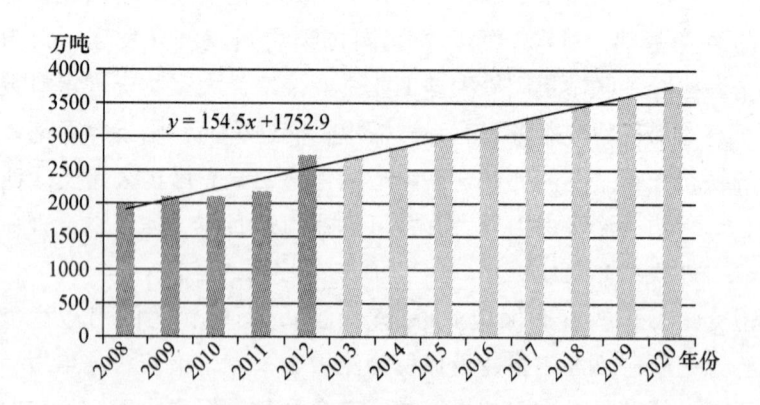

图7-1　兖州市公路货运量预测

铁路货运的地位相对于公路货运整体呈下降趋势，但兖州北站的货运量仍呈稳中有升的态势，占兖州车务段的比重也在不断提升，说明兖州北站的铁路运输仍有一定优势。现代物流的发展趋势是多式联运，随着兖北物流园区的建成，公铁联运模式开始运作，兖州市的公路货运必将与铁路货运形成分工协作、相互促进的关系，因此应对兖州北站的货运发展前景保持乐观态度。

根据兖州北站2007—2012年货物发送量，以2007年为基期，建立铁路货运量Y与时间X的线性关系方程式：Y = 6.282X + 282.0，同样用趋势外推法预测2017年、2020年兖州北站货物发送量分别为351万吨、370万吨，结合近年来兖州北站货物到发比情况，选定货物接收量等于货物发送量的1/2，即货物到发量为货物发送量的1.5倍，从而得到2017年、2020年兖州北站货物到发量，即铁路货运需求量分别为525.6万吨、555万吨。

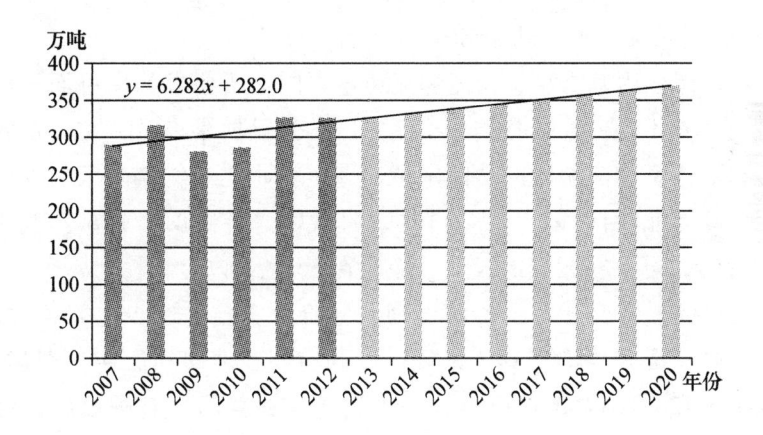

图7-2 兖州北站货物发送量预测

（二）发展目标——物流量、产值及税收

设定兖北物流园区从兖州市域之外吸引的公路货流量，等于兖州市公路货流从兖北物流园区的溢出量，则兖北物流园区的出入园区物流总量等于兖州市公路货运需求量与兖州北站铁路货运需求量之和。如此，则保守预测兖州北站物流园区2017年、2020年的出入园区物流总量分别为 1844.8 万吨和 2437.5 万吨。

现代物流园区的收入主要来自流通加工、商贸配送、综合服务等增值业务，公铁货运等基本的物流功能则是各类增值业务发展的基础和平台。兖州北站物流园区作为一个以多式联运为支撑，直通保税为特色，以货运服务为主，商贸服务、生产服务为辅的综合服务型物流园区，其功能的多样化与综合性必将形成强大的货流吸引力和集聚力，从而保障其业务量及总产值的稳步增长，取得良好的综合效益。结合兖州北站货场和其他物流园区营收状况，保守预测兖州北站物流园区 2017 年、2020 年的产值将分别达到 60 亿元、100 亿元，从而实现打造百亿物流园区的宏伟目标。

通过对比国内部分物流园区产值税收指标可测算出国内物流园区所能贡献的税收值占园区总产值的比例在 2%—7%，由此可设定兖北物流园区 2017 年、2020 年的税收产值比分别为 4%、5%，从而可得园区 2017 年、2020 年税收分别约为 2.4 亿元、5 亿元。

（三）投资额度与开发时序

物流园区因其类型、功能和流通量不同，所要求的单位面积投资额度也各有不同。根据各类型物流园区的建设要求以及兖北公铁联运的综合服务型物流园区的功能定位，选定兖州北站物流园区的投资强度为 100 万元/亩以上，由兖州北站的总规划面积 4.4 平方公里（约合 66 亩），可测得园区的投资总额应在 66 亿元以上。

园区的投资、开发应整体谋划，分阶段实施，逐步地完善功能，优化结构，提升层次。具体来说，可分前期、中期和后期三期建设：初期（2012—2014 年）以整合各方资源，完善园区基础设施，配套全市及周边工业发展为主。通过整合现有物流资源，引入物流企业，建设货物集散中心和信息服务中心等，以货运服务为主，形成公铁联运的优势，逐步集聚物流业务和功能，从场地出租费和货运交易费中盈利。中期（2014—2017 年）则着力拓展、完善园区各项服务功能，构筑区域物流中心，发展现代物流产业。通过建设仓储配送中心和流通加工中心以及直通保税园区等，大力发展商贸物流和外贸服务，为客户提供个性化、专业化服务，构建大宗物资、生产生活用品的交易中心，打造现代物流体系，服务于鲁西南地区。后期（2017—2020

年）则应努力延伸物流产业价值，尝试模式输出。通过开展物流培训和电子商务，以及推广自身发展模式等，从增值服务中创收，进一步提升园区物流产业链的结构层次。

第五节 兖州市物流园区规划设计

一 园区总体功能布局

园区的总体定位是以公铁联运为支撑，以大型仓储为平台，着重发展面向工业园区及大宗物资的货运业务，并依托周边大型商贸市场建设，开展各类商品的加工、配送、信息等商贸服务，并通过建设化工产品、食品、医药等专用仓储、装卸设施，为周边相关的大型企业提供生产服务。此外，积极引入第三方物流、金融、商住等服务业态，争取设立直通保税物流园区，将园区打造成为一个功能全面、运行高效、效益突出的现代化物流服务平台。

根据园区的功能定位和发展目标，结合规划区内建设现状，以满足各方需求、提高运作效率、实现多元效益为宗旨，统筹规划，精准设计，将园区分为8个功能片区（1+3+4），分别是1个特色片区：转运区；3个主导功能区：仓储区、流通加工区、配送区；4个扩展服务区：直通保税区、综合服务区、商贸物流区、保留功能区。

公铁联运的转运区布置在园区东侧靠近铁路货运站的地方，同时也具备便捷的公路运输条件。仓储、流通加工、配送是物流园区的三个主要功能，对铁路及公路运输的便捷性要求较高，同时考虑到附近化工园区及原有商贸企业的位置，将其布置在园区北部，提供充足的用地。商贸、第三方物流、直通保税及综合服务是园区今后重点培育的延伸功能，布置在规划区内建设空间较大、公路交通便利、靠近兖州市区的南部区块。

二 各功能分区设计及布局

（一）转运区

公铁转运区是物流园区的特色区域，主要进行外来铁路货物化整为零和公路货物集零为整的吞吐与转换，开展货物的装卸、分类、交接、集散、分拨以及集装箱的拆箱、拼装、中转等业务，是公路和铁路运输的交接地段，位于两种运输线的交叉点上，建议布局在北站货场附近的公路干线上，以满足园区不同货物批量的运输要求和集散作业。

本区域应针对转运作业的需求，建设装卸堆栈平台、停车场、公铁货场连接线、集装箱龙门吊等必需的基础设施，并设立交通指挥中心，以保证转运作业的正常进行。

（二）仓储区

仓储区是物流园区的主要功能之一，是园区的核心部分，占园区总规划面积的1/4—1/3，主要服务于工农业原材料、半成品和成品的存放和保管，货物的存储周期较长，附带部分简单加工功能。本区又包括临时仓储区、普通仓储区、专用仓储区、冷链仓库以及集装箱仓储区和保税仓储区。

（1）临时仓储区：主要服务于公铁转运，作为中转货物的装卸、分类、归并、临时存储和保管场所，靠近铁路编组站，紧邻转运区。

（2）普通仓储区：仓储区的主体部分，包括堆场和普通仓库，堆场主要存放大宗零散物资，如煤炭及制品、建筑材料、矿石、钢铁和大型工业机械等，普通仓库则以存储一般日用消费品和原料为主，包括纸及纸制品、粮食、棉花、农副产品等。

（3）专用仓储区：特殊货物的存储区域，主要包括精细化工产品和医药产品等。化工仓储区紧邻西部精细化工产业园区，需建设大型储罐、管道、存取设备等专用设施，以保障产品安全和环境安全为首要条件；医药产品仓储区主要存放抗生素药品、化学制药、中药、生物制剂、天然药物、医疗器械等，要使内部各项环境指标达到相应要求，保证货品的清洁卫生和质量安全。

（4）冷链仓库：针对蔬菜、水果、肉禽蛋等鲜活农产品、奶制品以及特殊医药品、片剂、针剂、胶囊的短期保管，在医药专用仓库和商贸物流区设立，需要提供清洁、干燥、低温、避光的环境条件，确保产品质量稳定。

（5）集装箱仓储区：橡胶、纸制品等部分有集装箱运输需求的制造产品存储区，布置在靠近公铁转运区的地点，并设置相应的场地及设施，以方便集装箱的拆装与装卸。

（6）保税仓储区：位于园区东南角，视情况可将其并入直通保税区，依托近便的对外交通线路发挥直通保税区内的仓储功能。

本区域内存在一些破产企业的闲置土地和设施，应设法将太阳、华勤等大型企业的物流仓储功能剥离并引入园区，盘活沉淀的土地、厂房等资产，从而增强园区的集聚程度和服务功能，提高园区整体效益。

（三）流通加工区

流通加工区是物流园区的主要功能之一，主要开展原材料、半成品和成品的简单加工，如对流通商品进行分类整理、组装配套、贴标签、包装，对粮食、棉花等农副产品进行去杂、分选、晾晒、批量包装，对煤炭、矿物的分选、初级加工以及对机械零配件的分拆、装配等简单组装过程，是提高产品附加值及业务收入的重要途径。

流通加工区也含有部分仓储功能，主要用于流通加工产品的存放与保管，但产品的流通速度较快，存放周期较短。此外，本区内还应划分一定区域作为纸产品的加工备用区。

本区布置在园区中部西侧，邻近转运区和仓储区，与铁路尤其是公路运输线联系便利，有利于货物的进出。

（四）配送区

物流园区的主要功能分区之一，是商贸服务功能的代表性业务。其运作流程是从供货商接收多品种大批量货物后，进行倒装、分类、保管、流通等作业，按照客户的要求备齐货物并进行配送，以公路交通为主要流通手段，提供门到门、仓到仓、区域派送等终端服务，是发展商贸物流的重要环节，主要服务于兖州市及济宁市东部区域各类消费品的配送。

配送区依托原有的百意商贸北站仓储基地，设置在流通加工区北侧，靠近商贸物流区和交通节点，应建设必要的冷链仓储设施及货品装卸、分拣、暂存平台，并提高信息化水平，成为市场信息的集散中心。

（五）直通保税区

直通保税区是物流园区相对独立的一部分，内设保税仓储区、直通场站、集装箱运输区域、商品展示区等功能区，服务于保税物流，提供检验、检疫、分拆、仓储、集拼、海关备案等通关服务，与青岛港、日照港、江苏连云港实行区港联动。按照"功能叠加"的思路，发展直通保税仓储，减少保税货物转关二次申报，实现进口货物按生产计划零待时配送，出口货物生产线下线零滞留运走。

直通保税区设置在园区东南一隅，相对独立于其他功能区，便于建设封闭隔离设施，但邻近铁路和公路交通节点，对外交通便捷，靠近园区综合服务指挥中心，便于通关业务的办理和对保税区的监管。

（六）综合服务区

为保证物流园区运输、仓储、加工、配送等主要功能的实现，设立综合服务区作为其辅助功能，提供一体化运作的物流公共服务系统，包括工商、税务、金融、保险、信息等，是园区有序、高效运转的重要保障和增强园区经济活力的载体。

目前该区域已具备一定的服务基础，并且即将依托区内城市综合体的建设，完善银行、酒店、商场等综合服务设施。今后要大力引入或设立商务、培训、信息及行政管理中心等服务部门，并推进停车场、加油站、宾馆、学校、医院、邮政、住宅等配套基础设施的建设，进一步完善园区综合服务功能，增强其经济活力和持续发展能力。

此外，还应设置综合服务平台，提供采购分销、电子交易、财务管理、信息跟踪、培训等物流服务，实现物流相关业务一站式办理，降低交易成本，提高流通效率，增强对外部市场的应变力和适应性。在适当时机，可在园区内设立物流园区管理委员会，以灵活的组织架构适应不断变化的经济环境，通过政策的适时调整和管理方式的不断创新，为物流园区的高效运作和持续发展提供政策支撑和机制保障。

综合服务区设置在园区南翼中部，东邻直通保税区，南近市区交通干道，对内便于管理，对外联系方便。

（七）商贸物流区

兖州市交通便捷，在鲁西南地区的经济地位较高，发展现代商贸业具有广阔的空间和良好的前景，因而商贸物流将是物流园区的主要功能之一。通过引入大型连锁超市、购物中心，发展部分专业型市场,以及引入物流企业等方式,将该片区打造成为园区的商品展示、集散、交易和流通中心,承担园区商贸流通的职能。

该区域着重建设的专业型市场主要是农产品交易中心和商品批发市场。农产品交易市场主要从事粮食、棉花、饲料、面粉等农副产品以及农资产品的采购、交易、集散与配送;商品批发市场则从事食品、纺织品、服装、日用百货、文化用品、五金交电、电子产品的批发与销售,下设食品批发、服装批发、文具批发等次级专业市场。物流企业区是与商贸物流区相辅相成的区域,通过引入大中型物流企业,建立专有车队,针对流通产品的不同内容和数量提供不同的物流服务,为商品的集散提供运力支撑,实现双方共同发展。

商贸物流区布置在园区的西南侧,可以提供较充足的用地,邻近国道、省道等公路干线,商品的集散及运输极为方便。

(八)物流企业片区

物流企业是园区实现各项功能的重要主体和关键支撑,对园区的高效运转和发展壮大,乃至其他大型工商企业经济效益的提高都起着至关重要的作用。园区需大力引进第三方、第四方物流企业进行统一组织和管理,努力实现工商企业的主业同物流业分离,节约投资,提高经济效益,促进物流业向专业化、规模化、高效化发展。

物流企业应具有提供不同类型产品物流的能力,如冷链物流、危险化工品物流等,冷链物流应设独立服务系统,如冷链仓库、专属车队等,在位置上接近商贸物流区,针对危险化工品的物流应具备罐车、输送装卸等专用设备。此外,还要尽早建设服务工商企业的采购分销信息中心,实现物流企业与工商企业的紧密对接。

兖州市目前已有一些第三方物流企业,此外一些大型工商企业也拥有自身的物流体系,但分散的经营模式存在规模小、成本高、效益低、发展慢等问题,亟须对其进行重组整合,引导入园,提高专业化、规模化水平,实现集聚效益。另外,也应积极引进国内外龙头物流企业,发挥骨干带动作用,促进现代物流体系的形成。

物流企业片区布置在园区西南侧区域,与商贸物流区毗邻,紧靠园区南侧干线公路,对外交通便捷,也便于同商贸物流区开展合作。在企业布局上,要统筹规划,设计缜密,合理分配用地,为企业间协作和整个片区有序运转创造有利条件。

（九）保留功能区

保留功能区位于园区南翼中部，西与物流企业片区相邻，属企业征用地，目前是益海嘉里厂址所在地，西侧条形区域为益海嘉里二期用地，已获批准。今后应逐步引导企业开展物流服务，如粮油等农副产品的仓储、加工、运输、流通，与园区内其他功能分区相融合。

三 园区近期发展任务（2013—2017年）

建设一个功能多样、结构复杂的大型现代化物流园区，不能也不应一蹴而就，根据实际情况分期建设是科学合理之举，如此既有利于减轻各时段的融资压力及成本，也有利于根据今后运营情况和市场环境的变化，适时调整园区规划和发展战略。今后的几年，是园区的起步期，应着力完成以下几项任务。

（1）优先完善和建设转运区、仓储区、加工区和配送区，建设冷链仓储设施，扩大集装箱仓储区域，完善区内基础设施建设，尤其是大型集中式停车场、银行、加油站等。

（2）结合功能分区设计，统筹各分区职能，对园区道路重新整合、规划，完善和优化转运区、配送区路网结构。

（3）扩大第三方物流企业招商引资力度，积极引入省外、全国乃至国外著名物流公司，同时引入济宁市内龙头物流企业入驻园区，建立专有车队。

（4）引入商业企业入驻商贸物流区，建设农产品交易市场、商品批发市场等。

（5）建设物流园区门户网站，定期进行物流、招商信息发布，将互联网功能普及各片区，建立信息管理中心，实现园区的信息化、高效率运行。

# 第四篇 典型城市辐射区县域的产业转型升级

第八章　红安县：大都市辐射区县域的新型产业培育

红安县位于湖北省东北部鄂豫皖三省交界处，东邻麻城市，西、南与武汉市和大悟县相邻，北靠河南省新县，处在武汉"1+8"城市圈的紧密圈层和中部地区的腹地，是武汉"1小时经济圈"的卫星城和"中部崛起"战略的中心地带，成为承接大武汉北扩的发展极。其中，红安县南部的120平方公里红安经济开发区距离天河国际机场、阳逻万吨深水港、武汉北亚洲最大编组站等交通枢纽均在40—50公里。近几年，红安经济开发区抓住大武汉北扩、武汉产业转移的机遇，积极承接武汉产业转移，全面接受大武汉辐射，大力培育、发展新兴产业，实现了令人瞩目的"红安速度"，正向建设武汉北科技产业新城的发展目标大步迈进。

第一节　产业发展现状

一　发展整体状况

红安经济开发区坚持"产城融合、园城同建，工业主导，三产协调，集群发展，多业支撑"的发展理念，通过引进上好佳、雨润、娃哈哈等食品饮料企业，形成红安食品饮料工业园，并于2012年、2013年、2014年连续三年被纳入全省重点成长型产业集群；通过引进中红、川东等服装业龙头企业，使纺织服装成为集聚效应最强的产业；通过引进品上、千川等企业建起了融园家具产业园；通过引进振鑫物流，打造集金属加工、仓储管理、物流配送、金融服务于一体的华中物流大市场。目前，红安经济开发区已经形成食品饮料、川东服装、融园家具、振鑫物流、佰昌电子、汽车零部件、高端装备制造、中红中小企业孵化园八大产业集群。

在招商引资方面，建设至今，总落户企业388家，投资总额1481亿元，驰名商标18个，投产企业134家，其中，规模以上工业企业67家，限上商贸企业15家，高新技术企业10家，产学研基地17个，院士专家工作站3个，博士后工作站1个，国家级产业开发区2个（融园家具、川东服装），建成厂房面积350万平方米，开发区平均每5天就有一个项目落户，每14天就有一个项目投产，每26天就有一个项目进规入限。

其中，电子商务发展势头良好，市场前景广阔，开发区有望成为省级电子商务示范基地。2014年11月18日，第三方平台阿里巴巴红安产业带、自主独立知识产权平台"佰昌、好批网"同时启动；阿里巴巴红安产业带上线企业119家，超2014年年初目标任务的有19家；2014年年底，全县自主线上开店个体4500余家；2014年年底，佰昌电商批发城线下实体店已建成30万平方米、销售23万平方米；阿里巴巴红安产业带从11月18日启动到12月底，上线产品4503款，成交单数10143笔，成交额9531.629万元。

在利用外商直接投资和外贸出口方面，2014年年底，红安经济开发区共有外商投资企业12家，完成外贸出口1523万美元，截至2015年6月底，实现外贸出口1335万美元，完成目标任务的50.3%。

开发区外贸出口企业由2010年年底的15家增加到目前的22家。其中有出口实绩的企业由2010年年底生物工程2家增加到目前的11家（贸易型企业4家，生产型企业7家），自营出口型企业主体实现大幅增长，产品主要以机械设备、纺织服装、竹炭及花生酱、板栗等农副产品为主，销售市场以日本、韩国、印度等亚洲国家及安哥拉、乌干达等非洲国家为主。

总体而言，红安经济开发区始终保持着较快的发展速度，产业规模逐年大幅度扩大，外向型经济不断壮大，科研创新能力逐步提高，基础设施和公共服务不断健全和完善，为今后的发展打下了较为坚实的基础。

二 产业发展"瓶颈"

（一）开发区企业规模小、技术落后

红安经济开发区建设起步晚、底子薄、水平低，结构不合理。现有企业大多以粗放型、劳动力密集型为主，企业综合实力不强，应对市场能力差。同时，开发区内现有规模企业130家，仅占开发区总落户企业的34.1%，2014年130家规模以上企业实现产值105.1亿元，平均每家约0.81亿元，且大部分企业规模较小，发展水平低，产品技术含量不高。

（二）现有产业种类较杂、联动薄弱

开发区现有食品饮料、川东服装、融园家具、振鑫物流、佰昌电子、汽车零部件、高端装备制造、中红中小企业孵化园八大产业集群，其中，大部分为纺织服装、家具制造、食品加工、包装等小微企业，产品缺乏市场竞争能力；同时，八大产业集群门类较杂，之间缺少产业关联，不能形成上下游产业链关系，高效的产业联动发展局面较难打开。

（三）资源配置效率低、缺乏整合

开发区目前实行"园中园""以商招商"的形式，在发展初期确实能够以较快速度带动开发区发展，但易造成各个子开发区各自为政的情况。举例来说，振鑫物流规划仓储中心17万平方米，中红规划建设10万平方米的仓储中心，佰昌也倾力打造全国最大的智能物流产业园。各个子开发区之间缺乏资源整合和合作，造成资源配置分散、效率低下。

（四）科研创新能力弱、后劲不足

红安经济开发区现有企业科研创新能力弱，自身造血功能差。主要表现在创新成果少，科研创新投入低，专业人才缺乏，发展后劲不足。截至2014年12月，开发区共有10家高新技术企业，仅占开发区总落户企业的2.5%；其中，2014年专利总数共计152项，以388家落户企业计算，平均每家拥有的专利数仅有0.39项。

（五）现代服务业发展不协调

一方面，生产性服务业内部发展不协调。当前，开发区以电子商务、现代物流为重点的生产性服务业发展较快，已具备一定的规模，

但佰昌电商、振鑫物流作为开发区现代服务业龙头企业，发展规模、品牌影响力还有较大的提升空间，且金融、保险、研发设计等生产性服务业发展较为缓慢。

另一方面，与生产性服务业相比，生活性服务业发展滞后。交通运输、邮政业、批发零售业、住宿餐饮业等生活性服务业集聚程度低，发展水平较低，尚不能满足开发区的发展需要。

第二节　产业发展环境

一　国家及华中层面：发展新兴产业，促进中部崛起

自2010年10月国务院颁布《关于加快培育和发展战略性新兴产业的决定》以来，新材料、新能源、生物产业、节能环保、新兴信息产业、新能源汽车和高端装备制造业七大战略新兴产业加快发展，自主创新能力增强，创新成果产业化不断加强，产业核心竞争力日益提升。目前，我国经济发展进入了新常态，正处于增长速度换挡期（从高速增长转为中高速增长）、结构调整阵痛期（经济结构不断优化升级）和前期刺激政策消化期"三期叠加"的状态，新兴产业新业态加快孕育，新需求新动力酝酿突破，国民经济正在发生深刻变化，发展动力正从要素驱动、投资驱动转向创新驱动。同时，新一代信息技术与制造业深度融合，3D打印、移动互联网、云计算、大数据、生物工程、新能源、新材料等领域不断取得新的突破，正在引发影响深远的产业变革，形成新的生产方式、产业形态、商业模式和经济增长点，使我国制造业转型升级、创新发展迎来新的机遇和挑战。

（一）发展新兴产业

2014年8月至今，国务院陆续发布《关于加快发展生产性服务业促进产业结构调整升级的指导意见》《中国制造2025》《关于积极推进"互联网+"行动的指导意见》，对新兴产业、高新技术产业发展的高度重视，提出要大力鼓励、支持生产性服务业、新兴产业和高新技术产业。在生产性服务产业领域，重点发展研发设计、第三方物流、检验检测认证、电子商务、商务咨询、服务外包、售后服务、人

力资源服务和品牌建设；在新兴产业和高新技术产业领域，确定新一代信息技术产业、高档数控机床和机器人、节能与新能源汽车、新材料、生物医药、电力装备、农机装备等作为未来"十大"重点发展产业；在"互联网+"方面，重点促进以移动互联网、云计算、大数据、物联网为代表的新一代信息技术与制造、能源、服务、农业等领域的融合创新，发展壮大新兴业态。

（二）促进中部崛起

自 2012 年 8 月以来，《国务院关于大力实施促进中部地区崛起战略的若干意见》、《关于依托黄金水道推动长江经济带发展的指导意见》、《长江中游城市群发展规划》等文件和规划陆续发布，对中部地区崛起提出了重要的指导意见和具体要求：推动武汉城市圈等重点区域加快发展，优化提升武汉城市圈辐射带动功能，充分发挥武汉的科教优势和产业优势，强化武汉东湖自主创新示范区等产业基地对周边地区的引领示范作用，周边地区要积极与武汉综合性国家高技术产业基地等进行对接与合作，优化产业分工协作，引导工程机械制造、电子信息、生物医药、商贸物流、纺织服装、汽车、食品等产业集聚发展，重点发展家用电器、纺织服装等劳动密集型产业和电子信息、生物医药、高端装备、新能源、新材料等战略性新兴产业，并加快发展现代服务业，提升中部地区城市综合经济实力，全面促进中部地区崛起。

总体而言，在国家大力鼓励发展七大战略新兴产业和实施中部地区崛起战略有利的大环境下，红安县虽然面临着机遇，也将遇到挑战。一方面，红安县面临着东部沿海和武汉产业转移的重大机遇，可以抓住机遇发挥劳动力、资源、区位等优势，积极发展以食品饮料及农副产品加工业、纺织服装业、家居建材产业为主导的传统制造业，大力培育以高端装备制造产业、新材料产业、新能源产业、生物产业为主导的新兴产业和高新技术产业，不断促进以现代物流业和电子商务产业为主导的现代服务业，实现弯道超越。另一方面，国内经济下行压力日趋增大，传统产业、传统模式困境日益突出，且在近几年利好的政策环境下，武汉城市圈周边乃至华中地区的各类经济开发区发展较快，数量众多且各有特色，如何在严峻的发展形势下，在激烈的竞争中取得先机，实现快速发展将是红安经济开发区面临的一大挑战。

二 大别山地区层面：承接产业转移，振兴革命老区

自 2011 年以来，《大别山革命老区经济社会发展试验区建设规划（2011—2020 年）》《大别山片区区域发展与扶贫攻坚规划（2011—2020 年）》《大别山革命老区振兴发展规划》等一系列旨在振兴大别山革命老区的规划陆续发布，为大别山革命老区未来的发展指明了道路：（1）加强产业集聚区建设，积极融入武汉城市圈，承接产业转移，优化经济结构，重点发展纺织服装、生物医药、机械制造、现代物流等产业。（2）由于大别山革命老区农业资源丰富，农产品优势众多，鼓励建设特色农产品加工出口基地和农产品加工示范园，培育农产品加工产业集群，重点发展和培育生物医药、先进制造、新能源、新材料等高技术和战略性新兴产业，开展关键核心技术研发，提高试验区产业层次和竞争力。

其中，《大别山革命老区振兴发展规划》特别强调，大别山革命老区要依托长江经济带，加强与武汉城市圈互动融合，推进开放合作平台建设，有序承接产业转移，打造包括黄冈在内的共 27 个县（市、区）的核心发展区域，建设大别山革命老区核心增长极，积极培育汽车及零部件、电子信息、新型建材等产业；同时，要将现代农业作为本区的发展重点之一，加快发展农产品加工业，引导企业向园区集聚，并承接沿海地区和周边大城市农产品加工产业转移，争取将大别山革命老区建设成为欠发达地区科学发展示范区、全国重要的粮食和特色农产品生产加工基地。2015 年 8 月 13 日，湖北省政府召开新闻发布会，根据《大别山革命老区振兴发展规划》，湖北省黄冈市将制定一系列产业振兴规划，初步预算所需资金达 7000 亿元。

2012 年 6 月，中国共产党湖北省第十次代表大会召开，会议高度重视大别山革命老区的扶贫计划和振兴工作。《中国共产党湖北省第十次代表大会报告》中指出，要加快建设武汉城市圈，大力支持黄冈大别山试验区建设，全力打造红色大别山、绿色大别山、发展大别山、富裕大别山；2012 年 12 月，湖北省政府下发《湖北省主体功能区规划》，将大别山划分为水土保持生态功能区，属于限制开发区域，

提出要以武汉为中心,辐射带动周边地区经济社会发展,在发挥大别山地区重要的生态安全屏障功能的同时,大力发展先进制造业、现代服务业,增强产业创新能力和配套能力,促进产业集群发展,尽快形成分工协作、优势互补、集约高效的现代产业体系。

总体而言,近几年,中央和地方都高度关注大别山革命老区的经济社会发展情况,陆续发布相关规划指导老区经济发展,并出台了一系列的政策优惠大力支持大别山革命老区振兴发展。2015 年 7 月 23 日,湖北省更是召开省委常委会会议,研究设立产业基金、支持湖北省战略性新兴产业加快发展,红安县正面临着前所未有的重大机遇。红安县邻近武汉三环,具有得天独厚的区位优势,同时,红安县农业资源、非金属矿产资源、土地资源丰富,电子商务、现代物流等新兴产业发展势头良好,具有非常好的发展条件。另外,红安县是大别山水土保持生态功能区,是国家重要的土壤侵蚀防治生态功能区,是长江中下游的重要水源补给区,关系较大范围内的生态安全,需要在国土空间开发中限制进行大规模高强度工业化城镇化开发,如何在保持并提高生态产品供给能力的同时实现红安县的快速发展将是大别山革命老区面临的重大挑战。

三 武汉城市圈层面:武汉龙头带动,周边分工协作

(一)武汉市经济发展面临新调整

随着工业化、城镇化深入发展和扩大内需战略全面实施,中部地区广阔的市场潜力和承东启西的区位优势进一步得到发挥。国际国内产业分工加快调整,为武汉有序承接国内外产业转移、推动产业结构优化升级创造了良好机遇。一方面,东部沿海发达地区传统产业逐步向中西部地区迁移;另一方面,武汉产业转型,结构升级,对周边地区的扩散、带动作用将进一步增强。

2012 年,《武汉市人民政府关于进一步加快发展现代服务业的若干意见》(武政规〔2012〕10 号)发布,强调加大产业结构调整力度,全面提升服务业规模和水平,使现代服务业成为推动武汉市产业发展的重要力量;2013 年 10 月,武汉市政府常务会原则通过《武汉市工业重点产业链构建工程规划》,为汽车零部件、光电子信息、高端装备制造、食品及农副产品深加工等十大重点产业链量身打造"三

年蓝图";2014年8月,武汉市人民政府下发《武汉市大数据产业发展行动计划(2014—2018年)》(武政办〔2014〕126号),提出抢抓大数据产业发展机遇,加快武汉市信息化建设和信息产业发展,提高自主创新能力,形成大数据产业和应用特色优势,力争取得在国内相关产业发展的先导地位。

2014年2月,国家发改委正式批复《武汉城市圈区域发展规划(2013—2020年)》。《规划》强调,武汉市作为城市圈的龙头,要发挥其区位、交通、科教、人才及产业基础等方面比较优势,武汉城市圈内部要重点建设机械制造、优势能源、高新产业、农产品加工、轻纺和环保六大产业集群,实行"1+8"产业分工,其中黄冈市要发挥区域比较优势,建立绿色农、林、水产品及特色农副产品生产加工基地和轻纺、机电、中医药等生产基地。

(二)黄冈市提出全市发展新要求

2011年12月,中国共产党黄冈市第四次代表大会召开。在《中国共产党黄冈市第四次代表大会报告》中,提出全市今后五年经济社会发展的总体要求:(1)推动县域经济崛起。坚持"一主三化",推动县域经济争强进位、竞相发展。(2)促进现代产业崛起。坚持做优产业结构,做大做强产业集群。(3)推进武汉城市圈"两型"社会综改试验区建设。主动对接大武汉,主动承接产业大转移,加强与武汉城市圈的经济协作。(4)推进大别山试验区建设。重点发展新能源、新材料、生物工程等高新技术产业和现代物流业、电子商务、文化创意、房地产、金融等现代服务业,改造提升纺织服装、汽车配件、建筑、建材、机械、食品等传统产业,大力发展,形成一批支撑能力强的特色产业集群。

2015年1月,黄冈市第四届人民代表大会第五次会议召开。会议强调,发挥长江经济带覆盖黄冈全域的优势,坚持全域对接、市县联动,加强重大战略研究、重大政策对接、重大项目谋划,加快培育电子信息、生物医药、节能环保、新能源、新材料等新兴产业集群,建成新型工业化示范区、现代农业发展示范区和现代服务业聚集区。抓住国家提升武汉城市圈功能、建设武汉内河航运中心的机遇,全面对接武汉大产业,开拓武汉大市场,努力将黄冈建成武汉产业协同发展

第八章　红安县：大都市辐射区县域的新型产业培育　223

的基地城市、内河航运中心的节点城市、农副产品供应基地和休闲旅游目的地城市。

（三）红安县区位优越，优势明显

红安经济开发区紧邻106国道、318国道和京珠、大广高速公路，沪汉蓉高速公路穿开发区而过并设有出入口。武麻铁路红安站、沪汉蓉客运专线红安西站均位于开发区内。此外，红安经济开发区距国家一类开放口岸——武汉阳逻港45公里，距武汉天河国际机场50公里，距亚洲最大的编组站之一——武汉北编组站35公里，距京九铁路麻城编组站40公里，距武汉高铁站60公里，水陆空交通十分便捷。

2011年11月，中国共产党红安县第十三次代表大会召开，通过了《中国共产党红安县第十三次代表大会关于十二届县委报告的决议》，强调要抢抓大别山革命老区经济社会发展试验区建设和大别山革命老区振兴发展的历史机遇，实施"六大战略"，推进"四区"建设，发挥政策优势争资立项，发挥区位优势招商引资，突破性建设农业产业化功能区和优质市场主体聚集区；2015年2月，红安县《政府工作报告》发布，其中指出要大力推进招商引资工作，突出项目建设，强化集群式发展，开展工业倍增"五百工程"，要加快信息技术、服务外包、创意设计、会展论坛等新兴产业发展，不断创新现代物流业，拓展农村电子商务平台，繁荣新兴业态。

在经历初期高速发展之后，红安经济开发区需要向效益、速度并重转型。建园初期，大力发展劳动密集型、土地密集型传统产业具有合理性，但目前体量已经比较庞大，若传统产业继续高速膨胀，未来将会造成转身困难的局面。另外，红安经济开发区土地资源总量有限，需要集约利用、劳动力等各项成本上升等现实情况也要求红安经济开发区的建设需要更具多样性和竞争力的产业结构。面对武汉城市圈发展的新形势，红安经济开发区应抓住东部产业内迁、武汉产业转移的重大机遇，依托武汉，分工合作，充分发挥农业资源丰富的优势，大力发展食品饮料及农副产品加工业，利用自身在区位、土地、政策等方面的优势，顺势而上，加快发展高端装备制造、新能源、新材料、生物等新兴产业和高新技术产业以及电子商务、现代物流等现代服务业。

同时，武汉市作为华中地区的中心城市，集聚效应相当显著，其周边县市皆积极寻求与之合作，红安县如何结合自身现有条件与优势，既实现与武汉的产业对接与合作，也形成红安县自己的产业特色，在避免与武汉以及武汉周边地区的同质化竞争的同时，实现新突破，成就新发展，将是红安县即将迎来的一项严峻挑战。

第三节　战略定位与发展方向

在发展之初，红安经济开发区基础薄弱，主要承接武汉产业转移和分享武汉的集聚效应，企业进入的门槛比较低，进驻企业数量多、档次低、门类杂，未能形成主导产业和相对完整的产业链，开发区产业发展没有明确的战略定位和清晰的发展方向。此次规划将对现有产业、经济社会发展状况进行深入研究，明确红安经济开发区的战略定位和发展方向。

一　战略定位

目前，红安经济开发区已经形成一定的产业基础，产业发展具有相当大的选择空间和较好的可塑性。基于红安经济开发区的发展现状，结合当前我国经济发展的宏观背景以及最新出台的相关政策规划，本次规划立足当前，放眼长远，深入融合《中国制造2025》、《国务院关于积极推进"互联网+"行动的指导意见》等文件精神，明确红安经济开发区产业发展的战略定位为"一新城、两中心、多基地"。到2020年，实现"500亿园区"的发展目标，力争评为"省级高新技术产业开发区"和"国家产城融合示范区"，向建设成为"国家级经济技术开发区"的目标迈进。

"一新城"：华中地区产城融合示范宜居新城。

"两中心"：服务华中，面向全国的电商物流中心；华中地区大学生创新创业中心。

"多基地"：华中地区高端装备制造基地、湖北省汽车零部件制造基地、华中地区电子商务和现代物流示范基地、华中地区家具服装

"云制造"基地、湖北省食品饮料产业基地和湖北省新材料产业基地。

二 发展方向

《中国制造2025》明确指出，当前制造业发展的任务和重点：(1) 加快推动新一代信息技术与制造技术融合发展，把智能制造作为两化深度融合的主攻方向；(2) 瞄准新一代信息技术、高端装备、新材料、生物医药等战略重点；(3) 提高国家制造业创新能力，全面推行绿色制造。"互联网+"也提出几项重要行动：(1) 大力发展智能制造；(2) 加速制造业服务化转型；(3) 推进能源生产智能化，探索能源消费新模式；(4) 打造高效物流；(5) 巩固和增强我国电子商务发展领先优势。

国务院印发的《中国制造2025》和"互联网+"两部文件为红安经济开发区的产业发展指出了非常清晰的前进道路："智能制造、节能环保、现代服务"将是红安经济开发区未来的三大产业主题。

（一）智能制造

以智能工厂为发展方向，开展智能制造试点示范，着力在工控系统、智能感知元器件、工业云平台、操作系统和工业软件等核心环节取得突破；着力发展智能装备和智能产品，推进生产过程智能化，培育新型生产方式，全面提升企业研发、生产、管理和服务的智能化水平。

（二）节能环保

以新能源和新材料为抓手，主要发展高效节能、先进环保、资源循环利用关键技术装备、产品和服务。其中，重点关注新型建筑材料（新型墙材、新型保温隔热材料、新型建筑防水材料、绿色建筑装饰装修材料）、新型金属材料、锂离子电池材料等产业，着力在低风速风力发电设备、生物质能设备的研发生产等领域取得突破。

（三）现代服务

坚持以"研发"和"生产服务"为核心理念，培育软件开发和工业设计，把握服务外包、文化创意等新兴服务业机遇，加快制造与服务的协同发展，推动商业模式创新和业态创新，大力发展与制造业紧密相关的生产性服务业，推动服务功能区和服务平台建设。加快推进信息化建设，全面贯彻"互联网+"，鼓励企业利用物联网、云计算、大数据等技术，整合产品全生命周期数据，形成面向生产组织全过程的决策服务信息，为产品优化升级提供数据支撑。鼓励企业基于互联网，开展故障预警、远程维护、质量诊断、远程过程优化等在线增值服务，拓展产品价值空间，实现从制造向"制造+服务"转型升级。

第四节　产业体系与主导产业

一　产业体系的建立与完善

依据原有产业基础与优势产业，培育发展包括新能源、新材料、生物产业等在内的现代新兴产业和高新技术产业，使之成为开发区新的增长极，带动传统产业的升级和发展；推进信息化建设，利用先进设备、先进技术和"云制造"理念改造提升纺织服装、家具建材等传统产业，与新兴产业、高新技术产业密切联系，融合发展；大力发展现代物流、电子商务等生产性服务业，为其他主导产业的发展提供技术支撑和服务。同时，围绕主导产业，着重关注关联产业和基础产业的发展，配合主导产业的发展，为主导产业的壮大提供保障，建立和完善以传统产业、新兴产业和高新技术产业、现代服务业为主导产业，以原材料、技术、服务、能源等为关联产业，以电力、通信、教育、卫生、交通运输、建筑业等为基础产业的现代产业体系。

加快培育和发展战略性新兴产业和高新技术产业是推进产业结构升级、加快经济发展方式转变的重大举措。战略性新兴产业和高新技术产业是知识密集、技术密集的产业，以高新技术为基础，以创新为主要驱动力，包括研究、开发、生产和技术服务等内容，辐射带动力强，具有非常高的经济效益和社会效益。红安县加快培育和发展战略性新兴产业和高新技术产业，有利于加快转变发展方式，有利于红安县提升产业层次、推动传统产业升级、调整优化产业结构。

（一）主导产业

基于对目前国家、湖北省、武汉城市圈经济大环境的分析和对相关政策的研究，结合红安经济开发区的自身资源条件与发展现状，确定高端装备制造、汽车零部件、电子商务和现代物流、家具服装、食品饮料、新材料为红安经济开发区未来发展的主导产业。

1. 高端装备制造产业

（1）政策支持力度加大。自 2009 年《装备制造业调整和振兴规划》出台以来，国家对高端装备制造产业尤其是高端装备制造产业研发和生产的政策支持力度不断加大。从历年高端装备制造产业主要政策法规的主要内容来看，未来，国家仍将不断对高端装备制造产业加大研发及生产的力度，行业规模仍将持续扩大。与此同时，为加快高端装备制造产业生产及研发的速度，国家也将进一步加大对行业的财政扶持力度，并不断完善相关财税融资政策。

（2）市场前景乐观。现阶段我国重点产业的转型升级、战略性新兴产业的培育壮大和能源资源环境的约束，对高端装备制造产业提出了更高的要求，也提供了巨大的市场空间。随着能源消费量的快速增长，我国的能源供应压力不断增大。因此，以太阳能、风能、生物质能转化利用等为代表新能源设备制造产业具有广阔的发展前景，并已被列为国家重点发展的战略性新兴产业。湖北省化石能源严重匮乏，但风能、生物质能等可再生能源开发潜力较大，大力发展新能源是缓解能源短缺，促进节能减排的重要举措。可以判定，未来，红安经济开发区高端装备制造产业将迎来发展的重要战略机遇期。

（3）开发区优势明显。目前，红安经济开发区已经成功引进以武汉理工大学高端装备技术成果产业转化基地、湖北新三友数控机床有限公司、红安机械设备制造有限公司、武汉深蓝自动化设备股份有限公司等为主的装备制造领域的企业和项目。红安经济开发区发展高端装备制造产业具有土地优势、政策优势，既有一定产业基础，又面临着良好的产业形势，可以结合原有产业，依托等成套机械制造业企业，围绕武汉高端装备制造产业，重点发展机电、太阳能光伏装置、太阳能集热装置、低风速风力发电设备、沼气制备及发电设备等产品。

2. 汽车零部件

汽车产业是国民经济的重要支柱产业，在国民经济和社会发展中发挥着重要作用。湖北省已经形成十堰、襄阳、随州、孝感至武汉沿线和宜昌、荆州到黄石、黄冈沿江两条汽车工业密集带，武汉更是中国汽车产业大十字架格局的中心，已成为国家汽车产业化中心城市之一，其作为全国重要的汽车生产基地，对汽车零部件等中间配套产品有着巨大的需求。在这样的形势下，红安经济开发区可充分发挥自身区位优势、革命老区优势、土地储量大优势等，出台、构建有利于引进国内外汽车领域的骨干企业和龙头项目的投资政策和投资环境，大力发展汽车零部件产业，打造湖北省重要的汽车零部件产业集群。

此外，在当前能源紧张和环境污染问题愈加突出的背景下，新能源汽车成为国家大力发展的战略性新兴产业。目前，虽然湖北省新能源汽车产业主要分布在武汉、襄阳这些老牌汽车制造基地，但总体上看，区域产业格局尚未成形，一批新能源汽车项目正在加速布局，红安经济开发区应将新能源汽车作为远期发展发展方向。

3. 电子商务和现代物流产业

现代物流业增长速度快，政策支持力度大。"十二五"期间，我国物流业保持较快增长，服务能力显著提升，基础设施条件和政策环境明显改善，现代产业体系初步形成，物流业已成为国民经济的重要组成部分。2014年9月，国务院印发《物流业发展中长期规划（2014—2020年）》。其中明确指出，将积极营造有利于现代物流业发展的政策环境，着力提升物流企业规模化、集约化水平，鼓励制造企业分离外包物流业务，加强物联网、大数据、移动互联等先进信息技术在物流领域的应用，同时要大力推进物流技术装备现代化，逐步建立和完善现代物流服务体系。

电子商务产业走向成熟，在产业发展中具有突出重要的位置。"十二五"时期，我国电子商务行业发展迅猛，产业规模迅速扩大，电子商务信息、交易和技术等服务企业不断涌现。2015年7月，国务院下发《关于积极推进"互联网+"行动的指导意见》，强调互联网在产业发展中的重要性，将电子商务放在了突出重要的位置。可见，无论从发展现状还是政府政策来看，电子商务无疑将成为未来经济社会的支柱性产业之一。

开发区发展基础良好，区位优越。目前，振鑫物流、佰昌电商、阿里巴巴红安产业带等陆续入驻红安经济开发区，开发区以现代物流、电子商务为重点的现代服务业已具备一定的规模，发展基础良好。另外，红安经济开发区位于武汉三环边，直接面向武汉市场，处于武汉城市圈核心位置，邻近武汉天河机场、阳逻港、武汉站等重要交通运输枢纽，沪汉蓉高速在开发区设有出入口，发展现代物流和电子商务具有强大的区位优势和市场优势。

红安经济开发区应以建设"省级现代服务业集聚区"为目标，坚持以"生产服务"和"研发"为核心理念，把握服务外包、文化创意等新兴服务业机遇，着力构建以现代物流、电子商务为重点，以金融服务、科技服务、商务服务为特色的现代服务产业体系，积极打造现代服务业集聚区建设空间新格局，加快开发区建设，到"十三五"时期末，培育出特色鲜明、层次较高的服务业集聚示范区，成为湖北省与新兴产业结合最为紧密的现代服务业基地之一。

4. 食品饮料、家具服装产业

（1）"互联网+"产业模式。鼓励传统产业树立互联网思维，积极与"互联网+"相结合，推动互联网在生产领域的拓展和深入。开发区传统制造业的改造提升和优化升级应坚持以技术提升和结构调整为主线，加速提升产业发展水平，改造提升开发区现有的纺织服装、家具建材产业，鼓励开发区企业实施新产品开发与设计，提高专业化生产程度，提升产品附加值。同时，实施差异化战略和品牌战略，着力提高特色产品的技术、文化含量，鼓励和扶持现有品牌企业，培育一批新的品牌企业。与此同时，在企业经营管理方面，鼓励开发区传统制造业融入阿里巴巴红安产业带中去，提升传统产业的"网络化、服务化、数字化"水平，转变经营理念，优化管理模式。鼓励企业充分利用互联网，加强创新资源共享与合作，促进前沿技术和创新成果及时转化，构建开放式创新体系；加强产业链协作，发展基于互联网的协同制造新模式。

（2）"云制造"模式。"云制造"模式通过建立共享制造资源的公共服务平台，提供标准、规范、可共享的制造服务模式，企业用户可以通过公共服务平台来购买租赁制造能力，实现制造资源与服务的开放协作、社会资源高度共享，降低制造资源的浪费。这种制造模式可以使制造业用户像用水、电、煤气一样便捷地使用各种制造服务。

红安经济开发区主导产业的发展应充分发挥信息化对制造业发展的支撑作用，借用云计算的思想，探索以"制造即服务"为核心理念的云制造模式，利用信息技术实现制造资源的高度共享，建立共享制造资源的公共服务平台，将开发区乃至武汉及周边的制造资源池连接在一起，提供各种制造服务，实现对产品开发、生产、销售、使用等全生命周期的相关资源的整合，降低制造资源的浪费，提升制造业自主创新能力，调整优化制造产业结构，促进制造业可持续良性发展，迈向产业价值链高端。

5. 新材料产业

（1）新材料产业发展进入黄金期。近年来，我国对新材料的需求日益加大，新材料产业已步入发展黄金期。据相关数据显示，我国新材料产品的市场增长率基本维持在10%以上，某些重要的新材料品种市场增长率甚至超过20%。在国家各项优惠政策和市场需求逐渐增加等利好因素的影响下，最近几年国内新材料产业基地的建设速度也在不断加快。

（2）红安经济开发区优势明显。一方面，在未来若干年时间内，华中地区都将处于城镇化的加速阶段，对钢构、铝合金等金属材料和墙材、板材等建筑材料的需求将会持续地上涨，市场前景非常乐观。另一方面，考虑到绿色环保逐渐成为市场主流，国家政策对新材料产业的大力扶持等因素，发展新型金属材料、新型建筑材料和锂离子电池材料有利于红安县充分发挥优势，抓住发展机遇。

红安经济开发区发展新能源、新材料产业应以"绿色、节能"为核心理念，以新材料产业为抓手，积极研发生产面向企业、个人的产品，重点发展新型金属材料、新型建筑材料、锂离子电池材料、低风速风能设备、生物质能转化设备等国家大力鼓励和具有广阔应用前景的产品，形成具有共同商业模式和潜在客户的产业集群，发挥产业协同效应，形成产业集群。

（二）辅助产业

1. 科技服务业

科技服务业对于保持工业生产顺利进行，促进工业技术进步、产业升级和提高生产效率有巨大的作用。2014年，国务院发布《关于加快发展生产性服务业促进产业结构调整升级的指导意见》（国发〔2014〕26号），提出要加快研发设计、第三方物流、信息技术服务、融资租赁等生产性服务业的发展。

红安经济开发区面临着扩大规模和提质增效的双重发展任务，传统产业的调整提升与新兴产业的培育壮大需要同步推进，因此，基于开发区现状产业结构和未来产业发展重点，积极培育研发设计、信息技术服务、检验检测认证等生产性服务业，对于提升食品饮料、家具服装等现有产业发展水平，培育高端装备制造、汽车零部件、电子商务和现代物流、新材料等新兴产业，将发挥巨大的支撑和促进作用。随着开发区产业规模的日益壮大，生产性服务业也将取得规模效应，成长为开发区的主导产业之一。

2. 金融服务

大力推进金融服务业发展，提高金融服务经济建设、支持地方经济发展、解决中小企业资金困难的服务能力。鼓励金融企业调整信贷投向，优化信贷结构，积极扶持能占领市场、能增加就业、能循环发展的项目加快建设。引导金融企业对农业产业化、农产品加工龙头企业加大扶持力度。加强政策性贴息贷款、扶贫贷款管理，确保贴息扶贫政策发挥巨大的作用，确保政策性贷款的良性运转。

3. 商贸地产

积极发展商贸流通、房地产等服务业，充分发挥服务业在支持主产业发展，保障社会生产生活需求、社会就业等方面的作用。全面推进县城商业网点、中心镇商业网点的建设，加强中心镇商品流通设施建设，优化农村商品市场布局；促进商业零售、商务经纪、农产品贸易等商贸流通业发展，充分发挥他们在终端销售、搞活流通、服务生产生活等方面的巨大作用。稳步发展房地产服务业，保持市场房价稳定，满足改善住房条件的需求。培育一批新行业、新业态，加快发展健康养老、文化创意、体育休闲等产业，推进建设龙王湖创意文化城、老君眉茶文化创意产业园等一批现代服务业项目。

二 主导产业的发展方向与目标

（一）高端装备制造产业

以新能源设备和机电产品为重点，着力引进生产传感器等基础部件和研发精密测量技术、智能控制技术、智能化嵌入式软件等先进技术的高端企业。既要注重高端装备生产企业，也要与相应的软件开发单位进行合作，尤其是在三维建模、企业管理的智能化高端软件、计算机辅助设计与资源计划软件、电子商务等关键技术领域有所作为的研发机构，将人工智能、机器人和数字制造技术相结合，实现智能化生产。新能源设备主攻技术先进、转化率高、适合湖北风能资源特点的太阳能光伏装置、低风速风力发电装备和沼气生产及发电设备、生物质直燃发电设备、生物质气化与净化设备、生物质燃料加工设备的研发制造，由零部件配套生产起步，逐步向成套装备的研发制造拓展，并培育新能源工程设计、设备安装、调试维护等服务业，形成集研发、制造与服务于一体的配套完整的产业集群。

到 2020 年，通过企业联合或校企合作，建成一座太阳能光伏研发利用与应用推广中心、低速风力发电技术研发中心和生物质能源应用技术中心，引进或培育 20 家左右高端装备制造及配套企业，基本形成具备机电产品以及低速风力发电、生物质能转化利用等成套装备制造能力的产业集群，实现总产值 100 亿元。

（二）汽车零部件产业

近期主攻传统汽车关键零部件的生产和研发（发动机配件、传动系配件等），逐步向新能源汽车零部件（以纯电动汽车、插电式混合动力汽车为主）研发、整车制造过渡。

至 2020 年，园区新引进企业 30 家，实现产业集群总产值 75 亿元，基本形成集汽车零部件生产、研发、展示、商贸物流等为一体的汽车零部件产业链。

（三）电子商务与现代物流产业

1. 电子商务

重点发展以 B2B、B2C 为主的电子商务交易平台和电子商务服务产业，加强技术的创新和运营模式的优化。打造更加高效可靠的物流体系，开发更加先进的视觉展示技术，重点关注服务型网店和线上订购、线下消费两种模式，力求服务型网店的形式多样化，满足人们不同的个性需求，确保网购放心有保障。

在 2020 年发展成为华中地区最大的集实体产业、电子商务、智能物流等功能于一体的电子商务示范基地，并实现总产值75亿元。

2. 现代物流

以商贸物流、冷链物流为重点，面向商贸业、加工制造业、电子商务业以及城乡消费品市场，大力发展第三方物流，以公铁联运为主，重点发展多式联运，构建综合物流运输体系，最终建设成集生产、加工、仓储、配送、交易的多式联运物流综合体。重点关注包括自动识别技术、GPS定位与追踪系统、自动化分拣技术、数据挖掘技术、电子数据交换技术（EDI）、自动化立体仓储系统、自动输送系统和自动导引车（AGV）系统等在内的智能物流技术的发展和应用。

到2020年，红安经济开发区将基本建立布局合理、技术先进、便捷高效、绿色环保、安全有序的现代物流服务体系，新进大型物流企业15家以上，实现现代物流集群总产值75亿元，成为连接鄂东、赣北、皖南、豫南等地区的物流通道，成为华中地区重要的实物交割仓库。

（四）家具、服装云制造产业

1. 家具产业

重点发展板式家具、实木家具、灯饰照明、五金产品及涂料，由家具的生产制造向前向、后向和侧向延伸，打造集家具和家具材料研发、生产、销售、物流、配套服务等为一体的家具全产业链，建设高标准、现代化的环境友好型、资源节约型的综合性家具产业园。同时，开启"互联网+家具"创新新模式，借助现代电商平台转型升级，把传统店面体验、服务与互联网相融合，整合线上线下销售，发展定制销售、网络销售新模式，在巩固品牌优势、提升设计理念的同时，全力打造线上线下一体化O2O家居服务平台。

到2020年，建立两个以上企业独立或校企合作的技术中心、工程中心，引进家具相关企业50家，实现总产值50亿元。

2. 服装产业

积极承接产业转移，完善产业配套，形成"纺纱—织造—印染—服装"完整产业链，重点发展棉纺、家纺、产业用纺织和服装，提升纺织服装行业，加快纺织服装行业转型升级，加快O2O、跨境电商、智能化等领域的发展。发展"互联网+纺织服装"的新模式，从单纯的销售转向生产、设计、制造、渠道、销售、管理、服务等，打造"互联网+"时代的全产业链新优势。

到2020年，建立1个以上企业独立或校企合作的技术中心、工程中心，引进纺织服装企业100家，实现总产值50亿以上。

（五）食品饮料产业

重点发展饮料制造、食品制造、农副产品加工、包装运输业，带动种养殖、物流运输、包装印刷等相关产业的全面发展，形成食品饮料及其配套、养殖业链条的产业集群；要加快发展农产品加工业，引导企业向园区集聚，并承接沿海地区和周边大城市农产品加工产业转移，在发展粮食生产和特色农林业的基础上，培育农副产品精深加工产业集群，以循环经济的理念构建现代农业体系，以此带动农民脱贫致富。

食品工业园发展迅猛，争取到"十三五"期末，2020年年底，红安县食品饮料产业集群产值突破50亿元，建设成为年利税过15亿元的全省重点产业集群。

（六）新材料产业

以新型金属材料、新型建筑材料（新型建筑石材材料、新型建筑节能材料和新型混凝土外加剂材料）和锂离子电池材料为重点，针对特定的应用条件研制新材料，提高材料的使用性，重点关注"新一代精确成形加工技术"与"多学科多尺度模拟仿真"材料加工技术，便于新材料迅速适应市场需求并走向实际应用。

到2020年，建成1个省级新材料研发实验室，新引进和培育新材料领域内企业10家，实现总产值50亿元以上，形成初具规模、独具特色的新材料产业基地，并将发展成为中西部地区最大的国家级新材料研发、生产基地为远景目标。

第五节　产业链条与空间布局

一　产业链条

（一）高端装备制造产业

依托武汉装备制造业，以新能源设备、机电产品为发展重点，以研发设计、配套零部件、元器件、应用研究、保养维修等为关联产业，打造华中地区最大的高端装备制造产业集群，构建一条从研发到生产到售后保养的完整的产业链条。

1. 新能源设备

（1）太阳能光伏装置。以户用太阳能电源、通信信号、交通照明、太阳能建筑等领域所用的中小型太阳能光伏发电装置为重点，逐渐向大中型并网发电光伏装置拓展。重点引进晶体硅电池片、薄膜太阳能电池片、蓄电池组、充放电控制器、逆变器、跟踪控制系统等光伏核心部件生产企业，完善钢化玻璃、背板、接线盒、硅胶等配套企业，构建完整的太阳能光伏产业集群。

（2）太阳能集热装置。引进家庭用太阳能热水器生产企业，拓展建筑采暖、制冷、太阳能温室以及中高温工业领域的太阳能集热系统，配套保温水箱、支架、管道、控制系统等零部件生产企业。重点发展技术成熟、热效率较高的玻璃真空管太阳能热水器、平板型太阳能热水器以及陶瓷平板太阳能热水器，推动太阳能建筑地暖、太阳能温室以及工业用太阳能集热装置的开发应用。加强对高效涂层材料、保温材料、高透盖板材料、耐腐蚀材料等技术的研发，优化整体设计，提高热利用效率。

（3）低风速风力发电设备。重点发展适合内陆地区低风速条件的兆瓦级分布式风力发电机组以及民用中小型风力发电机，提高叶片、发电机、蓄电池、控制器等关键部件的研发设计能力，推广永磁同步发电机、轻型合金及复合材料、智能控制系统、在线监测等先进适用技术的应用，加强高效率的大功率垂直轴风力发电机的研发生产。

（4）沼气制备及发电设备。面向农村地区和大型畜牧养殖企业，生产大型集中式沼气制备系统，重点采用微生物发酵气化制备技术，实现集中供气和肥料还田。推动太阳能集热装置与沼气制备系统结合运用，保障低温季节稳定产气。逐步发展中小功率的沼气发电装置，以内燃式为主，蒸汽式为辅，提高热转化效率，并加强配套的余热收集利用装置的研发生产，对农村住户、畜禽养殖场、温室等进行供暖。一是生物质气化与净化设备：重点发展面向家庭或企事业单位的中小型生物质气化炉、燃烧炉和以自然村为单元的生物质气化集中供气装置，加强循环流化床、烟气净化等技术的研究及应用，推动生物质气化与沼气制备装置的集成制造，进行联合供气或发电。二是生物质燃料加工设备：近期重点发展生物质成型燃料、炭化燃料以及纤维素乙醇等生物质燃料生产设备制造，逐步开展以餐厨废物、能源植物为原料的生物柴油成套设备的研发及制造。

2. 机电产品

机电产品以变压器、电机、压缩机、热处理设备为发展重点。

(1) 变压器。变压器是利用电磁感应的原理来改变交流电压的装置，其用途广泛，市场需求量大。重点发展油浸式电工钢带配电变压器、干式非晶合金配电变压器、电力变压器、电源变压器、通信变压器等变压器产品。

(2) 电机。电机的主要作用是产生驱动转矩，作为用电器或各种机械的动力源，广泛应用于数控机床（步进电动机）、工农生产机械以及家用电器和医疗器械（异步电动机）、大型机械（同步电动机）等。主要面向工业制造、农业生产、普通家用等领域，重点发展高/低压三相异步电动机、步进电动机、永磁同步电动机、三相同步电动机等产品。

(3) 压缩机。压缩机用于压缩和输送制冷剂蒸气，其中以活塞式和离心式的应用最广，而直线压缩机技术就取代传统压缩机，在于其效率高、零噪声、零污染和结构简单，是真正的绿色工业技术。重点发展直线压缩机、螺杆空气压缩机、单螺杆压缩机、滑片式空气压缩机等符合节能环保要求的先进产品。其中，压缩机代表企业有美芝、凌达、三菱、恩布拉科等。

(二) 汽车零部件产业

1. 传统汽车

重点发展以发动机配件、传动系配件、制动系配件、转向系配件、行走系配件、电气仪表系配件为主的汽车零部件产业。

(1) 发动机配件。重点发展发动机、油泵、油嘴、涨紧轮、气缸体、轴瓦、燃油喷射、密封垫、曲轴、连杆总成、化油器、油箱、油封、散热器、滤清器等发动机配件。

(2) 传动系配件。重点发展变速器、变速换挡操纵杆总成、减速

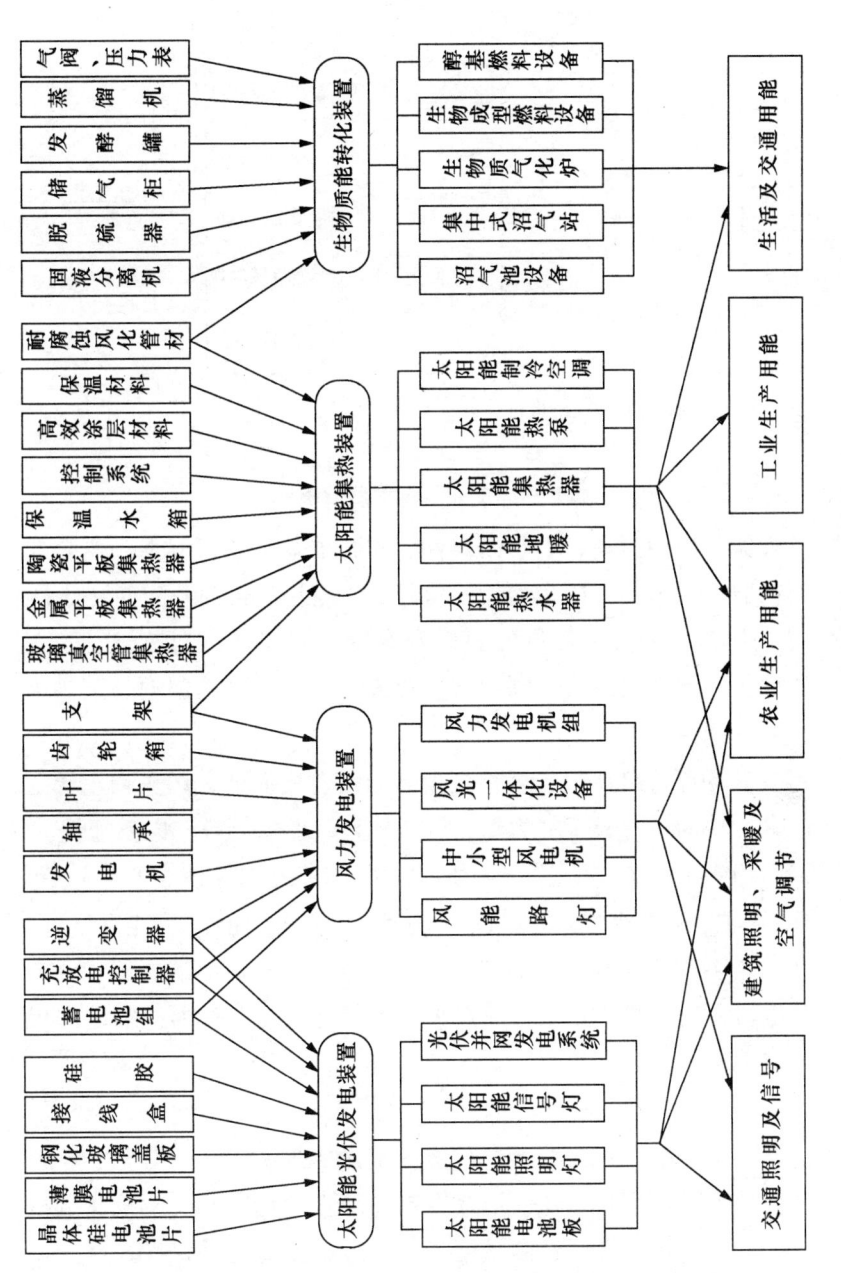

第八章 红安县：大都市辐射区县域的新型产业培育 ┃ 237

图 8-1 新能源装备产业链条示意

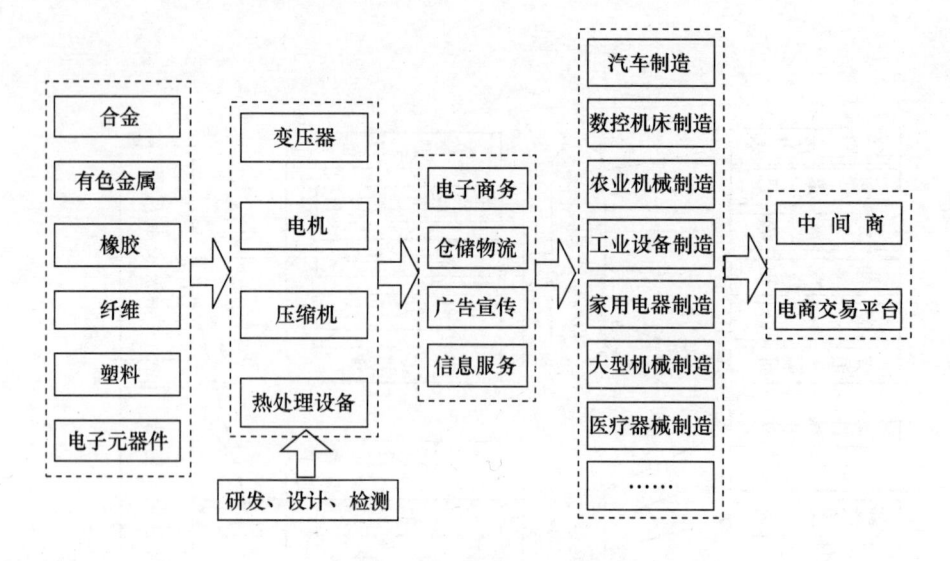

图 8-2　机电制造产业链条

器、离合器、磁性材料、电子元器件、离合器盘、离合器盖、离合器片、分动器、取力器、同步器、差速器、齿轮箱等传动系配件。

（3）制动系配件。重点发展以刹车蹄、刹车片、刹车盘、刹车鼓、压缩机、制动器总成、制动踏板总成、制动总泵、制动分泵等为主的制动系配件。

（4）转向系配件。重点发展主销转向机、转向节、球头销、转向节方向盘、转向机总成、助力器、转向拉杆、助力泵等转向系配件。

（5）行走系配件。重点发展前桥、后桥、空气悬架系统、平衡块、钢板弹簧、半轴、减震器、钢圈总成、半轴螺栓、桥壳、轮台等行走系配件。

（6）电器仪表系配件。重点发展传感器、蜂鸣器、继电器、调节器、分电器、起动机、单向器、点火线圈、点火器、调温器等电器仪表系配件。

2. 新能源汽车

（1）驱动系统和电控系统。引进为整车厂提供配套的驱动、电控系统等关键零部件企业，积极培育本土关键零部件企业。电机及电机驱动系统方面，重点发展控制精度高、转矩密度高且平稳性良好、振动噪声低的永磁同步电机系统，兼顾交流异步电机系统等。电控系统重点发展电子元器件、电路板、逆变器等以及电动空调、电动转向、电动制动器等电动化附件。

（2）汽车零部件研发。充分利用省内汽车研发机构和高校资源，引进专门研发机构，与武汉理工大学合作建设汽车零部件研发中心和汽车零部件工业技术研究院，加快动力电池和超级电容、电控和驱动系统等的研制。以"生产+研发"企业为主、独立研发机构为辅；以新能源汽车和汽车新能源的研发为主、其他研发为辅，建设高水准的新能源汽车研发基地。

（三）电子商务与现代物流产业

红安经济开发区现代物流产业集群以商贸物流、冷链物流为发展重点，以智能物流系统研发和维护、技术支持和服务、印刷包装等为关联产业，以中西部地区最大的智能物流示范基地为发展目标，构建一条智能、快速、高效的现代物流产业链条。

1. 电子商务产业

电子商务产业以电子商务交易平台（以 B2B、B2C 为核心）为发展重点，以电子商务服务（渠道规划、网站建设、营销规划、客服、物流、售后等）为关联产业，依托阿里巴巴和佰昌集团整合电商资源，拓宽网络渠道，配合开发区其他产业，着力发展阿里巴巴红安产业带，不断探索和完善"电子商务+实体店铺+智能物流"的运营模式，打造具有创新精神和示范作用的电子商务产业集群。

（1）以 B2B、B2C 为核心的电商交易平台。在佰昌电商集团和阿里巴巴红安产业带的基础之上，充分利用阿里巴巴丰富的 B2B 的信息流，打造以 B2B 和 B2C 为核心、以佰昌电商为龙头的电子商务产业集群。重点发展面向中间交易市场的 B2B，即水平 B2B，面向中小企业提供产品供应采购信息服务，将开发区内甚至是区域内集中到红安经济开发区内的电子商务产业开发区里，在网上将销售商和采购商汇集一起，为企业的采购方和供应方提供一个交易平台。经营模式则"以 B2B 网站+行业资讯期刊+展览、会议服务"为主，提供竞价排名（在确保信息准确的基础上）、增值服务（企业认证，独立域名，提供行业数据分析报告，搜索引擎优化等）、线下服务（展会、期刊、研讨会等）和商务合作（广告联盟、政府、行业协会合作，传统媒体的合作等）等服务。

（2）电子商务服务。依托佰昌·阿里巴巴电商产业园，重点引进

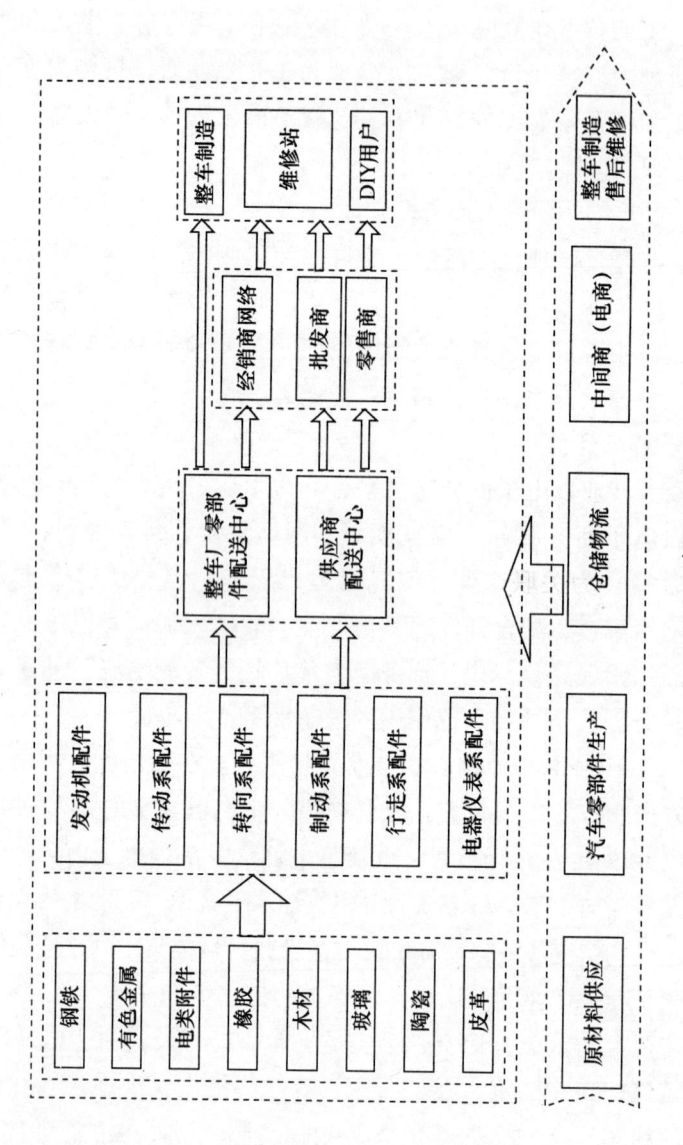

240 | 第四篇 典型城市辐射区县域的产业转型升级

图 8-3 汽车零部件制造产业链条

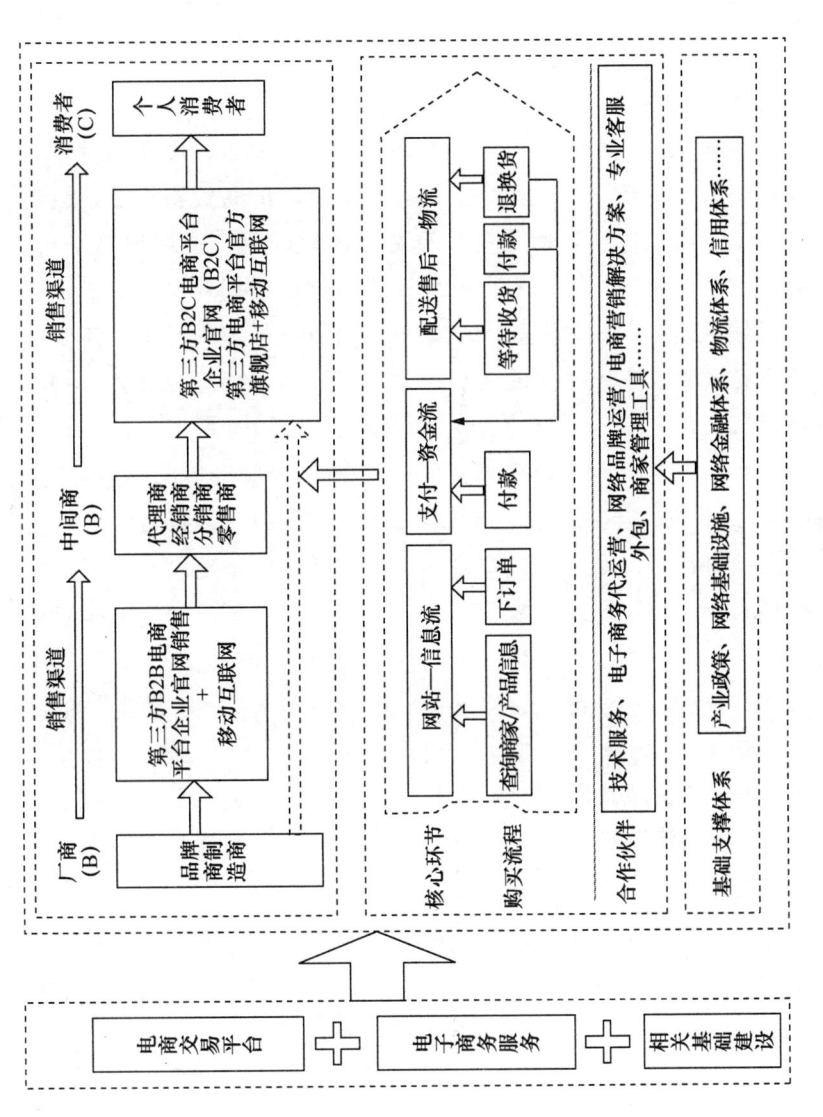

第八章　红安县：大都市辐射区县域的新型产业培育 ┃ 241

图 8-4　电子商务产业链条示意

电子商务、信息软件、设计研发、仓储物流等一系列围绕电子商务产业发展的企业，着力发展软件服务（如电子商务ERP/电子商务CRM、促销软件、商品管理工具等）、营销服务（如精准营销、效果营销、病毒营销、邮件营销等）、运营服务（如代运营、客服外包等）、支付服务等电子商务服务业务。

2. 现代物流业

（1）商贸物流。依托红安振鑫物流产业园，大力发展面向批发零售、住宿餐饮、生产加工、产品交易等商贸活动的商贸物流业，组建物流网络、开展供应链金融服务、打造一体化的商贸物流信息平台，实现商贸物流一体化发展。根据目前武汉市城市规划的总体要求，以及"三环线限货令"的相关政策，红安经济开发区内的商贸物流园将成为武汉各大专业市场迁移的主要承接市场，提供加工、销售、物流信息咨询服务、物流方案设计、仓储、搬运、装卸等服务。

（2）冷链物流。根据国家农产品冷链物流发展规划的总体要求，以及红安县区域资源禀赋和优势农产品布局，积极推进具有红安特色的农产品冷链物流体系，与红安县高山有机茶产业化建设、红安县周家冲现代农业科技产业园（农科园）等开发区进行深入合作，在农产品在采摘、加工、运输、销售等一系列过程中引入一站式冷链物流服务，形成"现代农业—冷链物流—农副产品深加工—冷链物流"的产业链条。

与开发区内食品饮料制造企业进行合作，开展"加工企业+生产基地+第三方物流"的合作模式，先期按条块提供冷链分割的冷链运输环节功能服务，输出有针对性改进的物流管理和运作体系。随着合作的进展，与客户建立起的合作关系趋向稳固，以及操作经验的不断积累，通过对生产商自有冷链资源、社会资源和自身资源的不断整合，建立起科学的、固定化的冷链物流管理和运作体系。

（四）家具服装云制造产业

1. 家具建材产业

（1）家具。重点发展中高档板式家具和高档实木家具等品种，发展智能家居、定制家具，同时积极发展配套原材料、五金配件、油漆、家具生产专用机床设备及工具等。建立家具研发设计、物流、信息、

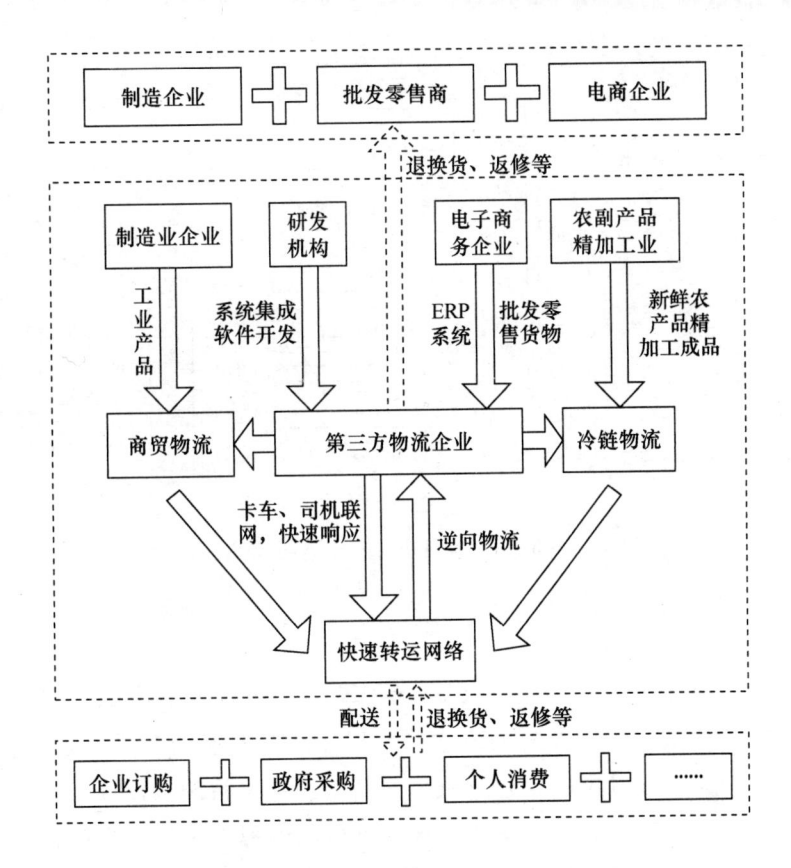

第八章 红安县：大都市辐射区县域的新型产业培育 | 243

图 8-5 现代物流产业链条示意

融资、担保等企业服务平台，建设成为中部家具展示展销批发市场。

（2）灯饰（照明）。重点发展 LED 产业，加速从景观照明、道路照明、商业照明等领域向家居照明渗透。发展智能照明，加快 LED 照明灯饰产品与泛家居跨界整合。

（3）五金。重点发展高档精致的组合工具、汽车随车工具、建筑五金、厨电工具等产品，加快形成多品种、多规格、系列化的具有自主知识产权的核心技术和产品。

（4）涂料。重点发展家居中常用于木材和金属材料表面涂料，包括调和漆、树脂漆、油质树脂、磁漆、光漆、喷漆、防锈涂料、防腐涂料等。

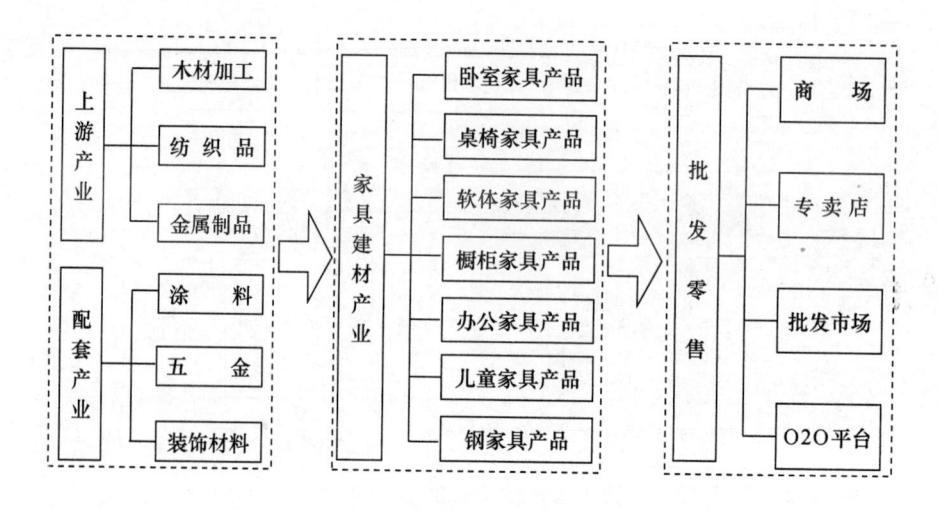

图 8-6　家具建材产业链条示意

2. 纺织服装产业

（1）服装设计与制造。重点发展西服西裤、休闲服装、羽绒服装、针织服装、童装和时装六大类，建立纺织服装新技术、新材料、新工艺开发与设计中心，建立服装面料监测评价系统、计算机辅助设计系统、自动裁剪系统、服装设计三维虚拟图形系统、生产吊挂传输系统、立体整烫系统、立体仓储系统、产品数据管理系统、电子商务等先进服装生产加工装备与技术，引进国内外高端人才和培育本土高水平设计人才，提升服装设计开发水平。扩大新型高档品牌服装生产，争创国内知名品牌。建设成区域内规模大、设备先进的服装生产和集散地。

（2）棉纺织产品。以高档纱线及休闲面料为主攻方向，实施以提高"三无一精"（无卷、无梭、无接头和精梳）比例为主要内容的改造升级。发展高附加值和生态、环保产品，积极采用新材料、新工艺、新技术，开发各种新型纤维多组分混纺纱线、各类专用纱线和适销对路的中高档坯布，满足服装、针棉织品和家纺产品的需求。建成中部休闲面料和特色纱线生产基地。

（3）家纺产品。重点发展毛巾浴巾、床单被罩、沙发巾、餐巾、桌布和窗帘布等产品；积极发展桑蚕丝、柞蚕丝、苎麻等特色家纺产品；结合湖北旅游文化产业发展，开发汉绣、粗布、手工丝织地毯等特色工艺家纺产品。

（4）产业用纺织品。重点发展篷盖类材料、过滤用材料、包装材料、骨架材料、医疗卫生材料。篷盖类材料以篷帆布为主，长丝与短纤维并重，骨干材料以传输类骨干材料为主，包装材料主要是发展高档精细的麻纺织包装材料和塑编包装材料，耐高温过滤材料采用高性能纤维和先进非织造复合工艺生产，加快发展手术衣、隔离服、口罩、手套等医用纺织材料和制品的开发。采用新材料、新工艺、新技术，打造中部产业用纺织生产基地。

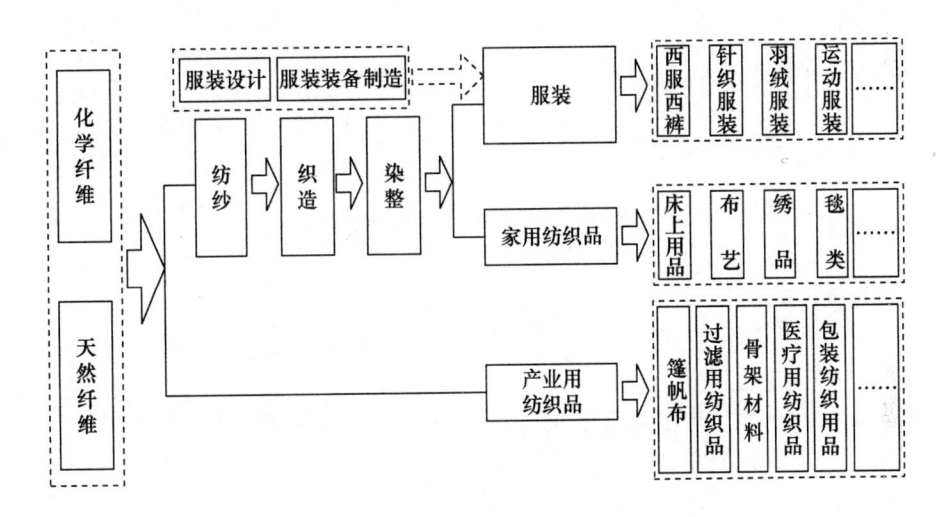

图 8-7 纺织服装产业链条示意

（五）食品饮料产业

1. 绿色粮油

重点发展无公害大米、香米、特种专用面粉、"双低"菜籽油、提纯花生油、调和油等无公害粮油生产，改进生产工艺，避免过度加工，减少营养流失。

2. 绿色畜禽产品

重点发展无公害猪、牛、鸡鸭、蛋奶、鱼虾等畜禽的冷链加工及流通、熟制加工、深加工，面向武汉及周边市场生产冷鲜肉、肉类熟

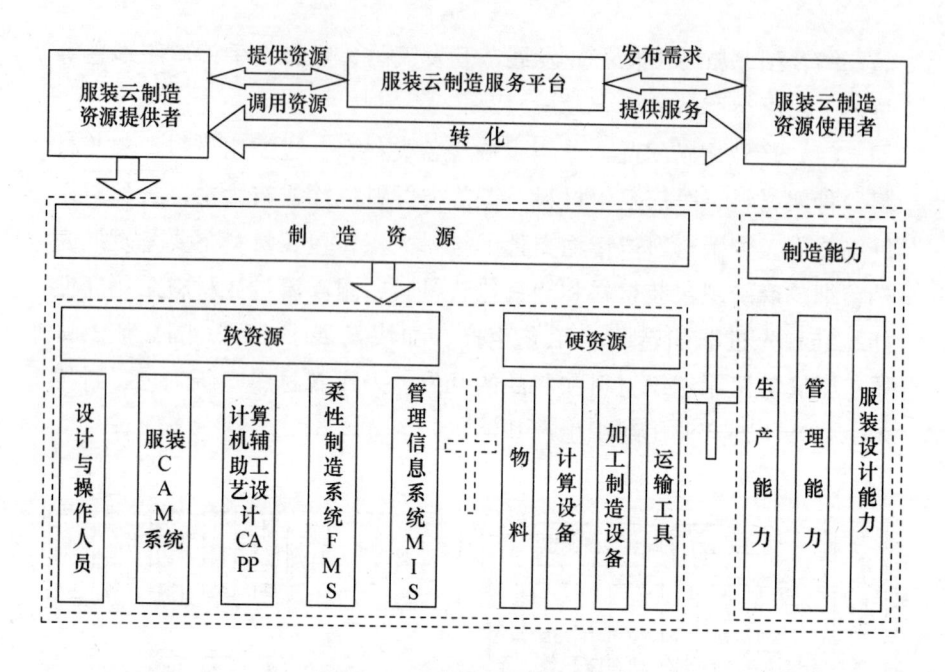

图 8-8 服装云制造运行模式

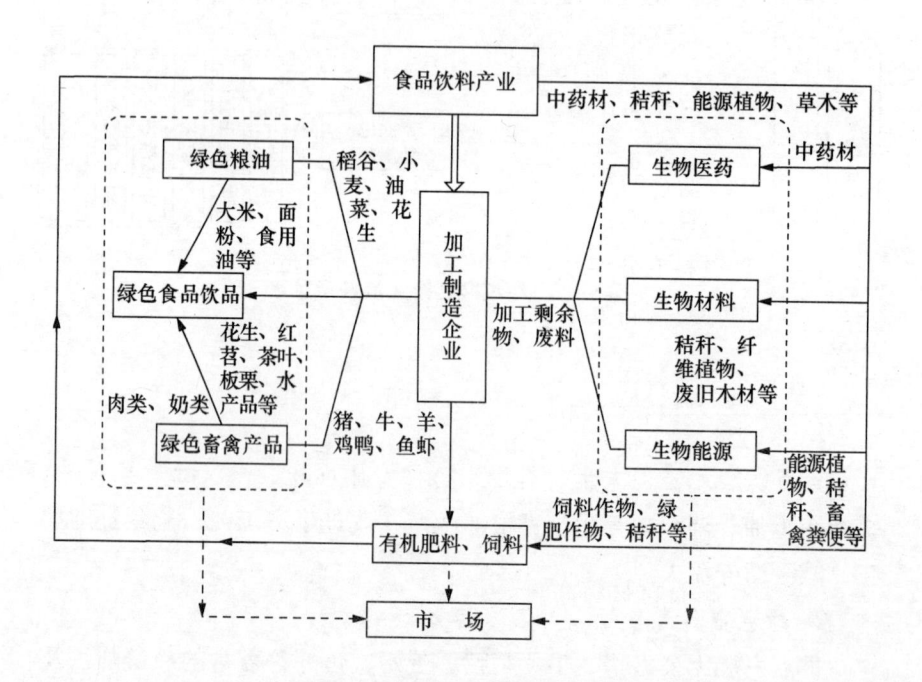

图 8-9 食品饮料产业链条示意

食、鲜奶等快消食品，以及香肠、腊肠、肉酱、肉干、调味品、奶制品等耐储藏食品。

3. 绿色食品饮品

重点发展花生、红苕、板栗、茶叶、水产品、水果蔬菜等特色农产品精深加工，生产各类风味食品、营养品、糖果零食、茶叶、健康饮品、脱水蔬菜等产品；延长粮油、畜禽加工链条，发展速食、速冻、糕点、米酒、米面制品等食品生产。

4. 生物医药

利用大别山地区丰富的中药材资源、农副产品及其加工剩余物，重点发展各类中成药、提纯药、保健药品、医用材料等中医药制品，引进发酵工程、酶工程等生物技术发展疫苗、诊断试剂、抗生素等医药制品生产。

(六) 新材料产业

以新型金属材料、新型建筑材料研发生产为发展重点，以新材料研发设备、应用实验设备、废料回收利用等为关联产业，构建绿色的新材料产业集群，最终形成"技术设备支撑—研发生产—应用—废料回收利用"的科学产业链条。

1. 新型金属材料

重点发展兼具高强高韧和优异成型性能铝合金、耐热和变形镁合金、低成本高性能钛合金、轻质金属基复合材料的制备技术；重点突破上述轻质金属材料成分设计和工业化熔制技术、超轻金属结构和层板复合结构的设计及制备技术、增强体和基体的空间及尺度可控复合技术与精确成型技术；重点培育生物相容合金材料，动载和高能场作用的特殊连接复合材料等。大力发展满足建筑行业、新能源汽车、轨道交通等领域的新型金属材料，以及系列化、高安全性、低能耗、高附加值的轻质承载件、轻质耐热耐蚀件等产品的产业链。

2. 新型建筑材料

（1）新型建筑石材材料。充分利用国内外市场及资源发展优质、高档、异型、环保石材，开发高强度、多功能、配套化的环保抗污、抗菌的石质新产品。

（2）新型建筑节能材料。积极推广各种新型保温隔热材料、塑钢门窗材料，大力发展非黏土类、高掺渣量、高孔洞率、绝热性能优异的外墙砌筑砖、混凝土空心砌块和真空隔热板等制品；发展中空玻璃、真空玻璃、低辐射玻璃等建筑节能玻璃。

（3）新型混凝土外加剂。主要推广聚羧酸系高性能减水剂和新型减缩剂、膨胀剂、钢筋阻锈剂等外加剂新品种的开发与应用；新型墙体涂料主要发展抗菌自洁无害涂料等。

3. 锂离子电池材料

以锂离子电池用正极材料、负极材料、电解质、隔膜及超薄铜箔铝箔等辅助材料的生产和研发为主，与新能源汽车产业形成上下游产业关系，把锂离子电池材料作为开发区新型材料的主要发展方向，以引进先进储能材料领域内的领先企业落地为主要发展策略，构建新型材料产业体系。

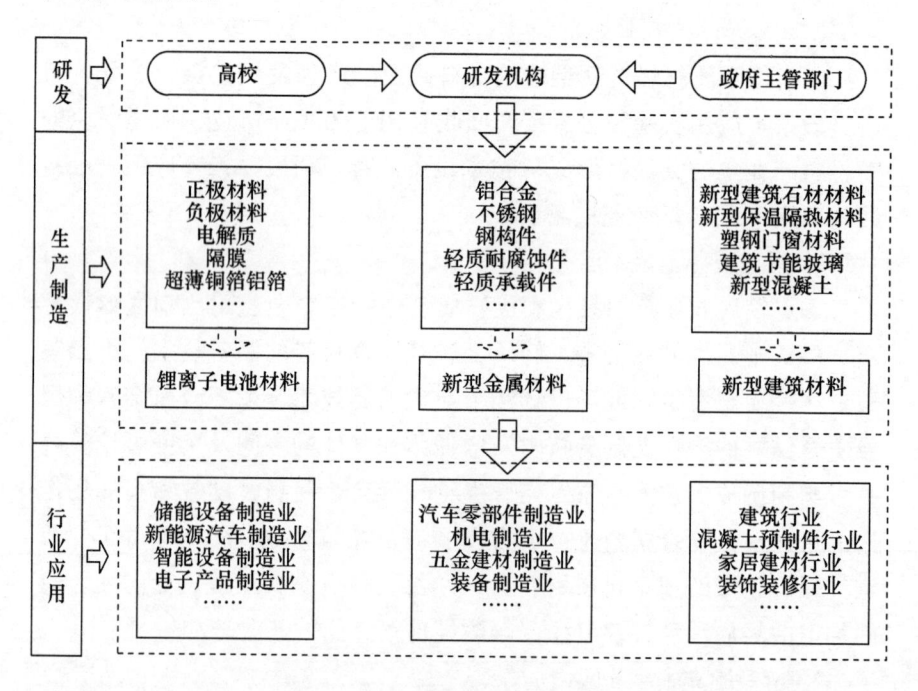

图 8-10　新材料产业链条示意

二　空间布局

（一）布局原则

坚持按照产业集群发展布局。引导企业向相应类型的产业区集中，提高产业布局的集聚度和集群化，将研发、生产、物流、营销、服务等生产环节紧密联系起来，构筑完整的产业链。

坚持按照产业特性布局。按照产业特性把人才密集、技术含量高的知识密集型服务业，布局在科技文化较发达的地区附近；把运输量大、人力资源需求大的行业，布局在交通要道附近。在进行产业布局时，要充分考虑有利于产业链之间形成循环。

坚持生态与产业发展相统一。把生态环境保护放在突出位置，将自然生态融入产业基地，突出"绿、智、城"等主题，各要素之间形成功能分工和有机联系，实现自然生态与产业发展之间的和谐统一。

(二) 总体布局

红安经济开发区形成"一心三区、双轴双区、一廊一带"的产业空间布局结构。

1. "一心"：科研创新和成果转化中心

科研创新和成果转化中心是集创新创业、设计、咨询、评估、研发、商务、产品展示等公共服务复合功能为一体的高档次、多样化、生态型的综合服务平台。利用武汉城市圈内科研机构、高等院校、高新技术企业众多的优势，吸引高层次、产业化能力强的研发机构入驻，支持建立创新技术研究院（所），聘请专兼职教授作为研究骨干，着力开展相关产业核心技术集成和自主创新研发，促进产学研优势与智慧成果转化。建设科技成果转化空间，合理布局科技成果转化功能，实行政府引导、市场运作，经费来源实行项目主要支撑、企业效益资助、财政适当支持措施。

支持湖北精耕生物工程有限公司、湖北新三友数控机床有限公司等高新技术企业建立企业技术中心、工程技术中心或博士后科研流动站。鼓励开发区企业同在相关行业具有优势的武汉各高校和院校内的科研机构及国家级、省市级重点实验室建立校企合作研发平台。

利用红安经济开发区内的小型研发中心以及已成功引进的八大产业集群中的各企业的研发机构和产学研平台配备的研发设施及设备；支持开发区企业与武汉理工大学、华中科技大学等高校合作组建的联合实验室、行业技术中心、校企合作基地等；利用红安经济开发区的创业大厦，根据研发需要，配备研发设施及设备，建成若干重点实验室。在红安经济开发区的佰昌产业园西北侧预留大面积科技研发用地。

2. "三区"："云制造"创新区、新兴产业集聚区和现代服务业示范区

（1）"云制造"创新区。主要包括家具建材产业集群、纺织服装产业集群、装备制造产业集群等在内的传统制造业，通过采用"云制造"模式，整合产品开发、生产、销售、使用等全生命周期的相关资源，实现传统产业信息化提升。

（2）新兴产业集聚区。包括新能源产业集群、新材料产业集群、生物产业集群和高端装备制造产业集群，通过集聚发展，成为红安经济开发区新的增长极。

（3）现代服务业示范区。主要包括现代物流产业集群、电子商务产业集群、科技服务产业集群，作为红安经济开发区现代服务业发展的示范区域，起到引领带动的作用。

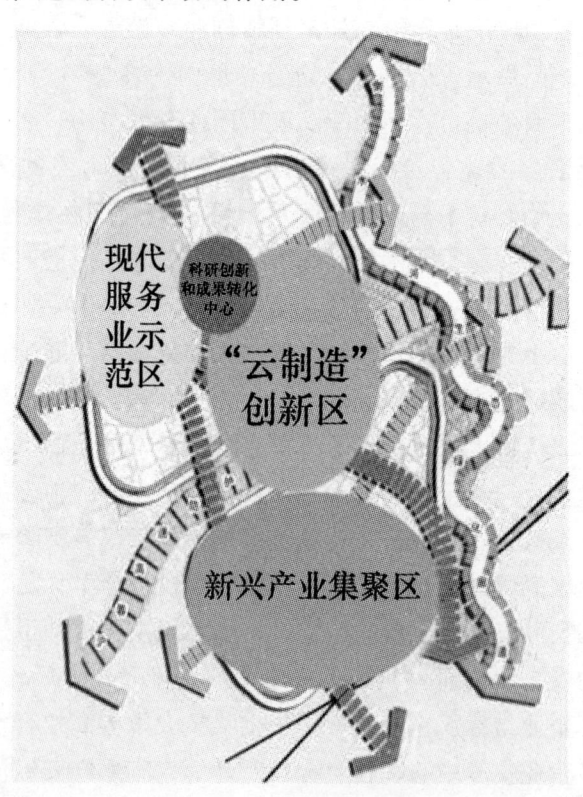

图 8-11 "一心三区"布局

3. "双轴"：综合发展轴和产业发展轴

（1）综合发展轴：阳福路北接红安县城区、南接武汉市区，将开发区南北两片串成一体作为开发区的发展主轴，沿主轴线布置综合服务、行政管理、商业金融、居住等用地形成综合服务区，成为开发区的管理和生活功能的集聚区。产业发展轴：沪蓉高速公路连接线北接红安县城区、南接沪蓉高速公路并向南延伸，作为开发区工业发展轴。

（2）"双区"：北部片区和南部片区。在开发区整体协调发展的前提下，以沪蓉高速公路为界，形成南北两个各具特色的功能相对完善的发展片区。北部片区位于沪蓉高速公路以北、倒水河以西，工业主要布局现代物流、电子商务、食品加工、家具建材等产业集群，同时结合觅儿寺镇区建设，发展居住、行政管理、文教体卫、科技研发等功能，作为产业园未来发展的服务中心。南部片区位于沪蓉高速公路以南、倒水河以西，工业主要布局纺织服装、新材料、新能源、生物、高端装备制造等产业集群，同时依托八里湾镇区、火车站等发展居住、物流、综合服务等功能。

4. "一廊"：倒水河生态绿化廊道

沿南北向的倒水河及两侧绿化带，构建开发区生态滨水廊道。"一带"：沪蓉高速防护景观带。沿东西向的沪蓉高速公路，形成开发区南北片区之间的绿化防护景观带。

（三）产业集群

规划开发区形成10大产业集群和1个科研创新和成果转化中心。

开发区北部形成1个科研创新和成果转化中心，6个产业集群。6个产业集群分别为1个装备制造产业集群、1个现代物流产业集群、1个电子商务产业集群、1个科技服务产业集群、1个家具建材产业集群和1个食品加工产业集群。

开发区南部形成5个产业集群。5个产业集群分别为1个高端装备制造产业集群、1个生物产业集群、1个新能源产业集群、1个新材料产业集群和1个纺织服装产业集群。

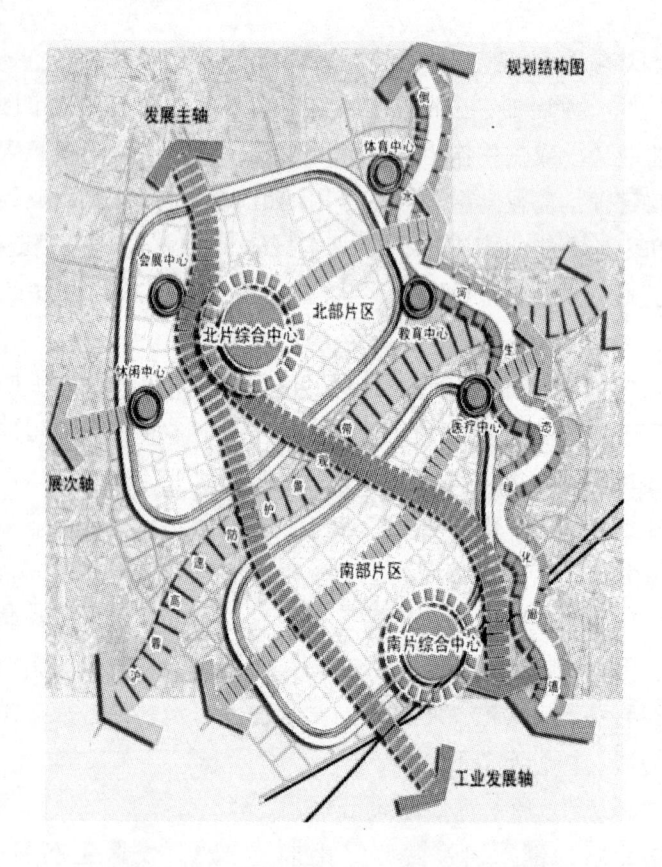

图 8-12 "双轴双区、一廊一带"布局

第六节 科技创新基地

一 科技创新研发基地

瞄准新能源汽车、智能制造装备、动力电池正负极材料等前沿技术的研究，发挥武汉城市圈内科研机构、高等院校、高新技术企业众多的优势，吸引高层次、产业化能力强的研发机构入驻，支持建立创新技术研究院（所），聘请专兼职教授作为研究骨干。利用创新、环保的先进技术改造家具、纺织服装等产业，将创新技术、设备应用于企业生产，推动企业、科研机构和高校联合建立研发机构，吸引高新

技术人才组建研发团队，配套实验室等研发设施，同时优化研发机制，为自主创新和研发提供制度保障，形成高效研发基地，实现科技创意的产业化、重点产业的创意化、产业创意的互动化。

二　科技人才服务基地

瞄准高端人才，吸引有用之才。依据人才需求，选择重点项目，创造服务环境，提供优质服务，实现"高档设施吸引人才、优质服务留住人才，专职人才能常驻、兼职人才能常来"。

人才服务设施的对象为现有人才和潜在引进人才，其中对现有人才的服务以优化人才居住条件，提升人才生活重量为重点，建设以居住设施为主体的，医疗卫生设施、休闲娱乐设施、安保设施为配套的人才服务设施系统；对潜在人才的服务以引进目标人才为重点，建设就业服务中心等人才服务设施。

根据园区内各企业的需求和反馈，出台制定园区紧缺人才目录，依托国家"千人计划"、湖北省"百人计划"和黄冈市"英才计划"，在新能源汽车、新型材料、环保家具和纺织服装等领域引进一批具有深远发展眼光、掌握关键技术的高端创新人才；将园区企业名册、简介、联系方式及人才需求、人才待遇等信息制定成册并上传网络，供国内外有求职意向的人才查阅，达到信息对称。

三　科技成果转化基地

聚焦新能源汽车、智能制造装备、新型材料、现代物流技术、环保家具、纺织服装等产业创新科技成果，立足国内外市场需求，筛选优质成果，评估产业前景，开展招标投标、技术经纪服务，推介成果转化，进行成果储备，实现全国优秀成果汇集红安县、红安县成果转化辐射全国。

以创业大厦作为科技成果转化、创新创业的根据地，利用创业大厦，建设科技成果转化空间，合理布局科技成果转化功能，设置新能源汽车领域成果中心、智能制造装备领域成果中心、新型材料领域成果中心、现代物流技术领域成果中心、环保家具领域成果中心、纺织服装领域成果中心等，同时设置科技成果市场需求分析中心、科技成果产业前景评估中心、科技成果转化招标投标中心，科技成果经济服务中心、优秀成果储备中心，充分发挥其创新创业、设计、咨询、评估、研发、商务、产品展示等公共服务功能。

四 科技孵化加速基地

围绕新能源汽车、智能制造装备、新型材料、现代物流技术、环保家具、纺织服装等产业技术含量高、附加值高的关键性配套领域支持科技创业，设立高新技术产业园区创业孵化专项资金，用于支持这些产业的优秀创业团队、创业项目和中小企业创新活动；提升现有孵化器服务功能，支持从单纯的基础性常规服务向技术服务、融资服务、信息服务等多功能服务转变；鼓励社会资本投入孵化器建设并给予政策支持；引进、培育、扶持各类直接面向在孵企业的专业服务机构，向在孵企业提供优质廉价的孵化加速场地以及政策、管理、法律、财务、融资、市场推广、技术咨询和培训等方面的服务，降低创业风险和创业成本，提高企业的成活率和成长性，培养成功的科技企业和企业家。

现有孵化加速设施——利用红安创业大厦创建红安科技创业服务中心，建成一批创业载体，重点为较小规模孵化企业提供研发办公场地，通过加强对现有创业企业考核，建立动态管理体系，不断提升孵化空间的利用率；利用中红、融园、川东产业园，重点为达到一定规模的孵化企业提供生产场地。

新建孵化加速设施——利用武汉理工、华中科大等高校的智力、技术资源，依托园区良好的投资环境，使其尽快成为大学科技成果的转化基地。新建研发园区、中央商务区孵化空间，主要包括电动汽车、汽车零部件、焊接机器人设计、现代物流技术、创意设计等专业科技企业孵化器、科技综合服务平台、各板块创新创业中心、实力机构的创新基地等。

孵化基地入驻对象——高科技人才，主要是回国创业的海外学子，立志创新创业的各界人士。高科技企业，主要是高科技含量、高附加值、高税收、低能耗、低污染的各类企业以及各类中小科技型企业、研究开发机构。高科技项目，主要是符合国家重点支持的高新技术领域和园区现有产业配套的高科技项目，为科技创新中心配套的各类中介服务机构。

五 科技公共服务基地

（一）专业技术公共服务

建立专家库，为创业企业提供项目论证、技术咨询和专家指导；

建立和完善专业技术项目库,加强专业技术队伍建设和行业技术研发中心的建设,为科技型企业提供专业技术服务;与大专院校、科研院所建立合作关系,为创业企业提供实验、研发及测试支持;建设公共技术服务平台,为创业企业开发项目提供配套的实验与研发支持等。

(二) 专业科技培训服务

充分利用《红安讲坛》等平台,聘请专家学者授课或举办科技知识、科技创新等专题讲座;积极推进各类职教资源整合,组建面向企业和产业园培训技术人才的职教机构,建设万名学生规模职业教育学院;立足新兴产业园区发展需要,主动为企业开展"订单式""对接式""储备式"技能培训。

(三) 仪器设备共享服务

建设园区大型仪器设备共享平台,集纳区内大型科学仪器设备的信息资源,并将其并入华中地区大型仪器设备共享网络系统,开展区域大型科学仪器设备协作共用,促进仪器设备高效配置和综合利用,提高创新能力。

(四) 知识产权公共服务

建立知识产权网络服务平台,为企业和科研机构提供专利信息检索和情报分析,开发知识产权专家咨询战略评价、分析系统,加快知识产权的产出、转化、应用和扩散。设立专利发展专项资金,对专利申报进行资助,对经济和社会效益巨大的授权专利进行奖励。支持武汉深蓝自动化设备有限公司等企业申报全国企事业单位知识产权试点,提升企业知识产权的创造、运用、保护和管理能力。

第七节 支撑保障措施

一 科技管理体制机制

(一) 创新法制政策服务机制

1. 完善法制保护机制

遵照并落实《物权法》《中小企业促进法》《反垄断法》等现有法律法规配套实施的法规和政策体系,严格保护民营高新技术企业的物权、债权和知识产权等。在制订涉及高新技术企业的相关政策以及高新技术产业发展规划和科技发展计划时，要积极听取高新技术企业和有关协会的意见和建议，充分反映其合理需求。

2. 落实财税优惠政策。红安县政府和相关部门在安排政府性资金时，应根据法律法规和有关规定，明确规则、统一标准，可以适当优先考虑高新技术企业。财政预算内投资和专项建设资金，应主要采取投资补助、贷款贴息等方式；创业投资引导基金，可以采用参股、融资担保和跟进投资等方式，对高新技术企业进行扶持。与政府性资金管理和使用有关的规章制度、标准定额、发展规划、产业政策等，要按照有关要求予以公开，便于高新技术企业准确地获取相关信息；要继续推进并落实对高新技术企业的税收优惠政策。

（二）创新科技成果转化机制

1. 支持企业建立研发机构

鼓励引导企业独立组建或与高等学校和科研院所联合共建研发机构，联合培养技术创新人才，开发企业亟须的创新项目。对经市级及以上行政主管部门认定的企业研发机构，在能力建设、项目申报等方面给予重点支持。

2. 提高企业承接科技成果转化的能力

采取前期支持或后期配套等方式，支持企业独自承担或与高等学校和科研院所联合承担重大科技创新平台和科技成果转化及产业化类项目。鼓励企业购买技术成果并实现产业化生产。加大对以企业为主体的产学研合作项目的支持力度。

3. 发挥武汉高校资源优势

进一步深化政府与武汉、华中地区乃至全国范围内的高校在推进科技成果转化及产业化等方面的试点工作，在政校股权投资为主的项目落地机制、高等学校为主的项目筛选机制和政校联合项目推进机制等方面探索出合作新模式，搭建一种新型科技成果转化平台。

（三）创新人才队伍建设机制

1. 完善科技人员合理流动机制

建立科技人才供需信息发布制度，引导科技人才合理有序流动。鼓励高等学校、科研院所和企业创新人才双向交流。

2. 完善科技奖励机制

完善利益分享机制和奖励报酬制度，提高骨干团队、主要发明人受益比例。加大科研人员股权激励力度。鼓励各类企业通过股权、期权、分红等激励方式，调动科研人员创新积极性。对高等学校和科研院所等事业单位以科技成果作价入股的企业，放宽股权奖励、股权出售对企业设立年限和盈利水平的限制。对在科技成果转化及产业化项目实施中作出巨大贡献的科技创新创业领军人才和团队，通过科技计划项目实施重奖。

3. 加大在汉人才开发和紧缺人才引进力度

按照发挥优势、释放潜能、借助外力、补充紧缺的原则，坚持以开发利用本土人才为重点，以引进开发区紧缺人才为补充的人才开发与引进方针，提高园区人才开发与引进工作的整体效能。充分发挥在汉高等学校和科研院所的人才优势，重点加大对在汉"985 工程"、"211 工程"院校和国家重点科研院所高层次人才的开发力度。

（四）创新产学研一体化机制

1. 股权激励机制

产学研各方以产权为纽带合作建立股份制企业，在企业内部整合资源进行合作创新活动，明确科技成果产权和合作各方的责权利，在企业内部分配中合理体现各方利益。

2. 政策激励机制

通过土地、价格、财政等政策对企业产学研合作给予支持，使企业通过产学研合作获得市场竞争优势。设立技术创新风险基金、产学研合作奖励基金等，推进产学研深度合作。

3. 风险管理机制

建立和完善技术创新风险预警机制与风险共担制度，分层次、分阶段分解风险责任。研发阶段的技术风险主要由学、研方承担；转化过程的技术风险由双方共同承担；营销阶段的市场风险则主要由企业承担。

4. 利益分配机制

分配方案应体现责权利对等原则，体现产学研各方的贡献大小，同时注意无形资产在利益分配中的适当份额。

5. 协同机制

产学研结合是技术创新上、中、下游的对接，是技术创新所需各种要素的组合。企业、高校和科研机构的协同能力越强，创新绩效就越显著。应强化各方的协同合作，形成统筹各方资源协同创新的机制和流程。

（五）创新科技管理评价机制

1. 创新科技成果管理模式

（1）建设资源型科技管理部门，提升科技管理能力。将过去以项目管理为主的项目型科技管理部门转变为以统筹科技资源为主的资源型科技管理部门，跃出单纯的项目管理，有效集聚和运用高校、科研院所、企业的科技资源，构建具有核心竞争力的创新体系。

（2）实施主题计划和专项工程管理模式。构筑基于共同目标的不同技术领域相互协作机制。各类科技计划服务于主题计划和专项工程，加强协同创新，切实解决科技发展的重大问题。

（3）完善科技投入体制。坚持政府引导与市场机制相结合，构建多元化、多层次、多渠道的科技投融资体系。发挥财政资金的杠杆作用，确保财政科技投入的增幅高于当年经常性财政收入的增幅。完善科技成果转化类项目政府投入的有偿使用机制。逐步扩大科技投入参股、贴息范围，引导社会资金投入科技创新。

2. 创新科技创新绩效评价机制

（1）建立科技进步目标责任制。把提高科技创新能力纳入开发区管委会工作日程，作为各级领导干部政绩考核的重要内容。制定科技创新评价指标体系和考核办法，系统评价监测科技创新水平。

（2）建立企业技术创新绩效评估制度。把技术要素参与分配作为企业产权制度改革的重要内容，保证技术创新取得合理收益。制定企业技术创新评估体系，对企业技术创新项目、人才、经费投入、成果转化等方面的成效进行定期评估。探索完善以政府奖励为导向、企业奖励为主体的科技创新奖励制度。

（3）创新人才考核评价体系。引导和鼓励科技人员创新创业，在职称评定、岗位聘任、高层次人才选拔培养、研发经费等方面给予适当倾斜。鼓励企业通过股权、分红、奖励等方式激励科技人才为企业做出更大贡献。

二 区域合作与对外开放

（一）区域合作

大力拓展开发区合作空间，加强与黄冈市域、武汉城市圈、鄂豫皖交界地区的产业合作，促进区域间的产业、技术、人才、信息交流，加快融入武汉城市圈，积极承接武汉产业转移，并发挥对大别山革命老区的支撑、带动作用。积极参与长江经济带建设，寻求与沿江省市区的产业合作，开拓中西部地区市场，构建广域合作网络，融入区域经济大循环。优化发展环境，创新合作方式，与沿海省市区建立更紧密的合作关系，打造武汉城市圈承接沿海产业转移的重要基地，加强对沿海人才、技术、信息等创新要素的吸纳和利用。

（二）中国光谷·红安高新技术产业园

2015年9月23日，武汉东湖高新区与红安开发区签订"中国光谷·红安高新技术产业园"战略合作协议，并初步选定红安经济开发区西北角十几平方公里的面积作为"中国光谷·红安高新技术产业园"的建设用地。东湖高新区将与红安县共享"一区多园"政策，指导"中国光谷·红安高新技术产业园"的经济发展规划、产业发展规划，与红安经济开发区共建"园外园"，积极务实推进共建园区发展。

1. 推进产业互动

红安经济开发区建园以来，成功引进食品饮料、川东服装、振兴物流、佰昌电商等产业集群，未来将会大力陆续引进新能源汽车零部件、智能装备制造、动力电池材料等高科技产业和电子商务、现代物流等现代服务业。在大力创建省级高新技术开发区的过程中，红安县在新能源汽车零部件、智能装备制造、动力电池材料以及电子商务、现代物流等现代服务业方面与东湖高新区有着广阔的合作空间。

目前，东湖高新区划分为光谷生物城、光谷未来科技城、光谷东湖综合保税区、光谷光电子信息产业园、光谷现代服务业园、光谷智能制造产业园、光谷中华科技产业园和光谷中心城八大功能区，一方面，红安县可作为东湖高新区的产业转移承接地，接受东湖高新区部分高新技术产业中下游企业的转移；另一方面，东湖高新区可为红安经济开发区提供现代服务业的培育、招商、管理等成功经验，指导帮助红安经济开发区开展金融合作，并在现代服务业人才培养方面为红安经济开发区提供帮助。

2. 建立长效机制

（1）建立信息共享机制。建立两地工作交流机制，定期组织领导干部互动交流，共建信息共享平台，在人才、技术、信息、金融、政策等资源上实现互惠共享，促进在经济、文化、旅游等方面的全方位合作和融合发展。

（2）建立技术协作机制。东湖高新区将推荐不少于100名以上的高层次人才到红安开发区交流，将科技成果无偿地支持红安县，指导科技城的发展；红安经济开发区负责组织红安企业与武汉东湖新技术开发区的企业、高校、科研院所展开合作。

（3）建立产业支持机制。充分发挥东湖高新区国家自主创新示范作用，统筹区域优势，实现资源共享、空间互补、协调发展。东湖高新区方面，将会支持指导红安经济开发区创业孵化基地发展壮大，支持红安经济开发区参加武汉东湖新技术开发区的招商推介活动，在招商引资、项目建设等方面对红安经济开发区进行帮扶、引导。

（4）建立园区共建机制。红安方面，在红安新型产业园规划控制区内划出50平方公里的土地供东湖高新区建起一个示范园区，负责"中国光谷·红安高新技术产业园"的基础设施建设及日常管理工作；东湖高新区方面，则计划先建10平方公里的科技城，作为创新、转化的科研基地，同时为红安经济开发区招商引资提供技术指导和人员培训。

（5）建立高层次人才及干部交流机制。东湖高新区将帮助指导红安经济开发区创新体制机制，培养经营管理人才、产业技术人才，积极引导、鼓励、推介东湖高新区的高层次人才到红安经济开发区进行交流活动。红安经济开发区将安排1—2名干部长期驻东湖高新区挂职锻炼；支持东湖高新区在红安经济开发区建立革命传统教育和廉政教育基地，开展革命传统系列教育活动，为东湖高新区党员干部培训提供便利。

（6）建立联席会议及工作协调机制。双方建立合作专班，安排专人进行日常联系。定期召开联席会议，研究商讨产业园建设推进和发展中的重大问题。红安经济开发区负责承办联席会议，落实专班专人负责双方交流合作工作

（三）对外开放

开发区外向型经济正处于初步发展阶段，与先进发达县市相比，还有很大的差距，要借助武汉以及沿海地区的对外开放平台，出台扶持外向型经济发展的相关优惠政策，引入国外经济要素及创新资源，大力鼓励与支持涉外企业的全面、健康发展，加快发展外向型经济，加快走出去步伐。

未来，在招商引资过程中，要注重外资项目的招引，抓住沿海产业向内陆大量转移的机遇，主要面向广东、上海、福建和江浙一带大力招商，注重招引外资的质量，积极培育新的增长点，拉动当地投资，促进当地外贸出口业务的开展。鼓励和引导外资向商业、服务业和旅游业聚集，加大旅游招商力度。

在出口创汇方面，首先要拓宽融资渠道，积极争取项目扶持资金，提高外贸出口奖励周转金额度，增加外贸出口奖励幅度，大力培植一批外贸出口企业，组织外贸出口企业参加广交会、跨采会，拓展更广的国际市场。其次要进一步加强与海关、商检、外汇、税务等部门的沟通协调力度，切实为外贸出口企业解决外贸出口业务办理过程中遇到的实际困难和问题。

第九章 济宁市：大城市边缘区县域乡镇产业转型

第一节 梁宝寺镇总体规划产业发展专题研究

梁宝寺镇行政区划上下辖于山东省济宁市嘉祥县，位于济宁市的西北部，距离济宁市区50公里，处于济宁市城市边缘区。产业转型之前，全镇工业发展多依托煤炭资源、农牧林资源，包括传统煤化工、小造纸业、煤炭产业、农副产品加工业等，产品附加值低，面临技术、市场、环境"瓶颈"，其中传统煤化工、小造纸业更是高耗能、高污染、低产出产业，亟待淘汰。

虽然梁宝寺镇位于济宁市西北部的城市边缘区，但是其地处嘉祥县域纵向发展轴上，是嘉祥北部的交通枢纽，为嘉祥北部中心镇，也是周边梁山、汶上、嘉祥、巨野和郓城五县城20公里辐射范围外缘交汇地带，处于五个县市的中心地位置，而且梁宝寺镇煤炭资源和农牧林资源丰富，不仅是煤炭、速生林生产基地，还是肉牛和小尾寒羊养殖基地、鲁西南良种繁育基地，是山东省畜牧区的核心，其产业转型的空间巨大，优势明显，机械加工、家具制造、轻纺业、光伏农业、生物质能源等产业前景广阔。

一 梁宝寺镇产业发展现状特征

梁宝寺镇坐落在嘉祥县西北部，自然资源丰富，工业内部结构主要以原材料加工为主，资源依赖程度较高，目前处于工业化初期发展阶段。梁宝寺镇农业发展条件良好，林、牧、菜均有基础优势，但主要以初级产品为主，经济效益较低，且部分地区受煤炭塌陷区影响亟须转型；煤炭开采导致地上地下空间矛盾突出；第三产业发展档次较低，服务范围小，尚未充分利用好镇域、县域和市域的区位、资源等发展优势。总体来说，梁宝寺镇各产业目前都处于初级发展阶段，产品附加值低，企业规模和技术水平有待提升，都面临着技术改造和产业升级的问题；产业链条短，龙头企业辐射带动能力不强，企业之间缺乏产业联系，协作能力弱。在新环境和机遇背景下具有很大的发展潜力和良好的发展前景。

（一）县域地位较高

梁宝寺镇是嘉祥县北部地区的中心镇，位于南北城镇发展轴上，人口、产业和城镇规模均处在周边城镇的前列。梁宝寺镇总人口占嘉祥县总人口约8%；煤炭资源储量占嘉祥县总储量59%；2012年全镇地区生产总值39.9亿元，占嘉祥县的20%；梁宝寺镇经济密度为0.42亿元/平方公里，高于嘉祥县的0.21亿元/平方公里。作为嘉祥县北部经济实力最强、实现嘉北突破的重要载体，梁宝寺镇在嘉祥县规划远期中将撤并划归大张楼镇，两镇合并后将在下一步城镇发展中承担起带动北部乡镇发展的重任。

在嘉祥县内，梁宝寺镇以煤炭产业集聚镇为发展定位，依托梁宝寺煤矿，大力发展以煤矿机械制造和配件加工为主的主导产业。作为嘉祥县煤炭产业集聚镇，随着煤炭产业链的延伸和产业结构的调整，梁宝寺镇必将成为嘉祥北部的工业强镇。

（二）资源型产业特征突出

2013年，梁宝寺镇三产比例为20:55:25，煤炭工业企业产值占全镇GDP的80%以上，轻重比例失调较为严重。全镇七个重点企业中有四个从事煤炭相关产业，分别是梁宝寺能源公司一号井、梁宝寺能源公司二号井、红旗煤矿和山东隆昌煤业公司，四大企业年总产值占七大企业年总产值88.1%。目前煤矿产业以生产原煤等初级产品为主，煤炭的精深加工发展较弱。梁宝寺镇煤炭可开采量有1.76亿吨，以目前每年600万吨的开采速度来看，至少在近20年内梁宝寺镇仍将以发展资源型产业为主。

（三）产业链短，产品附加值低

梁宝寺镇自然资源禀赋，煤炭产业、农业发展条件好，煤炭开采量大，农产品品种丰富，但均以初级产品居多，产品附加值低。梁宝寺镇煤炭产业多集中在煤炭的开采、洗选阶段，煤炭精细加工尚未发展；林、牧、菜等产业均有发展，农产品销售顺畅，但产值的提高多取决于产量的增长，农业总产值在三次产业比例中仍处于最低，与其实际发展规模不成正比。总之，梁宝寺镇产业发展目前基本上仍处于输出初级产品的阶段，产业链条短，下游产品较少，在区域中竞争优势不突出。

（四）在济宁示范镇中位次较低

从地区经济总量和产业发展现状来看，梁宝寺镇与济宁市内其他示范镇仍存在一定的差距。济宁市18个山东省"百镇建设示范行动"示范镇中，有一部分也是济宁市特色产业镇，如鱼台县张黄镇（煤化工产业）、兖州市大安镇（农机机械制造产业）、汶上县南站镇（纺织服装产业）、邹城太平镇（精细化工产业）等。这些特色产业镇的产业聚集度较高，龙头企业带动力强，品牌建设效果显著，具有鲜明的区域特色和良好的发展前景，无一例外地都在区域经济发展中发挥着重要作用，是区域经济实力的重要支撑力量。相比之下，梁宝寺镇主导产业尚未对区域产生强大带动力，对相关产业的发展、吸纳劳动力等带动作用也不明显。

二 产业发展条件分析

（一）第一产业发展条件

1. 发展优势

（1）新阶段城镇化将带来持续增长的消费需求，为农业发展提供巨大市场空间和重要动力。我国处在快速城镇化时期，城镇数量和城镇人口在近几十年内将会不断提升，农村、农业人口将大幅减少，济宁市城镇化率每年提高3个百分点以上，到2017年城镇化水平力争达到60%以上，这些人口消费的城市化带来的效应之一就是社会商品零售总额的大幅提升，即居民对食品、日用品、医药、文化娱乐等消费品的需求将会随着城市化的发展而上涨。嘉祥县东部紧邻济宁都市圈核心区，西部靠近城镇化潜力较大的中部地区，具有同时为城市和乡镇、农村提供消费品的邻近优势。

（2）龙头企业带动优势产品、优势产业发展，为农业提供技术支持、发展精深加工。梁宝寺镇是山东省畜牧区的核心,镇内天然养殖场面积宽阔,为发展畜牧业提供了天然条件。梁宝寺镇内有两大畜牧养殖业龙头企业,分别为汇农牧业和天歌牧业。汇农牧业养殖区是目前济宁市存栏量最大、品种最全、实力最强的"畜牧养殖龙头示范企业",天歌牧业有限公司集胚胎移植、品种优化、肉质改良于一体多种类牛羊育肥、繁殖同步发展,二者都聘请了专职技术人员进行保种、多胎繁育、肉质改良、杂交、胚胎移植等项目研究。以这两大龙头企业为依托,梁宝寺镇畜牧业发展日益规模化、标准化,2012年畜牧业产值达农业总产值的52%。

(3)农业产业基础较好,各类专业合作社、农业生产基地的建立推动农业市场化、组织化和产业化水平的提高。作物制种是梁宝寺镇传统优势项目,主要以大豆、玉米、小麦、棉花和蔬菜五大类制种为优势方向。梁宝寺镇与山东省农科院、济宁市农科院及有关大专院校、科研单位建立了长期稳定的合作关系,为梁宝寺镇制种业提供科技支持、技术指导;建立肉牛、肉鸭、肉鸡、大棚蔬菜、食用菌等各类专业合作社和专业协会,通过发布市场行情、引进推广新品种和新技术,拓宽产品销售渠道,为社员做好产前、产中、产后服务,提高梁宝寺镇农业的市场化和组织化程度。

2. 发展劣势

(1)三大煤矿采煤造成的沉陷区对农业生产带来不利影响。主要表现在以下两个方面:一是煤炭开采造成的采煤沉陷使矿区水位降低,水土流失加剧,土壤肥力降低,致使农作物减产甚至绝产,严重影响农业发展;二是煤炭开采产生的大量煤矸石对其堆放区土壤的污染以及矿井水、洗煤水和矸石淋溶水对周围水环境造成污染,影响农作物的正常生长,导致农作物品质下降,减产甚至绝产。

(2)现代农业发展水平有待提高。在现代农业发展水平评价指标体系中选取若干指标,将嘉祥县与现代农业发展程度较高的济宁市金乡县进行对比,可以发现,虽然嘉祥县在农村合作组织个数、农作物总播种面积、农业机械总动力等数量上高于金乡县,但是,其农业经营管理水平、农业效益水平上均明显低于金乡县。同时,梁宝寺镇农业也存在"量大质低"的问题,在农业发展规模大、产值高的背后隐藏的是农业经营管理和产出效率等水平较低的问题，因此，梁宝寺镇发展现代农业时应更多地着力于这些方面的提高。

(二) 第二产业发展条件

1. 发展优势

凭借丰富的煤炭资源和良好的区位条件初步确定了工业发展方向，以此为基础延长产业链，发展潜力巨大。2013年，梁宝寺镇实现地区生产总值46.2亿元，其中煤炭工业企业产值贡献较高，占全镇产值80%以上。刚建立的梁宝寺工业园初步定位为百亿级产业园，工业园将依托本地资源优势及县境内的煤电优势和煤化工产业基础，拉伸产业链，发展以煤焦油深加工、精细化工和煤气化以及煤机装备制造为主导的现代新能源产业。2011年梁宝寺镇围绕煤矿机械设备、煤炭加工和新型建材等引进项目13个，全镇工业经济已形成涵盖煤矿机械、运输等众多行业。

2. 发展劣势

(1) 工业基础薄弱。梁宝寺镇除了煤炭等自然资源蕴藏丰富之外，在产业发展的其他重要条件如基础设施、工业发展历史、人才、技术、资金等方面均较为不足，阻碍了第二产业的发展。首先，在生产设施方面，梁宝寺镇现状工业布局较为分散，分布不集中，且缺乏配套服务设施。其次，梁宝寺镇目前处于工业化初期发展阶段，工业中则以食品、采掘、建材等初级产品的生产为主，在吸引高素质人才、引进先进技术以及资金积累等方面上能力有限，只能依靠招商引资、项目建设等实现工业的跨越式发展。嘉祥县乡村人口超过总人口比例的95%，在乡村从业人员中，从事农业生产的人数占42.13%，而从事工业生产的人数则只有17.23%（2012年），从事工业生产能力较低的农业生产者占较大比例，这将导致技术水平较高的工业企业或产业难以吸收本地人口就业，或者外来企业出于人口素质的考虑放弃进入本地，从而阻碍了县域、镇域工业经济的发展。

(2) 资源就地转化率低。济宁市内煤炭资源丰富，主要分布于兖州市、曲阜市、邹城市、微山市等地。济宁市现有六大煤化工园区，分别位于汶上市、邹城市、鱼台市、金乡市、任城市和兖州市，大大推动了这些地区资源优势向经济优势的转化。嘉祥县境内煤炭已探明为26亿吨，境内有梁宝寺煤矿、新河煤矿、红旗煤矿、龙祥煤四座矿井，其中梁宝寺煤田煤炭地质储量10亿吨。梁宝寺镇年产原煤600万吨，占全市原煤产量约1/7，是济宁市重要的煤炭生产基地之一。梁宝寺镇重点企业如山东益大新材料等虽与煤炭产业相关且在产业链上处于下游，但该公司生产的高品质油系针状焦是催化油浆深加工的主要产品，主要是以催化油浆为原料。由此可以看出，山东益大的发展在产业链上与梁宝寺镇并无太大的关联，几乎是自成一体。这就造成本镇煤炭低附加值外送，镇内相关企业高价从镇外购买原材料的尴尬局面。

（3）产业集聚和规模效应尚未形成。梁宝寺镇目前初步建成煤炭采掘、新材料加工、造纸、食品加工等为支柱的工业体系，这些产业基本以单个或三两个大企业作为支撑，如煤炭采掘有梁宝寺能源公司一号井、梁宝寺能源公司二号井、红旗煤矿和山东隆昌煤业公司，新材料加工产业只有山东益大新材料"一枝独秀"，造纸业则只有嘉祥大地纸制品公司。除了这几家重点企业，与其上下游产业相关的企业寥寥无几，未能形成集聚和规模效应。

（三）第三产业发展条件

1. 发展优势

（1）位于济宁市西北部各县市的中心地位置，有利于其发挥中心地职能。梁宝寺镇地处嘉祥县域纵向发展轴上，为嘉祥北部中心镇，处于周边梁山、汶上、嘉祥、巨野和郓城五个县市的中心地位置，同时也是五县城20公里辐射范围外缘交会地带，梁宝寺及周边区域接收五个县市的带动较弱，因此梁宝寺在理论上有成为辐射带动周边地区发展的中心城镇的可能性。

（2）地处嘉祥北部的交通枢纽，到达周边县市及省内外的立体交通网络构建完善。梁宝寺镇北部呈东北—西南走向的济广高速、南部呈东西走向的日兰高速连通大致呈南北走向的S337、S338、S339以及东西走向的S252，使梁宝寺镇到达济宁市及周边五县市的陆上交通便捷通达。再者，两条高速及东部运河也便利了梁宝寺镇与省外城市的客、货运往来。总之，较为完善的多级交通体系促进了梁宝寺镇对外人流、物流、信息流，成为名副其实的嘉祥北部中心城镇。

(3) 镇域及周边地区宗祠文化、运河文化以及农村、农业景观旅游资源丰富。济宁市历史悠久，文物古迹众多，梁宝寺镇内现有市级重点文物保护单位曹氏墓群和曹氏家祠，集古建筑景观和墓葬、宗祠文化于一体，旅游价值较大。京杭大运河流经梁宝寺镇境内，作为我国民族文化的象征，京杭大运河两岸留下了丰厚的历史文化遗产，梁宝寺镇南部大张楼镇、东部南旺镇也积淀了较多的历史文物和古迹，这些运河文化、文物古迹等人文资源形成了带动本区旅游业发展的有利条件。除这些人文景观外，梁宝寺镇还有许多农业生态旅游资源，镇内速生林、牧场、渔区、农田等农林风光和良好的自然环境，在发展生产的同时可以开放为都市人进行观光旅游、农事体验的场所，实现资源的最大化利用。

2. 发展劣势

(1) 现状以传统商贸业为主，主要服务于本地，且发展程度较低。全镇现有三个集贸市场，镇域内公路总里程和密度均较小，这些在一定程度上间接表明梁宝寺镇批发和零售业、交通运输、仓储等服务业发展较弱。其次是商业服务设施档次不高，目前整个镇区内沿主要街道零售、居住混杂，相互干扰，银行、宾馆等基础设施规模较小。

(2) 旅游业不发达，未充分发掘、利用现有和潜在旅游资源。梁宝寺镇域内的人文资源、生态旅游资源、民俗文化等转化为经济资源程度低，未能将自身旅游特色融入更大范围内的旅游环境，与相邻地域形成互动发展。

三 产业发展机遇与挑战

(一) 南水北调的建设要求

南水北调东线工程利用京杭大运河及其他自然河道、湖泊调水，在济宁市拥有197.9公里的输水干线，大运河自南向北穿过梁宝寺镇东部，镇内污染源主要包括来源于镇内农田施肥、农药、畜禽及水产养殖和农村居民生活污水排放的农业面源污染，还有煤矿废水、煤泥污水等污染源。南水北调东线工程的成败在于治污，国务院明确南水北调"先治污后通水"的原则，确保干线水质达到Ⅲ类。为保证调水不受污染，梁宝寺镇内将严格按照污水、废水排放标准进行污水处理和排放。由于南水北调工程强制性的环保压力,梁宝寺镇面临的是产业结构调整,淘汰产业规模小、高能耗、高污染的小造纸业、传统煤化工产业,改造提升煤炭产业、农产品加工等产业,对工农业废水预处理后排放的标准也将提高。总之,为确保大运河不被污染,梁宝寺镇内产业发展面临着寻找新立足点和清洁生产带来的成本上升等挑战。

但是,南水北调工程也为梁宝寺镇经济发展带来了机遇。首先是疏挖河槽、加固堤防、堤岸绿化等有利于恢复河道的基本功能,同时也促进了区域内生态环境的改善。梁宝寺镇良好的区位条件、丰富的煤炭资源,再加上运河航运功能,有利于其发展物流、煤炭、家具制造等与大宗产品相关的产业。其次,运河两岸生态环境的改善,也为梁宝寺镇与运河对岸的南旺镇结合发展文化旅游提供了可能。

(二) 鲁西经济隆起带的战略机遇

在鲁西经济隆起带发展的布局中,济宁市处于转型升级和经济文化融合发展高地,它的定位和目标是加快发展战略性新兴产业,壮大装备制造、纺织服装、食品加工等支柱产业,改造提升能源、化工、造纸等传统产业,大力发展文化旅游、商贸流通等特色产业,进一步彰显济宁市现代产业新城、文化旅游名城、生态宜居水城的特色魅力,打造区域性产业、交通、商贸、物流、文化和金融"六大中心",建成鲁西科学发展高地、中华儒家文化传承创新区、国家级生态示范城市和西部区域性中心城市。同时,济宁市还处于京杭运河发展轴,可以通过合理规划建设沿河产业园区,带动临港产业、旅游业等相关产业加快发展。从济宁市在鲁西经济隆起带的发展布局中的地位和作用来看,梁宝寺镇在增强农业标准化、专业化和规模化,改造提升煤炭产业,发展战略性新兴产业、制造业、文化旅游和商贸物流业等方面可以大有作为。

(三) 济宁市内产业发展规划与布局

济宁市已建成机械制造、生物技术、纺织新材料、专用汽车四个国家级产业基地,初步形成了产业集聚的空间布局,即济兖邹曲嘉1个产业聚集区,成为全国重要的先进制造业基地;沿327国道和京杭大运河2条产业带,西至嘉祥、东到泗水,以大项目、大企业集团为骨干的产业隆起带；以省级开发区（新型乡镇）为载体，明确产业定位，实行错位发展，形成了 15 个特色产业集聚区。在新时期内，济宁市着力于改造提升传统优势产业，集中培植装备制造、能源工业、化学工业和食品工业四大千亿级产业集群，加快提升纺织服装、造纸、建材三大传统优势产业集群，打造国内重要的装备制造业基地、国家级煤化工基地和纺织新材料基地。培植壮大战略性新兴产业，集中突破新能源、新材料、生物医药、新一代信息技术和节能环保五大领域，五年突破 1500 亿元规模，成为国内重要的战略性新兴产业基地。

嘉祥县处在济宁市西翼发展轴、京杭运河发展带之上，靠近济宁都市区和东部产业集聚区，在承接其产业转移上有邻近的地域优势。但除了机械制造、纺织、造纸等产业有所扩散、转移之外，类似于煤炭产业等资源、技术、资金密集型的产业转移趋势并不明显。在 2009—2011 年的济宁市煤化工产业调整振兴规划中规划的六大化工园区无一坐落在煤炭资源同样丰富的嘉祥，导致嘉祥县煤炭产业当前仍集中在较为低端的开采、洗选阶段，但济宁市已不再安排煤化工初级产品项目用地、环境容量指标及立项、备案等政府控制性资源，这就意味着嘉祥县/梁宝寺镇煤炭产业的改造升级、产业链延长不仅面临着更高的立项标准，还要避开产能过剩的部分产品，与现有六大化工园区的煤炭产业有所区别和分工，这两者对梁宝寺镇煤炭产业的发展来说既是机遇也是难题。

（四）嘉祥县工业经济升级和产业空间布局

嘉祥县致力于打造工业经济升级版，膨胀装备制造、煤炭及深加工、农副产品三个百亿级产业规模，提升发展质量；拉长光伏材料、钢管产业、纺织手套等产业链条，健全配套体系。在梁宝寺镇新材料产业园、大张楼板材集聚区进一步推进建设中，梁宝寺、大张楼两镇的煤炭、木材加工等特色产业进一步整合提升。

在产业的空间布局上，嘉祥县实施以大项目为支撑，推进园区、城区、山区、景区、矿区和现代农业示范区统筹发展的战略。其中园区城区板块，重点实施"工业园区北上、大宗物流南下、城市新区东进、休闲产业西拓、新型商贸中起"战略，以产兴城，以城促产，产储量为 26 亿吨，境内有梁宝寺煤矿、新河煤矿、红旗煤矿、龙祥煤矿四座矿井，其中梁宝寺煤田煤炭地质储量 10 亿吨。梁宝寺镇年产原煤 600 万吨，占全市原煤产量约 1/7，是济宁市重要的煤炭生产基地之一。梁宝寺镇重点企业如山东益大新材料等虽与煤炭产业相关且在产业链上处于下游，但该公司生产的高品质油系针状焦是催化油浆深加工的主要产品，主要是以催化油浆为原料。由此可以看出，山东益大的发展在产业链上与梁宝寺镇并无太大的关联，几乎是自成一体。这就造成本镇煤炭低附加值外送，镇内相关企业高价从镇外购买原材料的尴尬局面。

（3）产业集聚和规模效应尚未形成。梁宝寺镇目前初步建成煤炭采掘、新材料加工、造纸、食品加工等为支柱的工业体系，这些产业基本以单个或三两个大企业作为支撑，如煤炭采掘有梁宝寺能源公司一号井、梁宝寺能源公司二号井、红旗煤矿和山东隆昌煤业公司，新材料加工产业只有山东益大新材料"一枝独秀"，造纸业则只有嘉祥大地纸制品公司。除了这几家重点企业，与其上下游产业相关的企业寥寥无几，未能形成集聚和规模效应。

（三）第三产业发展条件

1. 发展优势

（1）位于济宁市西北部各县市的中心地位置，有利于其发挥中心地职能。梁宝寺镇地处嘉祥县域纵向发展轴上，为嘉祥北部中心镇，处于周边梁山、汶上、嘉祥、巨野和郓城五个县市的中心地位置，同时也是五县城 20 公里辐射范围外缘交会地带，梁宝寺及周边区域接收五个县市的带动较弱，因此梁宝寺在理论上有成为辐射带动周边地区发展的中心城镇的可能性。

（2）地处嘉祥北部的交通枢纽，到达周边县市及省内外的立体交通网络构建完善。梁宝寺镇北部呈东北—西南走向的济广高速、南部呈东西走向的日兰高速连通大致呈南北走向的 S337、S338、S339 以及东西走向的 S252，使梁宝寺镇到达济宁市及周边五县市的陆上交通便捷通达。再者，两条高速及东部运河也便利了梁宝寺镇与省外城市的客、货运往来。总之，较为完善的多级交通体系促进了梁宝寺镇对外人流、物流、信息流，成为名副其实的嘉祥北部中心城镇。

（3）镇域及周边地区宗祠文化、运河文化以及农村、农业景观等旅游资源丰富。济宁市历史悠久，文物古迹众多，梁宝寺镇内现有市级重点文物保护单位曹氏墓群和曹氏家祠，集古建筑景观和墓葬、宗祠文化于一体，旅游价值较大。京杭大运河流经梁宝寺镇境内，作为我国民族文化的象征，京杭大运河两岸留下了丰厚的历史文化遗产，梁宝寺镇南部大张楼镇、东部南旺镇也积淀了较多的历史文物和古迹，这些运河文化、文物古迹等人文资源形成了带动本区旅游业发展的有利条件。除这些人文景观外，梁宝寺镇还有许多农业生态旅游资源，镇内速生林、牧场、渔区、农田等农林风光和良好的自然环境，在发展生产的同时可以开放为都市人进行观光旅游、农事体验的场所，实现资源的最大化利用。

2. 发展劣势

（1）现状以传统商贸业为主，主要服务于本地，且发展程度较低。全镇现有三个集贸市场，镇域内公路总里程和密度均较小，这些在一定程度上间接表明梁宝寺镇批发和零售业、交通运输、仓储等服务业发展较弱。其次是商业服务设施档次不高，目前整个镇区内沿主要街道零售、居住混杂，相互干扰，银行、宾馆等基础设施规模较小。

（2）旅游业不发达，未充分发掘、利用现有和潜在旅游资源。梁宝寺镇域内的人文资源、生态旅游资源、民俗文化等转化为经济资源程度低，未能将自身旅游特色融入更大范围内的旅游环境，与相邻地域形成互动发展。

三 产业发展机遇与挑战

（一）南水北调的建设要求

南水北调东线工程利用京杭大运河及其他自然河道、湖泊调水，在济宁市拥有197.9公里的输水干线，大运河自南向北穿过梁宝寺镇东部，镇内污染源主要包括来源于镇内农田施肥、农药、畜禽及水产养殖和农村居民生活污水排放的农业面源污染，还有煤矿废水、煤泥污水等污染源。南水北调东线工程的成败在于治污，国务院明确南水北调"先治污后通水"的原则，确保干线水质达到Ⅲ类。为保证调水不受污染，梁宝寺镇内将严格按照污水、废水排放标准进行污水处理和排放。由于南水北调工程强制性的环保压力，梁宝寺镇面临的是产业结构调整，淘汰产业规模小、高能耗、高污染的小造纸业、传统煤化工产业，改造提升煤炭产业、农产品加工等产业，对工农业废水预处理后排放的标准也将提高。总之，为确保大运河不被污染，梁宝寺镇内产业发展面临着寻找新立足点和清洁生产带来的成本上升等挑战。

但是，南水北调工程也为梁宝寺镇经济发展带来了机遇。首先是疏挖河槽、加固堤防、堤岸绿化等有利于恢复河道的基本功能，同时也促进了区域内生态环境的改善。梁宝寺镇良好的区位条件、丰富的煤炭资源，再加上运河航运功能，有利于其发展物流、煤炭、家具制造等与大宗产品相关的产业。其次，运河两岸生态环境的改善，也为梁宝寺镇与运河对岸的南旺镇结合发展文化旅游提供了可能。

（二）鲁西经济隆起带的战略机遇

在鲁西经济隆起带发展的布局中，济宁市处于转型升级和经济文化融合发展高地，它的定位和目标是加快发展战略性新兴产业，壮大装备制造、纺织服装、食品加工等支柱产业，改造提升能源、化工、造纸等传统产业，大力发展文化旅游、商贸流通等特色产业，进一步彰显济宁市现代产业新城、文化旅游名城、生态宜居水城的特色魅力，打造区域性产业、交通、商贸、物流、文化和金融"六大中心"，建成鲁西科学发展高地、中华儒家文化传承创新区、国家级生态示范城市和西部区域性中心城市。同时，济宁市还处于京杭运河发展轴，可以通过合理规划建设沿河产业园区，带动临港产业、旅游业等相关产业加快发展。从济宁市在鲁西经济隆起带的发展布局中的地位和作用来看，梁宝寺镇在增强农业标准化、专业化和规模化，改造提升煤炭产业，发展战略性新兴产业、制造业、文化旅游和商贸物流业等方面可以大有作为。

（三）济宁市内产业发展规划与布局

济宁市已建成机械制造、生物技术、纺织新材料、专用汽车四个国家级产业基地，初步形成了产业集聚的空间布局，即济兖邹曲嘉1个产业聚集区，成为全国重要的先进制造业基地；沿327国道和京杭大运河2条产业带，西至嘉祥、东到泗水，以大项目、大企业集团为骨干的产业隆起带；以省级开发区（新型乡镇）为载体，明确产业定位，实行错位发展，形成了15个特色产业集聚区。在新时期内，济宁市着力于改造提升传统优势产业，集中培植装备制造、能源工业、化学工业和食品工业四大千亿级产业集群，加快提升纺织服装、造纸、建材三大传统优势产业集群，打造国内重要的装备制造业基地、国家级煤化工基地和纺织新材料基地。培植壮大战略性新兴产业，集中突破新能源、新材料、生物医药、新一代信息技术和节能环保五大领域，五年突破1500亿元规模，成为国内重要的战略性新兴产业基地。

嘉祥县处在济宁市西翼发展轴、京杭运河发展带之上，靠近济宁都市区和东部产业集聚区，在承接其产业转移上有邻近的地域优势。但除了机械制造、纺织、造纸等产业有所扩散、转移之外，类似于煤炭产业等资源、技术、资金密集型的产业转移趋势并不明显。在2009—2011年的济宁市煤化工产业调整振兴规划中规划的六大化工园区无一坐落在煤炭资源同样丰富的嘉祥，导致嘉祥县煤炭产业当前仍集中在较为低端的开采、洗选阶段，但济宁市已不再安排煤化工初级产品项目用地、环境容量指标及立项、备案等政府控制性资源，这就意味着嘉祥县/梁宝寺镇煤炭产业的改造升级、产业链延长不仅面临着更高的立项标准，还要避开产能过剩的部分产品，与现有六大化工园区的煤炭产业有所区别和分工，这两者对梁宝寺镇煤炭产业的发展来说既是机遇也是难题。

（四）嘉祥县工业经济升级和产业空间布局

嘉祥县致力于打造工业经济升级版，膨胀装备制造、煤炭及深加工、农副产品三个百亿级产业规模，提升发展质量；拉长光伏材料、钢管产业、纺织手套等产业链条，健全配套体系。在梁宝寺镇新材料产业园、大张楼板材集聚区进一步推进建设中，梁宝寺、大张楼两镇的煤炭、木材加工等特色产业进一步整合提升。

在产业的空间布局上，嘉祥县实施以大项目为支撑，推进园区、城区、山区、景区、矿区和现代农业示范区统筹发展的战略。其中园区城区板块，重点实施"工业园区北上、大宗物流南下、城市新区东进、休闲产业西拓、新型商贸中起"战略，以产兴城，以城促产，产城互动，塑造多极支撑、组团发展、有机协调的空间特色；山区景区板块，重点发展文化旅游和观光农业，在提升生态环境的同时，做好生态经营和产业拓展文章。

在嘉祥县打造工业经济升级版、优化产业布局的背景下，梁宝寺镇应以此为契机、以自身优势为基础，承接嘉祥县产业转移，积极发展配套产业。同时，梁宝寺镇面临着限制和淘汰能耗高、污染大的短期利益产业，改造传统产业生产技术，兼顾社会、经济和生态环境的发展等挑战。而且，在嘉祥县远期规划中将梁宝寺镇与大张楼镇进行合并，两镇目前产业结构迥异，梁宝寺镇当前的产业发展和布局如何兼顾将来与大张楼镇的产业有机融合、共同发展也是面临的挑战之一。

四 产业发展目标

（一）产业发展定位

梁宝寺镇条件优越，资源丰富，产业发展潜力大，承担着提升自身发展水平和带动辐射周边区域发展的双重任务。梁宝寺镇的产业目标定位为：山东省示范镇；济宁市西部煤炭生产基地；嘉祥县北部副中心，新能源、新材料等战略性新兴产业基地，农副产品加工基地和家具、轻纺、机械制造等产业配套基地，生态农业观光旅游及商贸服务中心。

（二）发展指标预测

2013年梁宝寺镇实现社会总产值46.2亿元，同比增长15.1%。2013—2016年按20%的年均递增速度，则2016年可达80亿元；2016—2020年按20%的年均递增速度，则2020年可翻一番超过160亿元；2020—2030年按10%的年均递增速度，则2030年可达到430亿元。

2012年梁宝寺镇实现工业总产值41.9亿元，同期增长19.55%。2012—2016年按20%的年均递增速度，则2016年梁宝寺镇工业生产总值可翻一番，达到87亿元；2016—2020年按10%的年均递增速度，则2020年梁宝寺镇工业生产总值可超过120亿元；2020—2030年按8%的年均递增速度，2030年梁宝寺镇工业生产总值可达近280亿元。

2013 年梁宝寺镇实现地方财政收入 3700 万元。2013—2016 年按 25% 的年均递增速度，2016 年梁宝寺镇地方财政收入可超 7000 万元；2016—2020 年按 20 的年均递增速度，2020 年梁宝寺镇地方财政收入可达近 15000 万元；2020—2030 年按 10% 的年均递增速度，则 2030 年梁宝寺镇地方财政收入可达近 40000 万元。

以山东省、济宁市内其他产业园区的面积、产业单位面积土地产出等指标为参照，梁宝寺镇新能源、新材料产业、机械制造业、轻纺业、家居和家具建材制造业、农副产品加工业、商贸物流业等几大重点产业在 2020 年总产值将接达到 70 亿元左右，在 2030 年将达到 170 亿元左右。

（三）产业发展思路

1. 立足自身优势，找准产业定位

基于本地资源、产业基础、产业集群分工协作和产业转移承接进行自身产业发展的定位。进行产业定位，可以避免产业发展方向不明确，集中资源发展优势产业；增强产业关联度，促进产业集群发展；发挥区域特色，避免区域产业同构。以当前产业发展为基础，综合梁宝寺镇的煤炭、区位、交通、政策以及其他有待开发的发展优势，积极融入区域产业体系，寻找适合自身的产业集群内分工，承接区域内产业转移，有针对性、选择性、专业性地引进项目，打造产业特色，提高产业水平。

2. 完善基础设施，实现招大引强

抓住压煤搬迁的重大机遇，大力推进社区、镇区建设，建设嘉祥北部新城镇。强化基础设施薄弱环节，构建功能完善、配套协调的基础设施支撑保障体系。完善农村基础设施，建设完善现代化农业基地和农田水利设施，完善能源供应、供水排水、交通运输和环保环卫系统，为镇内工农业生产和居民生活提供良好的硬件环境。加快园区道路、供排水、绿化、供电等配套设施的建设和完善，提升项目承载能力，打造功能完备环境优美的工业园区。同时加大园区招商力度，优化招商引资环境，简化审批程序，强化服务意识，吸引更多的科技含量高、带动能力强的企业在园区落户，以项目为支撑，把园区打造成产业集聚的洼地。

3. 提高准入门槛，打造生态园区

首先，提高新能源、新材料等战略性新兴产业的准入门槛，走新型工业化道路，严格限制资源、能源高消耗的企业入区，打造高效、低碳的生态园区。对既有产业，坚决淘汰落后产能，严格实施节能减排；在引进项目时，应按照园区的承载力进行科学引进，坚决杜绝高污染、高耗能企业的入驻，避免重复引进，在引进与园区中企业进行相类似生产的企业时应对其进行项目环境影响评价，考虑是否超出园区的承载负荷。

其次，根据不同的产业类型制定不同的规模门槛，对于资源消耗较大的产业应尽量进行大规模经营，其他适宜小规模经营的行业则可适当降低准入门槛，做到适当的集约经营。总之，应通过选择行业门类、设定企业规模、建立评价机制等措施提高项目落地门槛，改变传统发展方式，杜绝短期利益，建设经济和环境相协调的生态园区。

4. 壮大龙头企业，带动产业提升

通过集中扶持、内引外联，培植一批规模以上龙头企业。首先，农业龙头企业主要以粮食、禽畜、蔬菜、瓜果为主，吸收镇内初级农产品，降低农业经营风险，推动农业产业结构调整，使农业发展日趋标准化、规模化和产业化。加大实施"名牌战略"的力度，重点扶持一定数量的企业，打造成知名品牌。其次，工业龙头企业主要以煤炭深加工和机械、手套、家具等制造业为主，大型骨干龙头企业辐射带动下游产品和配套产品开发，形成关联度较强的产业群体。强化龙头骨干企业对中小企业的带动作用，既要引领大企业大集团发展，又要推动中小企业集聚发展、专业发展，使更多的中小企业成为延伸大企业产业链的主体，促进产业规模和发展水平的提升。

（四）产业发展策略

嘉祥县在济宁市内的发展定位是连接济宁市中心，承接产业转移；梁宝寺镇是嘉祥北部副中心，条件优越，资源丰富，产业发展潜力大，远期归并大张楼镇使其承担协调与大张楼镇的产业融合和带动周边区域发展的双重任务。应深化利用各类资源，提高对嘉祥县、济宁市的产业配套能力，增强嘉祥县、济宁市做大产业的基础，同时实现自身的跨越式发展。

梁宝寺镇应淘汰产业规模小、能耗高、产出效率低、经济效益不理想的小造纸业和传统煤化工，减少资源的浪费和生态环境的污染；改造和提升目前占较大比例的煤炭产业和农副产品加工业，发展关联产业，延长产业链；重点发展新能源、新材料产业、机械加工制造业、手套等轻纺业以及家具制造业，优化、升级镇域产业结构；优先培育光伏农业、生物质能源产业、旅游业和商贸物流业等发展前景较好的产业。到 2030 年，形成以战略性新兴产业为主体、现代服务业为辅助、改造升级的现代农业为支撑，低碳、清洁、高效的产业结构体系。

五　产业体系设计

（一）主导产业

1. 改造升级传统煤炭产业

对煤炭产业进行改造，主要包括以下四个方面。一是提高矿井机械化装备水平，加强综采、综掘设备选型，引进新技术、新设备、新工艺，大幅度提高装备水平，建设安全高效矿井。二是提高资源回收率，优化采区、工作面设计，成立回收边角煤的补产队，采用新方法实施"三下"采煤，提高矿井资源回收率。三是进行集约化生产，总体上降低矿井单位产量能源消耗，厚及特厚煤层综放开采，厚煤层大采高综采，中厚煤层长壁综采，薄煤层全自动化开采。四是开展清洁生产，提高资金投入，根据国家环保、产业政策要求，采用国内外先进的煤炭采掘、煤矿安全、煤炭储运生产工艺和技术设备，采用降低开采沉陷和矿山生态恢复措施及提高资源回采率的技术措施。

2. 大力发展新能源、新材料产业

梁宝寺镇煤炭资源丰富，目前主要以初级加工为主，缺少下游深加工产品。刚建立的梁宝寺工业园初步定位为百亿级产业园，园区内有红旗煤矿、山东益大新材料有限公司两家企业，其中山东益大目前生产的针状焦是以催化油浆为原料的油系针状焦。为提高本地煤炭资源的就地转化率，将来可引进煤系针状焦项目，提高本地煤炭收益。基于我国对战略性新兴产业的支持，煤炭产业可向下游延伸，联产系列化高性能多功能新能源和新材料。因此，梁宝寺镇的战略性新兴产业发展重点如下：（1）新能源产业：将原煤气化生产甲醇、二甲醚、氢能等新能源。就近收集农作物秸秆、稻壳、树皮等农林废弃物，禽畜粪便、居民、工农业有机废水，用厌氧沼气发电的方法转化为电能。（2）新材料产业：针状焦——以煤焦油沥青及其馏分为原料生产煤系针状焦，针状焦为制造高功率和超高功率电极的优质材料；碳纤维——主要生产以石油沥青或煤沥青为原料，经沥青的精制、纺丝、预氧化、碳化或石墨化而制得的沥青基碳纤维；炭黑——主要生产在橡胶中期补强作用的橡胶用炭黑。

（二）基础产业

1. 沉陷区农业

丰富的煤炭资源带来地方经济效益的同时，也带来了占用、损毁土地资源的代价。煤炭采掘造成土地塌陷、积水，耕地上粮食减产甚至沦为荒地，用地矛盾凸显，环境质量下降，制约城镇发展。沉陷区农业发展的重点如下：

（1）浅层沉陷区复垦造地种植业。沉陷程度较低、地基较稳定的地区采用农业复垦技术，运用就地取土法、固体废物填充法等技术方法保护和恢复耕地生产力。梁宝寺镇三大煤矿均位于红旗河南部，红旗河北部沉陷程度较低，可将煤矸石、粉煤灰等矿业固体废物作为充填材料进行充填复垦，再在粉煤灰上覆盖一层30—40厘米厚的土层，然后发展种植业，建设规模较大的特色农产品基地和速生丰产林基地。

（2）多层煤开采深层沉陷区发展水产养殖。梁宝寺镇三大煤矿周围土地沉陷较为严重，可在多层采煤后形成的深层沉陷区挖深垫浅，营造水位较深且稳定的封闭水体后可进行水产养殖，建立机械化网箱、围网和拦网渔场。

（3）深浅交错尚未稳定的沉陷区进行鱼、禽、畜混养。除了开采结束的土地，对于地下正在采煤的沉陷区，由于沉陷仍在进行，深浅不一，可因地制宜采取鱼类、鸡鸭和小尾寒羊、鲁西黄牛混养短期粗放式的复垦模式，鸡鸭、牛羊的粪便充当养鱼饵料，实现水产、水禽一条龙综合发展。

2. 光伏农业

光伏发电是根据光生伏特效应原理，利用太阳电池将太阳光能直接转化为电能。光伏产业与农业的结合将带动绿色农业发展，实现真正意义上的高效绿色循环农业。山东省太阳能资源理论总储量在全国排第 17 位，属于太阳能利用条件较好地区，较为丰富的太阳能资源为光伏发电开发利用提供了较为广阔的前景。2013 年，梁宝寺镇引进光伏农业智能温室项目，建设 1000 亩生态农业智能温室 600 万瓦太阳能电站。智能温室以无公害蔬菜、生态果园、绿色养殖等为主要发展方向，在大棚顶部、园区配套设施建筑及生态走廊上安装太阳能电池板，建设太阳能光伏电站。园区为电站提供空间，电站为温室提供植物补光、地缘热能和散热，实现农业高产、高效，形成集生产、现代农业、科普推广于一体的光伏电站生态农业示范园。电站在提供园区用电的同时也通过并网发电向附近地区输送电力。

在梁宝寺镇光伏农业智能温室项目的带动下，充分发掘镇内光伏农业的资源，在生态农业大棚顶、建筑物墙面和屋顶、沉陷区地面等铺设太阳能电池方阵，建设新型太阳能生态农业大棚、太阳能光伏养殖场和太阳能污水净化系统，将太阳能转化为电能用于镇内种植、养殖和农村污水处理，还可并网发电提高经济效益。

(三) 培育产业

1. 机械制造业

山东省煤矿机械制造业较发达，其中山东泰山建能机械集团有限公司、山东山矿机械有限公司、兖矿集团大陆机械有限公司、山东矿机集团有限公司、山东省煤田地质局第一机械厂等企业在煤矿机械核心设备生产中处于全国领先地位。梁宝寺镇劳动力资源丰富，但目前技术水平较低，适合发展劳动密集型产业。可以生产技术含量较低的煤矿机械设备配件标准件为主，如标准化的紧固件、连接件、传动件、密封件、液压元件、气动元件、轴承、弹簧等机械零件，其中也包括非金属机械配件，这些非金属配件可依托梁宝寺镇化工产品生产的塑料、塑胶、橡胶等为原料进行生产。梁宝寺镇机械制造业应找准定位，不断扩大生产规模，为济宁市乃至山东省及邻近省份的煤机设备提供产业配套。

2. 手套等轻纺业

手套产业是嘉祥县最具特色的产业集群，嘉祥县是国内企业密集

第九章 济宁市：大城市边缘区县域乡镇产业转型

度最高、产量最大的手套生产基地。国内沿海地区手套企业受金融危机影响和劳动力制约，已经纷纷倒闭或向内陆转移，嘉祥县的生产技术和熟练劳工等形成"洼地"优势，具备承载手套产业转移的条件和基础。目前嘉祥手套生产主要集中在防寒、滑雪、打猎、射击、针织、运动等各种运动手套，同质性较严重，几个大企业也多集中在生产这几类手套上。梁宝寺镇可以以现有手套生产为基础，在嘉祥手套产业集群中开展内部分工与协作，与镇内新材料产业相结合，寻找可与镇内其他产业相关联的手套品种或手套辅料进行生产，如橡胶手套、PVC手套、人造革手套等。

鲁锦是山东省独有的一种民间纯棉手工纺织品，济宁市拥有全国最大的鲁锦生产基地，梁宝寺一带劳动妇女是鲁锦制作继承者的一部分，工艺熟练。鲁锦具有较强的可塑性和广泛的适用性，在纪念品、服装、服饰、箱包等产品开发方面可以与旅游业结合起来；在家纺、壁挂、装饰等方面与日常休闲、家庭装潢结合。梁宝寺镇可以引进鲁锦项目，除织布环节需要手工进行之外，纱线生产、染色以及成品制造等环节都可以在工厂中由机器进行，使鲁锦这项民间工艺在保持传统的基础上，与现代技术和现代设计相结合，融入现代社会文化之中。

3. 家具和家居建材制造业

家具制造业是劳动力密集产业，随着沿海地区劳动力成本的上升，家具制造业未来的趋势将是由沿海向内陆地区转移。我国城镇化催生地产板块新兴市场的发展机遇，也势必将带动家具、家居建材制造产业在三线、四线市场的发展和扩大。家具、建材等产品"大宗"的物理特性决定其应靠近原材料地和市场地。山东省是我国家具制造产业集群之一，省内拥有七大特色产业集群和两大园区。山东省推进家具工业的自主创新，在原材料方面，以发展循环经济、高效利用资源、保护生态环境为发展方向，重点开发推广仿真木、科技木、木塑板、合成面料等新型环保材料。

梁宝寺镇靠近内陆地区，占据邻近潜在市场、廉价劳动力、原材料、铁水联运等优势，依托梁宝寺镇和大张楼镇丰富的速生丰产林资源，以及大张楼镇较好的木业加工基础，适宜发展家具和家居建材制造产业。

在家具制造业上，首先可充分利用丰富的林业资源生产实木家具，其次可以回收废旧木制家具生产，建立木质垃圾回收系统，将回收的木质垃圾加工成人造板生产板式家具，还可混合聚乙烯、聚丙烯和聚氯乙烯等加工成木塑复合材料，生产家具和建材。除了实木材料和木塑复合材料，还可以生产其他新型环保材料如仿真木、科技木，以及各种以纤维织物来制造家具和建材。

4. 农副产品加工业

梁宝寺镇制种业、种植业和养殖业均有一定规模，可依托本地丰富的农产品，延长产业链，发展农副产品加工业。

（1）种植类农副产品加工业。以水稻、小麦和玉米等为原料进行去壳、碾磨及精加工的谷物磨制，包括碾米加工、磨粉加工以及玉米片等；常规瓜果、蔬菜进行简单加工后可直接提供给生鲜超市或批发市场，还可以制成脱水蔬菜、酱腌菜或蔬菜、水果罐头，提高产品附加值；大豆等豆类食品可加工成豆腐、腐乳、豆浆、豆豉、酱油等。

（2）花卉种养。在本地育苗种花，培育蝴蝶兰、风莉、红掌等观赏花卉，在不同季节培育三色堇、紫罗兰、金盏菊、金鱼草、万寿菊、一串红等花坛花卉，同时也可考虑药用花卉、实用花卉等其他用途花卉的育苗和种植，扩大目标市场范围。

（3）饲料加工。利用采煤塌陷地种植牧草等饲料作物；种植业农产品加工产生的稻壳、秸秆、残叶等废料收集后经过加工制成饲料。这些饲料既可直接作为本地牛羊、鱼虾等的饲料，也可经过精加工和包装后作为农副产品流入市场。

（4）养殖业的农副产品加工。梁宝寺镇拥有小尾寒羊、鲁西黄牛等特色畜产品，同时生猪、兔和鸡、鸭等也具有一定规模，既可以发展禽畜屠宰及其肉制品加工，还可以发展蛋品制造和食用动物油脂的提炼精制等产业。水产养殖可以带动水产品加工业的发展。

5. 旅游业

（1）生态农业观光旅游。将近郊塌陷地的治理同发展旅游结合起来，运用排矸填充、深挖垫浅、借势利用和浅层平整等手段治理塌陷地后因地制宜发展生态农业，建设餐饮、住宿、娱乐等旅游基础设施，集生产、观光、休闲、农事体验于一体，把塌陷地发展成为生态观光旅游区。

（2）宗祠文化、运河文化旅游。梁宝寺镇内现有市级重点文物保护单位曹氏墓群和曹氏家祠，还有曹氏后人于清乾隆年间发展到鼎盛时期建曹氏庄园；运河东岸南旺镇是运河文化、始祖文化、佛教文化的融集地，境内有远古时代的蚩尤墓、皇林鲁九公墓、分水龙王庙、蜀山寺等众多的文化古迹和古建筑群。在市域、运河两岸众多历史文化遗产的背景下，整合梁宝寺镇内历史文物、古迹和鲁锦等民间工艺等加以保护，挖掘文化底蕴，凸显自身特色，同时与隔运河相望的南旺镇形成互动发展。

6. 服务业

结合现实需求状况，梁宝寺镇可以将自身定位成覆盖周边20公里范围的城乡消费品集散地，承担区域内城乡消费品的集中和配送。把梁宝寺镇建设成服务周边县市的城乡消费品物流中心，首先应完善物流基础设施的建设，建一个集商品交易、物流服务、电子商务及其他配套服务于一体的商贸服务中心，通过集聚众多的物流企业和商贸企业，使物流服务由原来的单一化、分散化向多样化、综合化发展，扩大企业商圈，实现物流、商贸的互动发展；其次还要搭建物流信息平台，在整合和集成区域内现有信息资源的基础上，依托于公用网络平台，为广大物流企业、商贸企业、用户和相关单位之间开展业务及合作提供高效、通畅的信息支持。通过线上和线下、虚拟和实际的结合，逐步扩大梁宝寺镇商贸服务范围，成为区域内城乡消费品服务中心。

六 产业空间布局

（一）第一产业空间布局

梁宝寺镇现代农业分为三大板块，北部为现代农业种植区，发展现代高效农业，实现标准化、规模化、品牌化农业种植；中部为城郊型农业发展区，发展服务于镇区、矿区、工业园区的种养殖业；南部为特色生态农业区，结合塌陷地治理，发展农林牧渔特色养殖，建设人工湿地公园。

建设三大特色产业基地，分别为畜牧业基地、蔬菜基地和种植业基地。以汇农养殖区、向阳、桐庄等为核心建设畜牧业中心，重点发展鲁西黄牛、小尾寒羊等优良畜种以及生猪、肉鸡、肉鸭等禽畜的养殖；以曹井、三合、南孔等村为核心建设蔬菜基地；以寺后、东郭、韩桥、王场、朱楼等村为核心建设种植业基地，重点发展小麦、玉米、大豆、棉花、蔬菜等作物。

（二）第二产业空间布局

梁宝寺镇第二产业布局主要有煤系新能源、新材料园区和新型加工制造产业园区两大园区。中部工业基础条件较好，针状焦项目已在此落位，有一定的基础设施，可布局煤炭产业和煤系新材料、新能源产业，以及生物质能源等产业。梁宝寺镇未来与大张楼镇对接，为解决新城镇人口就业，在大张楼镇域西北部布局新型加工制造产业园区。

（三）第三产业空间布局

1. 商贸服务业空间布局

发挥西部老镇区中心地优势和交通优势以及原有服务业基础，布局发展商贸物流业；东部新镇区为将来人口主要迁入地，配套布局文化休闲娱乐业、餐饮、住宿等生活性服务业。

2. 旅游业空间布局

（1）乡土风情体验区：沿交通线、镇区周边农业专业化程度发展较好的区域，建设吃农家饭、住农家院、干农家活、享农家乐的体验点。

（2）运河文化体验区：寻家谱、观宗祠、听故事，体验运河民间文化。梁宝寺镇历史悠久，镇域人口多因运河在此聚集、繁衍，建设并世代守候着千年运河的古老村落，不仅流传下来许多运河故事还有各个村落的宗祠、家谱，这些都是体验运河文化、宗祠文化的历史文化遗产。

（3）塌陷湿地公园区：采煤塌陷区通过合理景观规划，建成兼具生态修复、农业养殖、休闲观光、环境教育基地功能为一体的游览区。

第二节　长沟镇总体规划文化旅游专题研究

长沟镇位于济宁市西北角，距离区 10 公里左右，地处嘉祥、梁山、任城三县交会处，地理位置优越，水陆空交通便利，是山东省省级中心镇。长沟镇农业基础稳固，民营经济发达，共有建筑建材、轧钢、拔丝、五金、粉制品、三编、粽子八大主导产业近 30 个品种，在全镇形成了能源、建材、化工、造纸、机械加工、农副产品加工等完备的工业体系，素有"葡萄之乡、建材基地、玩具之家、微吊集散中心、造纸包装重埠"之称。

历史文化悠久的长沟镇在现今旅游业市场利好的形势下，其旅游业发展却非常迟缓。而且，在经济新常态下，民营经济压力巨大，发展陷入困境，长沟镇的产业亟须转型。长沟镇所在的济宁市具有七千年的文明史，是东方文明、华夏文明的重要发祥地之一，积淀有丰厚的历史文化遗存，形成了别具特色的运河商贸文化，具有秀丽的生态农业风光以及特色工艺美食，旅游资源丰富，旅游业发展前景广阔。

位于济宁城市边缘区的长沟镇，如何在农业基础稳固、民营经济发达的有利条件下，充分利用自身的旅游资源，挖掘旅游市场，促进旅游业蓬勃发展，是长沟镇实现产业转型的重要命题。

一　旅游开发基础

（一）文化旅游资源分析

1. 历史文化遗存

长沟镇的史前文化遗址主要有七千多年前细石器时代的张山洼遗址、大汶口文化时期的党堌堆遗址、龙山文化时期的城子崖遗址。

张山洼遗址系多元复合的文化遗址，跨时长，文化积淀丰富。上有一万年前的细石器文化和七千年前的北辛文化，中历商周至战国，下达秦汉而明清。细石器文化距今约一万年，张山洼细石器文化文物有长三角形石镞，呈棕红色，保存完整，上尖下凹，制作工艺十分独特，是用硬物辗压挤制而成，非常精致锋利，为细石器文化时期的实物精品；北辛文化出土文物有北辛文化水井一口、井内有泥质红陶双身壶等，陶器有鬲、豆、簋、罐，骨器有骨锥、骨匕、骨簪、骨镞、骨耙，石器有细石器、石镞、石镰、石轮纺车及蚌刀，流行竖穴瓦棺葬；商周文化出土文物有甑、罐、骨簪、卜骨、铜镞等，卜骨、龟甲十分完整，上刻有甲骨文，为济宁市首次发现，全国也十分罕见，为商周文化的研究提供了宝贵的材料；战国时代出土文物有石椁墓、瓦棺葬，石椁墓为长方形，东西向，为典型的战国时代墓葬形制。

党堌堆遗址位于济宁市任城区长沟镇党庄村的西北部，外形呈土丘状。据史料记载，它是大汶口文化时期的古墓群，古墓群至今没有挖掘研究，所以真相未知。不过，近几年来，由于在其周围挖沙取土，发现其周围尚有许多其他古墓。从墓穴结构看，多是用厚20—30厘米的石板砌成的石棺墓，石板平整，棱角规则。从发现的文物看，花盆状、酒坛状、长颈花瓶状、香炉状等形态各异的陶器皆有，但都是清一色的黑陶，这些都充分展现了大汶口文化的特征。墓穴从走向看，坐南北向，也有东西向的，很少有东北—西南或西北—东南向的。再者，墓穴呈单个分布，很少有两个或两个以上的墓穴靠在一起，而现在的墓穴多呈东北—西南或西北—东南走向，夫妻合葬，从这方面看，当时的丧葬习俗与现在有所不同。具有神秘色彩的党堌堆虽然遭到不同程度的破坏，但其原貌仍存，它对研究当时的社会制度、经济和文化仍有重要的史料价值。

城子崖，原名乘邱故城，遗址面积约4.5万平方米，因地势隆起，突出地面三四尺，四面高阜环绕，宛如城垣，故名曰"城子崖"。20世纪50年代，村中取土，挖出石刀、石斧、鼎、蛋壳陶片等，经考古专家鉴定，城子崖遗址应是原始社会新石器时代晚期的文化遗址，被定名为"龙山文化"，也称"黑陶文化"。城子崖遗址的发现充分证明了早在远古的原始社会时期，长沟这片土地上就有人类居住，他们同其他所有地区的远古居民共同谱写了华夏五千年悠久的文明史。

长沟镇的汉代文化遗迹以张山汉墓群、南韩汉墓群和赵王堂汉墓群三大汉墓群为代表，其中尤以张山汉墓群为代表。1999—2000年，济宁市考古研究室和任城区文物管理所对张山洼遗址进行两次发掘，在该遗址中发现一处汉代房址。房址一座呈长方形，两座近方形，毛石垒砌，室内有石片、陶盆、纺轮、五铢钱等，估计为瓦顶建筑，其中最大的一座为长方形，坐北向南，面积约22平方米，这种房址在山东地区较为少见，对研究汉代村落布局及建筑风格有重要意义。此外，在蔡堂村发现的汉代石人像高近两米，怀抱一剑，气宇轩昂，经考证是汉代吕姓将军像，据传此像出自村后吕氏汉墓，尚有石马、石羊等埋于地下，然而此像已流失多年。

天宝寺，原为佛寺古刹，唐玄宗天宝元年（公元742年），由僧人悟真化缘兴建，天宝三年（公元744年）寺院竣工。寺内古木苍苍，参天蔽日，亭堂殿宇，佛塔画廊，飞檐吻角，争雄斗奇。其正殿塑有释迦牟尼、四大天王、普贤、文殊和藏王。后配殿塑有刘备、关羽和张飞。殿内祥云飞花，雕梁画栋，别有洞天。当时，香客云集，拜者如潮，并逐渐留居，植稼牧渔，垒房建舍，人烟日盛，为一方香火圣地。

长沟镇白果树村，有两棵古老而富有传奇色彩的白果树。较大的一棵是雌树，已有三千多年的历史，树高5米，干围8.5米，枝干干枯，无皮，无头冠，只有东北方向的一块残存的树皮发出一枝，夏天枝繁叶茂，果实累累。据说一百多年前此树高达20米左右，直径3米多，苍劲雄伟，人们在离地两米多的树权中打牌。较小的一棵是雄性树，四百多年的树龄，此树出土发两枝，每枝干围两米，高18米，长得苍劲雄伟，虽几易沧桑，却风韵犹存。

虽然长沟镇历史文化遗存较丰富，但实物保留较少，品位较低，分布零散，整合度低，开发难度大且价值不高。

2. 运河商贸文化

二别称：水旱码头，商埠重镇；

三阁：南阁、北阁、文昌阁；

一庙：琉璃庙；

十三街：二阁后街、南街、桥子街、傅街、孙街、路街、张庄街、西营街、前营街、琉璃庙街、回林街、李海街、薛海街。

元明清时期繁盛的运河商贸留下了厚重的文化积淀，气息尚在，风韵犹存，恢复开发难度较小，易于古今融合，与其他形式的开发建设相糅合。结合南水北调长沟水闸的建设和大运河申遗以及现代长沟优越的陆路交通条件，重新打造运河名镇、商贸重镇、生态旅游大镇，形成以商贸旅游为重要支撑的特色中心城镇。

3. 生态农业风光

葡萄产业发展较成熟，品牌已初步建立。此类旅游资源空间组合较好，与现代旅游业发展趋势相吻合，开发潜力大。

4. 特色工艺、饮食

三编：铁编、竹编、苇编；

名吃：长沟葡萄、桥头煎包、后薛粽子、驴肉、韭菜花酱菜、甏肉干饭等；

特色工艺饮食与文化旅游相结合，整合营销，集中布局，开发潜力较大。

（二）旅游市场分析

一级客源市场：济宁市任城区。

二级客源市场：济宁市嘉祥县、梁山县、汶上县、兖州市等周边县市区。

三级客源市场：济宁市其他县市及周边地市、国内外客源市场。

二 旅游开发背景

（一）旅游发展宏观环境及趋势

1. 我国旅游业发展环境及趋势分析

（1）旅游发展大众化。我国旅游业已进入大众化的全面发展阶段，丰富的旅游资源和人民群众日益增长的多样化消费需求，为旅游业发展提供了巨大的机遇和动力，近几年来，我国的旅游接待人数和旅游总收入都呈持续、快速增长态势，特别是国内旅游发展势头强劲。随着未来中国居民收入的进一步增加和因假日制度改革带来的闲暇时间增多，以及居民消费结构的升级，我国旅游业发展的潜力依然巨大，全民旅游的局面将愈益凸显。

（2）旅游结构休闲化。根据世界旅游组织对旅游产业与 GDP 发展关系的研究报告，全球旅游经济正在进入休闲旅游时代，随着旅游经验的丰富和收入及闲暇时间的增多，以生态、健体、避暑为特色的休闲度假旅游更受游客欢迎。中国旅游未来研究会课题组于 2010 年发布的《新10年中国旅游发展趋势预测》也指出"居民消费的国内旅游将从过去偏于观光的选择扩展成更为多样、更为全面的休闲旅游，但观光旅游仍将是居民休闲旅游的重要组成部分"。事实上，国内旅游在经历了大规模的观光旅游热之后，正悄然从观光型向休闲度假型转变，2012年休闲度假时代已全面来临，随着经济社会的进一步发展，度假放松将比观光更为流行。

（3）产品需求多样化。在经济社会快速发展和演变的大背景下，买方市场日益强化，无论是有形的物质产品还是无形的服务产品的需求都呈现出个性化、多样化的趋势，消费者对旅游产品的需求也不例外。根据中国旅游未来研究会课题组对新10年中国旅游发展趋势的预测，社会和经济活跃带来的交流需要，将使事务类旅游在中国获得更大的发展；旅游产品的体验性和参与性将得到旅游经营者的更多注意；旅游者的满意度将得到更多的瞩目，满意度也将逐步提升；旅游文化的理念将得到普及，旅游与文化产业的互动将出现更多的契合点；陆上交通的便捷化将使居民近地旅游的出游半径进一步扩大，自驾游将是其中的重要组成。

2. 对长沟镇旅游开发的启示

（1）抓住旅游发展机遇。我国旅游全面进入大众化阶段，对旅游的政策支持力度不断加大，面临更加宽松有利的发展环境和发展条件，国内客源市场大有潜力可挖，旅游业的发展趋势与长沟镇的资源条件和发展基础契合度较高，对长沟镇旅游业的跨越式发展无疑是个很好的机遇。

（2）开发符合大众旅游消费特点的多样化产品。长沟镇应结合自身条件和市场趋势开发旅游产品，着力满足大众的多样化需求。革新发展理念，将旅游开发与城镇建设相结合，充分融入文化要素，提高产品品质和城镇品位；创新旅游开发模式，增加旅游产品种类，丰富旅游产品层次，侧重于休闲产品、文化旅游产品的开发；牢固树立以人为本的理念，改善游览环境，提高服务质量，提升游客满意度和居民幸福感。

（二）济宁市旅游竞合关系

近年来，济宁市围绕文化旅游和生态旅游两大主题，推进人文资源与自然资源的有机融合，整合旅游资源和要素，建设孔孟文化旅游区、水泊梁山旅游区、运河文化旅游区、微山湖旅游区和佛教文化旅游区五大旅游区，着力打造孔孟文化旅游廊道、运河遗产旅游廊道和曲济嘉文化旅游廊道三条旅游发展带，重点开发孔孟文化之旅、大运河遗产之旅、农业观光之旅等十五类主题产品。

1. 长沟镇与济宁市其他景区竞合关系

（1）资源品位差异大。与周边其他景区相比，长沟镇的旅游资源品位较低，劣势明显。济宁市的文化资源主要有孔孟文化、古典文学、红色文化等，其中孔孟文化资源集中于东部的曲阜、邹城二市，且已发展成为世界级的文化旅游品牌；古典文学主要是以《水浒传》小说情节为内容的梁山景区；红色文化资源则以微山湖铁道游击队红色旅游区为代表；长沟镇的文化资源与其相比均不可同日而语。再如运河文化遗产资源，济宁市该类资源以运河之都景区、南旺分水龙王庙、南阳古镇等为核心，长沟镇的运河文化如今只留存在文献和记忆里，恢复难度较大。可见，长沟镇的旅游资源品位较低、存留较少，与周边景区相比劣势明显。

（2）客源共享度高。长沟镇紧邻济宁市区，与嘉祥、汶上两县为邻，交通区位条件优越，且位于济宁规划的运河遗产旅游廊道、曲济嘉文化旅游廊道以及环城游憩带之上，易于与周边成熟景区共同组织旅游线路，统一营销，共享客源，获取其溢出效益。长沟镇要充分利用自身交通优势，吸引日兰高速、济徐高速和 105 国道沿线的游客，成为这些交通干线上的一个休闲旅游驿站。依托生态农业发展优势，吸引济宁市区的休闲、观光、度假游客，成为济宁市西北的后花园。精心打造运河文化旅游产品，融入运河遗产旅游走廊，与运河沿线其他景区协同发展。

（3）开发程度不一。周边多数景区都已基本进入了发展的成熟期，品牌建设已趋完成，大多都已创建为 A 级景区，拥有了较强的市场影响力和稳定的客源。而长沟的旅游业刚刚开始规划，至今尚处于拓荒期，只有以葡萄为代表的农业观光旅游有一定程度的自发性发展。因此，在今后的旅游开发中，长沟镇将面临较为严峻的挑战，如何借鉴周边景区经验，提升旅游产品的综合质量和吸引力，创造自身特色品牌，开展多元化营销，力争变后发劣势为后发优势，是一个重大的课题。

（4）资源整合性强。济宁市旅游资源主题性强，空间组合较好，有利于整合开发，扩大市场影响力和吸引力。孔孟文化、运河遗产、微山湖、水泊梁山等是济宁旅游的王牌，其主题鲜明、特色突出、独有性强，便于围绕主题整合开发。长沟镇旅游资源类型丰富，与济宁市的几类主题旅游产品契合程度较高，有利于与其他同类景区整合宣传，联合营销。

2. 长沟镇旅游开发竞合抉择

济宁市景区众多且都已初具规模和一定影响力，无论在资源品位上，还是在开发程度上，长沟镇都与之差距甚大，但长沟镇最大的优势在于区位，因此应紧紧围绕这一优势，立足于自身资源，着眼于市场需求，积极稳妥进行旅游开发，突出自身特色，并加强与周边优势景区的联合，实现借力发展、合作共赢。

精心打造"葡萄之乡"旅游品牌，扩大种植规模，创新开发模式，完善产品种类，提升服务质量，与济宁市农业高新技术示范园、泗水水果基地、李营苗木基地等景区联合开展农业观光旅游。

重新呈现"运河古镇"特色风貌，推进相关旅游资源向镇区及运河沿岸集中，通过空间集聚提高游览价值和吸引力，与运河之都景区、南旺分水龙王庙、南阳古镇等运河沿线景区联合打造运河遗产旅游线。

利用塌陷地建设生态湿地，与东侧20里铺生态公园合并，共同构造济宁"绿环"，与古运河湿地、北湖湿地、杨家河湿地、小北湖等联合打造济宁市环城游憩带，形成环济宁市湿地旅游线，承接休闲度假客源。

三 空间布局与产品项目

（一）总体布局

根据长沟镇的自然、文化旅游资源的特色、分布与组合状况，结合长沟镇的社会地理环境及城镇空间布局，围绕其城镇定位和旅游发展战略，整合规划区内旅游资源，与周边旅游规划相互协调和衔接，形成"一心、二带、四区"的总体空间格局。

1. "一心": 镇驻地旅游综合服务中心

位置范围：日兰高速、济徐高速、京杭运河围合区域内的镇中心区。

功能定位：集散、居住、商业、娱乐等综合服务。

建设要求：在发挥面向镇域的行政办公、商业服务、居住生活等基本职能的基础上，承担游客集散、住宿、购物、休憩、娱乐等综合服务功能，是镇域旅游空间、时间组织的核心节点，其本身也是展现长沟整体风貌的重要一环，在建设中要注意保持整体风格的统一，与长沟的自然地理环境相协调，并融入历史时期的文化要素，体现地域文化特色，恢复长沟古镇风貌，成为济宁京杭运河文化旅游带上的重要节点城镇。镇区的绿地系统要与周边的水系、交通线相统筹，构建布局合理的生态景观廊道，使镇区成为满城皆绿、处处皆景、宜居宜游的生态之城、历史文化名镇。

2. "二带": 新运河生态景观带和古运河历史文化商业街

（1）新运河生态景观带。结合大运河申遗，做好京杭运河长沟段的景观构建和环境保护，将该段运河打造为济宁市运河文化旅游区中的重要一环，实现与其他区段的景观协调、功能互补；打通镇区与运河生态景观带的空间联系，形成城镇与运河相互借景、和谐共存的局面，将运河有机地融入长沟的城镇景观系统，使长沟镇成为真正的运河名镇。

（2）古运河文化商业街。整治改造古运河，恢复原有水系，做好两岸绿化，使其成为穿过中心镇区的绿色景观廊道；在古运河两岸仿照旧时"长沟十三街"开发建设特色商业街区，重现商埠重镇的繁荣盛景；恢复万人茶馆、八大酒馆等老字号，推动手工艺品、名小吃等地方特色产品的展销在此街区集聚，使古运河成为贯穿长沟镇区的文化休闲场所和集中展示长沟历史文化风貌的长廊。

3. "四区": 运河古镇风情宜居区、历史文化遗迹体验区、湿地生态旅游休闲区和生态农业休闲观光区

（1）运河古镇风情宜居区。

位置范围：新镇区，日菏高速以南，济徐高速以西区域。

功能定位：生态宜居、观光休闲。

建设要求：充分挖掘运河古镇深厚的文化底蕴，再现老运河古风貌，运河景观带与城镇生活、景观构建一体化，通过绿带连通，形成生态网络。打造运河自然生态旅游观光带，运河大堤内外，种植花草树木。重构水网，建设集水上生态乐园、商埠码头、水产养殖、旅游观光于一体新型地区。

深度挖掘丰厚的历史文化资源，着力提高城市建设的文化内涵，形成具有自身特色的城市品格。改善滨河综合环境，提升配套功能，结合历史文化资源、绿色生态和旅游休闲，进行养老地产、文化旅游地产开发。打造集居住、旅游、休闲等功能为一体的场所。

（2）历史文化遗迹体验区。

位置范围：镇域西南。

功能定位：历史遗迹保护、文化体验、观光游览。

建设要求：建设显示长沟镇悠久历史和鲜明地方特色的文化遗址保护和文化旅游体验区。重点包括历史文化公园/广场体验（长沟文物展览馆，长沟历史文化长廊）；以南韩汉墓群、张山汉墓群、赵王堂汉墓群、张山汉画石像为主的汉文化遗迹体验；党堌堆遗址（大汶口文化）、城子崖遗址（龙山文化）为主的新石器文化遗存体验；掉龙碑、获麟观音庙及明清碑刻、三义庙及三义庙碑的庙文化、碑石文化体验；围绕文化遗产各个主题新建了遗址公园，增强了文物古迹可感知性、可理解性和可参与性，通过局部复原、改建重建、模型展示、虚拟再现等手段，将旅游体验主题化、可视化和舞台化，以普通游客可感知的方式强化主题，实现遗产旅游新的突破，创新遗产旅游模式。

（3）湿地生态旅游休闲区。

位置范围：日菏高速以南，济徐高速以东的塌陷湿地片区。

功能定位：湿地景观、生态绿肺、休闲度假、历史文化公园。

建设要求：通过塌陷地治理改造，形成水清岸绿的湿地景观，构造完整健康的水域生态系统，发挥面向周边区域的生态服务功能；在水域内种植荷花、芦苇等水生植物，形成相应景观，开展水上旅游，投放鱼苗，建设游乐设施，开展垂钓等水上休闲、娱乐项目；在不破坏整体景观风貌的前提下，建设临水度假村，打造济宁市西北的度假胜地，并发展商务会议业态；在该区范围内辟建长沟历史文化公园或广场，集中陈列、保护、展示长沟镇的历史遗迹和文化风貌，并使其成为长沟镇节事、庆典等公共活动的举办场所，发挥全镇的文化窗口功能。

（4）生态农业休闲观光区。

位置范围：日菏高速以北区域。

功能定位：现代农业、生态服务、农业观光体验。

建设要求：巩固和提升现有的葡萄、蔬菜种植优势地位，调整和丰富种植结构，发展草莓、西瓜、桃、梅等多种蔬果的种植及旅游活动，填补季节上的空缺，推动其由农产品种植销售向农业观光旅游转型，由季节性农业旅游地向全年型农业观光休闲基地转变。建设完善区域内交通、接待等旅游设施，创新开展多种形式的农业观光及体验旅游活动，打造成为以观光休闲农业和乡村旅游为主题，集休闲度假、观光旅游、餐饮娱乐、科普展览等为一体的生态农业休闲度假胜地。

（二）重点项目

根据长沟镇自身丰富的自然、文化资源，结合长沟镇的社会经济发展，策划老运河文化商业街、历史文化公园/广场、特色休闲农业长廊、文化遗迹保护点、湿地生态公园五大重点项目。

1. 古运河文化商业街

规划位置：古运河沿线，自东南向西北穿过镇中心区。

功能定位：景观主轴，休闲购物，文化展示。

策划思路：历史上的长沟镇曾是运河沿岸一个商贾云集的水旱码头、商埠重镇，养育和积淀了深厚的运河文化。将老运河整治改造，使其通水复绿，成为一条贯穿镇区的环境优美的景观廊道和休闲公园，在运河沿岸仿照明清和近代时期的商业区开发建设一条特色商业街，建筑风格融入地方古典文化元素，整体风貌保持协调统一，恢复万人茶馆、八大酒馆等老字号，将特产、工艺品、名小吃等商户集中于该街区，力求重现三阁一庙十三街的繁华盛景，营造浓厚的运河古镇气息，展现运河名镇的风情。

2. 历史文化公园/广场

规划位置：古运河沿线以东。

功能定位：历史文化展示，公共活动，观光休闲。

策划思路：将长沟镇零散分布的历史文化遗存以及非物质的文化内容如神话传说、历史故事等在此集中保护和展示，呈现历史长河中长沟的发展脉络和整体风貌，成为对外展示长沟镇历史文化的窗口，并发挥面向公众的观光休闲功能，承担节事、庆典等大型公共活动的举办，借此提升长沟镇的文化品位。

主要构筑物：

（1）长沟文物展览馆。建设一座文物展览馆，集中保护和展示长沟在各历史时期的文化遗存。根据文物的类型、数量和等级确定适宜的建设规模和标准，并为未来可能发掘的文物保留一定的冗余空间。展览馆布局在历史文化公园/广场的中央为宜，在建筑风格上应融入和体现本地的文化风格与元素，体现实用与艺术的统一、历史与现代的统一。

（2）长沟历史文化长廊。在文物展览馆的周边适当位置布置建设一条长沟历史文化长廊，将石碑、古墓葬、古建筑物等大型的不易损坏的历史遗迹复原或迁移过来予以集中展示；同时以雕塑、壁画、浮雕等艺术形式展现与和平鸽、掉龙碑、获麟古渡、遇仙塔等有关的历史故事或神话传说，抢救、保护本地的非物质文化遗存，从而丰富长沟镇的文化内涵，借公园/广场的窗口功能展现长沟镇深厚的文化积淀，提升其知名度和美誉度。

3. 特色休闲农业长廊

规划位置：S337 两侧。

功能定位：观光、休闲体验。

策划思路：巩固和提升现有的葡萄种植优势地位，形成以葡萄种植、葡萄酒酿造为主题，融观光、休闲、会展及葡萄酒文化旅游为一体的生态产业园。以葡萄和石榴及其他特色农产品为原料，构建后续葡萄加工等特色农产品加工业和食品制造业。并结合休闲农业，积极发展葡萄酒庄园。同时调整和丰富种植结构，发展多种蔬果的种植及旅游活动，发展农业观光旅游，建立农业观光休闲基地，开展各种乡村文化旅游活动，打造集休闲度假、观光旅游、餐饮娱乐等为一体的特色生态休闲农业长廊。

4. 文化遗迹保护点

规划位置：主要位于镇域西南。

功能定位：历史文化保护、游览观光。

策划思路：编制重点保护遗迹名录，投入专项经费、专人负责，结合新农村和乡村旅游开展开发性保护。重点包括南韩汉墓群、张山汉墓群、赵王堂汉墓群、党堌堆遗址（大汶口文化）、城子崖遗址（龙山文化）为主的镇域西南的新时期、汉文化保护区；以掉龙碑、获麟观音庙及明清碑刻回林村保护区；京杭大运河、老运河河道遗址的保护区；护李架村的遇仙塔、吴家楼等保护区等。

5. 湿地生态公园

规划位置：位于日菏高速以南、济徐高速以东的煤矿塌陷区域。

功能定位：生态服务，游览观光，休闲度假。

策划思路：长沟镇区域除河流水系外缺乏大型水面，在济宁市规划的环城游憩带中本区也是一个缺口，因此应借镇东北煤矿塌陷区的治理，在此区域规划建设湿地生态公园，与大运河共同构建环绕镇区东、南、北三个方向的水系，改善局地小气候，为全镇提供生态服务，营造出山水小镇的意境，并通过各类游览项目和周边度假村的开发建设，使本区成为长沟镇的后花园和济宁市环城游憩带上西北方向的重要节点。

(三) 旅游产品

1. 旅游产品开发思路

以农业观光体验游为主导，以湿地游览度假游、运河休闲购物游为支撑，历史文化访古游为补充，以节事活动作为重要引爆点，形成多元丰富而又有机统一的产品体系，形成一体化的大旅游格局。

2. 旅游产品规划

长沟镇旅游产品开发，采取 RMP 分析法，以资源为基础，以市场为导向，构建"资源（resource）—市场（market）—产品（product）"三位一体的旅游产品开发谱系，形成以农业观光体验为主导，以湿地游览度假、运河休闲购物为支撑，历史文化访古为特色的四大

第九章 济宁市：大城市边缘区县域乡镇产业转型 293

旅游产品。

（1）农业观光体验产品。此类产品主要布局在镇域南部和西部的农地区以及济梁公路、日菏高速、济徐高速等交通干线两侧的带状地带，以长沟葡萄为代表，目前已有较好的发展基础。这是长沟镇最知名的旅游品牌，也是近期重点巩固提升的产品，应稳步扩大种植规模，完善各类设施，打造节事活动，创新游览项目，丰富衍生产品，使其成为长沟镇一张不朽的名片和招牌。中远期应完善种植结构，发展花卉、草莓、西瓜、桃李、樱桃等多种种植，并以类似的模式发展乡村游，力争达到四季皆可游的局面，熨平淡旺季的巨大波动，使农业观光体验游成为农民稳定的收入来源和长沟镇的支柱产业之一。市场定位为镇区居民和所有到访长沟镇的外地游客。

（2）历史文化访古产品。本产品主要以湿地片区的长沟历史文化公园为依托，以镇区的老运河文化商业街以及分散在各村难以迁移的千年白果树、吴家楼镇等古文化遗存为补充，共同勾勒出一幅完整的长沟历史画卷，使游客在享受风景如画的田园风光、生态湿地的清新水韵、运河街区的浓郁古风之余，还可以寻古探幽，感受长沟深厚悠长的历史文化，增强对长沟的整体认识，并发挥针对本地青少年的历史文化教育功能。市场定位为到访长沟镇的游客以及对历史文化感兴趣的群体。

（3）湿地游览度假产品。湿地游览度假产品是长沟镇以市场需求为导向，以自身区位和资源条件为基础推出的新型产品。产品开发以规划建设的湿地生态公园为依托，打造水上娱乐、岸边观光、周边度假的"水、岸、地"三位一体的游览度假产品体系，通过与历史文化公园的一体建设和捆绑宣传，形成自然风光与人文遗迹交相辉映的景致，提升长沟镇的城镇品位和整体形象，通过叠加优势吸引和共享客源，成为长沟镇的第二张旅游名片。市场定位为全镇居民和所有到访长沟镇的游客。

（4）运河休闲购物产品。通过老运河的一体化整治和开发，不仅可以为镇区打造一条贯穿中心的景观廊道，大大改善人居环境，提高城镇品位，还可以恢复运河商贸重镇的历史风貌，集中历史上积淀下的商业品牌资源以及民间特色文化资源，形成一条环境优美、文化厚重、独具风韵、商游结合的历史文化商业街区，成为集游览、休闲、购物等多种功能以及生态、经济、社会等多种效益于一体的高品质旅游产品，并发挥对外展示长沟镇的历史文化和城镇风貌的窗口功能。市场定位为全镇居民和所有到访长沟镇的游客。

3. 游线设计

长沟镇交通区位优势明显，通过游线的精心设计能够有效地串联起长沟镇周边的优质旅游资源，丰富游客的旅游体验，实现客源共享，加快自身发展。通过区域联动战略的实施，长沟镇将成为济宁市运河遗产旅游廊道、曲济嘉文化旅游廊道以及环城游憩带上的重要节点，并成为市域农业观光旅游基地之一和济宁市区西北方向的重要门户，可着力推出三条外部游线。同时，长沟镇内部通过资源深度挖掘和强力整合，实现各类旅游项目既特色分明又紧密融合，合理组织内部游线，丰富游客体验，延长停留时间。

（1）外部游线。

①济宁运河文化遗产游：微山湖—微山岛—南阳古镇—运河之都—长沟镇—南旺分水龙王庙—梁山景区（4天）。

②环济宁湿地自驾/单车游：济东湿地公园—小北湖—京杭运河—长沟湿地公园—二十里铺生态公园—济北生态公园—杨家河生态公园—泗河生态湿地—泗河（2—4天）。

③农业休闲观光游：泗水水果基地—曲阜九仙山农业观光示范园—济宁农业高新技术示范园—任城苗木基地—长沟葡萄之乡（2—3天）。

（2）内部游线。

①综合旅游线：京杭运河景观带—生态农业观光区—古运河文化商业街（镇区）—长沟历史文化公园—长沟湿地公园（1日游）。

②运河古镇休闲观光游：镇区—古运河文化商业街（1日游）。

③长沟历史文化访古游：镇区—历史文化遗迹体验区（1日游）。

④生态农业观光体验游：镇区—生态农业观光区（1日游）。

⑤湿地公园观光度假游：镇区—历史文化公园/湿地公园（1日游）。

4. 旅游特色商品

长沟镇的旅游资源总体上品位较低，门票经济难以奏效，因此应大力开发旅游衍生产品，提高旅游业的综合效益。结合长沟镇的具体情况，可重点开发以下两类旅游特色商品。

（1）食品系列。长沟葡萄、桥头煎包、后薛粽子、长沟街驴肉、韭菜花酱菜被誉为长沟镇的五大名吃；甏肉干饭是该地区的特色小吃。此外，还有"古永丰，今义河"的酒品牌。应将长沟镇的特色食品整合宣传，加强产品标准及品牌建设，使其成为长沟镇旅游经济的重要支撑，并成为传播长沟旅游形象的重要媒介。从远期看，还应在葡萄、花卉、西瓜等蔬果种植的基础上，进行农产品的精深加工，开发休闲保健食品。

（2）工艺品系列。主要是著名的长沟三编：铁编、竹编、苇编。应逐步推动其由生产生活用品向工艺品转型升级，增强创新能力，丰富产品种类和形式，融入地方文化元素，提高收藏价值，打造独特品牌。远期应结合本地其他资源，推出其他种类的工艺品。

四 旅游服务体系

（一）长沟镇旅游服务体系现状分析

长沟镇旅游基础及配套设施不完备，尚未形成一个具有完整服务功能的系统。现有的餐饮、住宿、购物、医疗、通信、邮政、供水、供电、邮政等服务设施都是自发形成的，属于面向长沟镇自身需求的商业服务设施，且没有统一的规划、建设和管理，专门为外来游客提供服务的信息咨询、娱乐、安全等设施尚未建设，难以满足旅游业发展的需要。

首先，全镇没有一个旅游综合服务中心，缺乏基本的办公设备及全景导览图、咨询服务台等配套设施，无法向游客提供一站式、全方位的服务，以发挥游客集散、信息咨询等对外窗口功能。

其次，全镇尚未形成完整健全的旅游交通系统，进出镇区的道路比较便捷，但从镇区通往各旅游点的道路尚不通畅，缺乏必要的道路指示牌，且道路环境不佳，影响长沟的整体形象和游客体验。

此外，全镇现有的住宿、餐饮等生活服务设施处于小、散、乱的状态，标准化管理程度较低，安全卫生保障度不高。环卫系统不健全，缺乏污水、垃圾处理设施，影响全镇的环境卫生。

(二) 游客服务中心与服务点

旅游服务中心的主要功能是各旅游景点咨询服务、游客集散、游线组织、导游服务、购买往返交通票、旅游投诉等，是一个旅游目的地必不可少的旅游服务设施。旅游服务中心的建设要以一切为游客提供满意的服务为宗旨，除了硬件设备满足各种需求外，例如设置景区介绍系统、提供游客休憩场所和设施、高质量的导游服务和医疗救助服务外，还要从软件上提高服务质量，配备高素质的从业人员，设置专门的旅游服务咨询电话和投诉电话，提供 24 小时免费电话咨询，使游客来得放心，玩得顺心，走得舒心，产生宾至如归的美好感受。长沟镇游客服务中心是集旅游咨询、导游服务、游程安排、资料展示、游客接待、医疗救助、受理投诉等于一体的游客服务平台。

1. 选址及功能布局

(1) 老运河历史文化街区与商贸大街交会处。位于镇驻地旅游综合服务中心这一功能分区内。游客服务中心提供食、宿、行、游、购物等服务。此处设置长沟镇导览图、咨询投诉服务台、导游服务台、医疗救助点、游客休息室、交通票务服务台、旅游商品零售柜台、特色饭店、停车场、公共厕所等。是游客进出长沟的门户，也是全镇范围内游客集散的中心节点，在发挥面向全镇的旅游综合服务功能的同时，承担京杭运河观光带、老运河历史文化商业街区两个景点的游客服务业务。

(2) 生态公园游客服务点。位于生态公园西侧入口处，与长沟历史文化公园一体化建设，具有咨询投诉、游玩休憩、小商品及食品零售、水上器材租赁、紧急求助、餐饮等服务功能。设有休息亭、咨询投诉台、小型饭店、水上器材租赁服务点、停车场、生态厕所等服务设施。

(3) 农业观光区游客服务点。位于长沟镇商贸大街南延至京杭运河南岸处。提供资料展示、信息咨询、医疗救护、交通换乘、导游服务、受理投诉、特色农产品零售、休息餐饮等服务。设置生态农业区导览图、医疗救护点、咨询服务台、特色农产品零售柜台、游客休息室、小型饭店、停车场、生态厕所等服务设施。

2. 形态风格

外部形态风格应与周边环境相协调，镇区的游客服务中心应与老运河历史文化街区的建筑保持形态风格上的一致，生态公园游客服务点和农业观光区游客服务点应着重体现简约、自然、朴素、淡雅的风格，与周边自然环境浑然一体、相得益彰，突出人与自然的和谐。

（三）旅游交通系统规划

1. 对外交通

长沟镇的对外旅游交通主要借助于日兰高速、济徐高速、济梁公路、京杭运河、105国道等现有交通线，总体通行能力较大，与外界沟通连接较好，镇区的可进入性较强，基本能够满足游客进出、旅游业发展的需求。需要改善的是道路环境，应做好绿化、美化工作，提升游客的愉悦感和满意度。

2. 内部交通

长沟镇内部尚未形成完整的旅游观光线路，镇中心区的道路框架尚未构建成形，从镇区通往其他景点的道路更不完善，没有形成环线，道路等级较低，通行能力差，迫切需要加强投入力度，构建完善的内部交通系统。

镇中心区的道路交通系统应按照镇总体规划的方案进行建设，注意与原有格局以及过境道路的协调和衔接，满足社会经济长远发展的需求。同时要保持道路景观与镇区整体风貌的协调，体现使用价值与美学价值的统一，使镇区成为风景优美、环境整洁的生态宜居城镇。

打通镇中心区通往运河南岸生态农业观光区以及东北部湿地公园的主干道路，建设标准为双向两道，宽度加宽为7—8米，为骑行观光留下通行空间，做好道路景观设计，使其两侧充满生态田园风韵，为游客提供便捷、舒适的道路交通服务。旅游区内部修建单行道，宽度4米左右，形成机动车及骑行观光环线。购置一批公共自行车，在各个游客服务中心设置自行车租赁点，为游客骑行观光创造条件。

在运河及湿地湖泊沿岸建设观光步道，或以卵石铺地，或建木栈道，体现亲水原则，宽度以1.5—2米为宜，做好两侧美化，形成自然而雅致的风貌，使游客在休闲散步中欣赏水岸风光。

停车场主要建于镇驻地、湿地公园、生态农业观光区三地。在镇驻地的游客服务中心附近建设大型停车场，用于停放旅游大巴和私家车，承担客流的集散功能，设置车位100个左右，占地面积约4000平方米；生态公园和农业观光区游客服务点附近建设小型停车场，各设置车位30个左右，占地面积约各1000平方米；停车场建设风格应与周围环境相一致，做好绿化景观设计。此外，开展农家乐等旅游接待活动的农户应在自家附近预留停车场地。

（四）住宿接待设施

游客的住宿接待服务应主要由镇区提供，此外，开展农业观光旅游活动的农户也可承担相应的住宿接待工作，湿地公园可建设规模适度的度假村，接待休闲度假游客。相关部门要加强监管，确保接待设施的安全、卫生。

（五）餐饮设施

长沟镇的旅游餐饮服务应主要由镇区和农业观光区的农户提供，以各游客服务中心为补充。旅游餐饮应具有地方特色，打造推出富有文化内涵的产品和服务，体现特色化、精细化，增加餐饮业的附加值。同时应形成多层次、多样化的格局，满足不同消费群体的需求。餐饮业规划有以下要点：（1）餐饮服务点的布局力求合理，根据游客的分布情况合理集中，方便游客就餐，同时也便于集中收集所产生的废水、垃圾等；（2）餐饮服务质量应符合国家关于食品卫生的有关规定，严格监管，禁止使用危害人体健康的材料和对环境造成污染的一次性餐具，满足营养、卫生、安全、环保的要求；（3）所提供的食品菜肴既要力图保持地方特色和传统文化，又要适应当今绿色消费、健康饮食的趋势，大力开发绿色食品，引领消费时尚。

（六）景区标识

旅游景区标识系统是利用文字、符号、图案等为游客提供旅游信息、警示和引导，同时，在标识设计时融入地方特色和文化元素，除了基本功能外，还具有一定的观赏价值、文化价值。长沟镇旅游景区标识系统主要分为五大类型，分别为景区综合介绍牌、景点指示牌、景点介绍牌、警示关怀牌、公共设施符号牌。

景区综合介绍牌：内容包括全镇旅游景点的文字简介、总体布局、游览线路、服务信息等。

景点指示牌：内容包括道路指示、停车场指示等。

景点介绍牌：对某个景点或景物来历、意蕴的介绍。

警示关怀牌：提示游客注意安全、保护文物古迹或环境等。

公共设施符号牌：起到对游客中心、停车场、小卖部、公厕等公共服务设施的标识引导作用。

五 旅游营销

（一）市场定位

1. 区位指向

（1）济宁市内目标市场。以济宁市中心城区为主的核心市场，以济宁都市区和汶上、梁山等西部县市为主的基础市场，以及其余县市的机会市场。

（2）国内外目标市场。日兰高速、京杭运河沿线的核心市场，济徐高速、105国道沿线的基础市场，国内外其他地区的机会市场。

2. 消费指向

农业观光体验市场为主体，运河游览休闲市场为支撑，湿地观光度假、历史文化访古市场为辅助。

3. 年龄指向

中青年市场为主体，少年市场、老年市场为辅助。

（二）营销主题与口号

根据长沟镇的旅游资源、景观和地方特色，我们提取葡萄和运河这两个最核心的要素和意象，作为长沟镇的旅游营销主题："尝长沟葡萄，观运河古镇。"这一主题既简洁凝练，又契合长沟镇的地脉和文脉，且与长沟镇以往的宣传口号有紧密的衔接，有利于强化长沟镇的对外旅游形象。长沟镇以葡萄为代表的生态观光农业以及历史积淀下的深厚的运河商贸文化构成了自身的核心吸引力，建议采用营销主题作为核心营销口号对外宣传。

（三）营销策略

1. 区域联动策略

加强长沟镇内部各类旅游产品的整合，通过联合宣传促销、产品服务联营、市场发展联动，降低整体营销成本，增强整体的影响力和吸引力。按照同质优势叠加，异质突出特色的方针，有效地与周边旅游开发地区进行区域联动，共同打造若干精品旅游线路。融入运河文化遗产旅游线、环济宁绿色旅游线、曲济嘉文化旅游线等市内核心线路，分享优势景区的客源，并通过各种途径促进自身形象和吸引力的传播和扩散，进入更大范围内游客的关注视野。

2. 以点带面策略

长沟镇当前优势最突出，发展最成熟的旅游品牌是葡萄，其他类型的旅游产品则还处于规划设计、资源挖掘阶段，距离正式运营还有相当长的路要走，在市场开拓上也面临较大挑战。因此，在旅游产品营销中应发挥葡萄的核心带动作用，以其为亮点招徕游客，将其他旅游产品与葡萄捆绑宣传和销售，最终达到一体化发展，共同构成长沟镇旅游目的的形象。

（四）营销推广方式

1. 广告宣传

（1）电视媒体。在济宁市电视台投放旅游形象广告；与周边景区合作，在山东省级电视台播出旅游形象广告。

（2）通道媒体。在济宁市区等重点客源市场投放公交车车身广告；在火车站、汽车站等主要集散地投放大型室外广告；在镇域周边主要交通道路沿线投放长沟旅游形象广告。

（3）报纸杂志。选择省、市级报刊以及旅游杂志投放长沟旅游形象广告。

2. 节事推广

（1）自身策划。在每年葡萄成熟的季节举办"长沟葡萄节"，广泛宣传，吸引游客拥入长沟，为长沟赢得人气，提高市场影响力和知名度，同时也可以此为平台招商引资，延伸葡萄产业链，发展壮大现代农业观光产业。

（2）联合济宁市境内运河沿线景区，打造"济宁运河文化旅游节"，将南至微山湖，北至梁山的运河沿线景区打包宣传，强化济宁运河之都的地位和形象，也带动长沟运河文化旅游的发展，促进运河文化遗产的保护和传承。

（3）联合济宁市周边湿地公园，举办"环济宁湿地自行车赛""环济宁湿地马拉松赛""环济宁湿地自驾旅游节"等活动，使济宁

"北方水城""绿色之城"的形象深入人心,同时也可借此提高长沟镇的曝光率和知名度。

3. 人员推介

单独或联合派员到主要目标客源市场进行促销;派员参加济宁市或山东省的旅游博览会,可引入专业的旅游开发公司,对本镇的旅游资源进行统一开发运营;组织专人走访主要目标市场的旅行社,邀请旅行社相关负责人前来考察并将长沟镇纳入其向游客推介的景区目录和旅游线路中。

4. 网络营销

将长沟镇旅游信息放入济宁市旅游网站,借助外部大型平台进行宣传;力争建立长沟镇自己的门户网站。

5. 公关促销

(1)在节事活动举办期间邀请省市级媒体组成新闻考察团到长沟参观访问,做专题、专栏、专版报道;邀请著名学者、文化名人前来科考采风,举办各种学术、文艺活动。

(2)制作长沟电视风光片、微电影,出版长沟旅游地图、旅游指南、宣传册,设计印制画册、明信片、挂历等赠送给游客。

(3)由镇主要领导带队到济宁等目标客源地举办旅游推介会、新闻发布会、情况介绍会或说明会,与当地公众进行直接沟通。

参考文献

1. 《新帕尔格雷夫经济学大辞典》第二卷，经济科学出版社 1992 年版。
2. 崔功豪、魏清泉：《区域分析与区域规划》，高等教育出版社 2004 年版。
3. 陈秀山、张可云：《区域经济理论》，商务印书馆 2003 年版。
4. ［美］西蒙·库兹涅茨：《各国经济的增长》，商务印书馆 1985 年版。
5. ［美］H. 钱纳里：《工业化和经济增长的比较研究》，上海三联书店 1989 年版。
6. 鲁勇：《和谐发展论》，清华大学出版社 2007 年版。
7. 世界银行：《1991 年世界发展报告：发展面临挑战》，中国财政经济出版社 1991 年版。
8. 张培刚：《农业与工业化》（上卷），华中科技大学出版社 2002 年版。
9. 陈栋生：《区域经济学》，河南人民出版社 1993 年版。
10. 吴敏一、郭占恒：《中国工业化理论和实践探索》，浙江人民出版社 1991 年版。
11. ［法］弗朗索瓦·佩鲁：《新发展观》，华夏出版社 1987 年版。
12. ［法］弗朗索瓦·佩鲁：《略论增长极概念》，《经济学译丛》1988 年第 9 期。
13. 李小建、李国平：《经济地理学》，高等教育出版社 2006 年版。
14. 崔功豪、魏清泉：《区域分析与区域规划》，高等教育出版社 2004 年版。
15. ［德］杜能：《孤立国同农业和国民经济的关系》，吴衡康译，商务印书馆 1997 年版。

16. 李国平、赵永超：《梯度理论综述》，《人文地理》2008 年第 62 期。

17. ［德］赫希曼：《经济发展战略》，曹征海、潘照东译，经济科学出版社 1991 年版。

18. ［瑞典］缪尔达尔：《亚洲的戏剧——对一些国家贫困问题的研究》，谭力文等译，北京经济学院出版社 1992 年版。

19. Rvemon, "International Investment and International Product", *Trade in Quarterly Journal of Economics*, 1966, 80 (2).

20. ［英］马歇尔：《经济学原理》，朱志泰译，商务印书馆 1964 年版。

21. 刘再兴、郭凡生：《发展战略概述》，《科学管理研究》1985 年第 6 期。

22. 郭凡生：《评国内技术的梯度推移规律》，《科学学与科学技术管理》1984 年第 12 期。

23. 刘洪钟：《东亚跨国直接投资轨迹研究》，辽宁大学出版社 2001 年版。

24. ［日］名古屋高等商业学校：《商业经济论丛》1935 年第 13 期。

25. ［日］赤松要：《我国产业发展的雁行形态——以机械仪表工业为例》，《一桥论丛》1956 年第 36 卷第 5 号。

26. ［日］赤松要：《世界经济论》，国元书房 1965 年版。

27. ［日］小岛清：《东亚经济的再出发——直接投资主导型发展战略的评价》，《世界经济评论》1998 年第 1 期。

28. ［日］山泽逸平：《亚洲太平洋经济论——21 世纪行动计划建议》，上海人民出版社 2001 年版。

29. ［日］松石达彦：《东亚的工业化和雁行形态论》，《一桥论丛》2002 年第 128 卷第 6 号。

30. 车维汉：《"雁行形态"理论及实证研究综述》，《经济学动态》2004 年第 11 期。

31. 尤振来、刘应宗：《西方产业集群理论综述》，《西北农林科技大学学报》（社会科学版）2008 年第 2 期。

32. Becattini, G., *The Marshallian Industrial Distrial District as a Socio - Economic Notion*, In F. Pyke, G. Becattini and W. Sengenberger, eds., Industrial Districtsand Inter - Firm Cooperation in Italy, Geneva, 11LS, 1990.

33. Sccot, A., *New Lndustrial Space*, London: Pion, 1988.

34. Brusco, S., *The Idea of the Industrial District*: *The Experience of Italy*, In Keeble, D. and Wever, E. (eds.) NewFirmsand Regional Development in Europe. London: Groom Helm, 84 - 202, 1990.

35. Markusen, A., Sticky Places in Slippery Space: A Ty - pology of Industrial Districts, *Economic Geography* 72, 1996.

36. 杨颖:《新产业区理论与湖北产业转型升级研究》,《湖北社会科学》2010 年第 12 期。

37. 安虎森:《新产业区理论与区域经济发展》,《北方论丛》1998 年第 2 期。

38. Hayter, R., *The Dynamics of Industrial Location*: *The Factory*, The Firm and the Production System, England: John Wiley & Sons Ltd., 1997.

39. 王缉慈:《创新的空间——企业集群与区域发展》,北京大学出版社 2001 年版。